International English Language Testing System

IELTS
語彙文法 でる500問
Target 7.0

IELTS 実施主体 IDP Education セミナー講師 中林くみこ 著

音声アプリ & DL対応

Gakken

■ はじめに

　本書はIELTS（アイエルツ）の目標スコアを目指す学習者へ向けた、今までになかったコンセプトの対策テキストです。文章での解説をできるだけ排除し、手を動かして問題を解いていくことによってIELTSの形式に徐々に親しんでいきながら、同時に文法や語彙を身に着けていくことができるように工夫しています。また、1セットごとに問題→解説という順序になっているため、取りかかるハードルが低く、毎日1セットなど気軽に進めていくことができるようデザインされています。こだわり抜かれた600問弱の問題を解いていくことにより、いつの間にかIELTSの本番形式の問題にもチャレンジできる実力が身についているはずです。

　さて、IELTS (International English Language Testing System) は、英語圏の国々へ留学などをする人々の英語力を測定する試験です。1989年に開始された歴史のある試験であり、世界的に知名度も高く、日本でも最近では急激に受験者が増えてきています。ここでは簡単にIELTSの特徴をまとめておきます。

IELTS・5つの特徴

①記述式▶ マークシートではなく、記述式のため、手書きでもコンピューターベースでも、スペルミスは減点もしくは不正解となる。

②4技能の試験▶ Reading、Listening、Writing、Speakingという英語の4技能すべてを問う試験。

③Speakingは1対1の面接▶ 試験官との1対1でSpeaking能力を評価される。

④テーマはアカデミック▶ 特にReading, Writingでのアカデミックな表現は日常会話と大きく異なる。

⑤スコアの測り方▶ 満点が9.0であり、0.5きざみでスコアが算出されるという非常に独特なもの。

（試験の詳しい形式については、各技能の冒頭ページに記載がありますので、ご参照ください）

　これらの特徴だけを見ても、他の英語試験と比べてかなりハードルが高いと感じる人は多いのではないでしょうか。受験者も増えて知名度も少し上がっていると言いつつも、まだまだ日本人学習者にとってIELTSは謎の多い試験です。

　私が10年以上前にIELTSを指導し始めた時は、やはり日本人学習者はSpeakingに手こずるだろう、という予想をしていました。そして研究を進めるにつれ、Writingもかなり難しいであろうことがわかりました。しかし意外だったのは、ReadingやListeningで苦しむ人も、同じくらい多かったことです。それまでの定説としては「日本人は読み書きはできる」「聞くことはできるが、しゃべれない」というものでしたが、私はこの説に疑いを持つようになりました。つまりIELTS

のような骨のある試験の前にあっては、4技能すべてが一筋縄ではいかないということです。本書を手に取ってくださったあなたも、きっと同じ思いを持っているのではないでしょうか。

IELTSは将来の留学を想定したもので、英語圏の多くの高等教育機関では膨大な量の読み書き（参考資料の読み込みや論文の執筆）を要求されることに基づいているわけですが、IELTS試験で苦しむということは、日本人が留学した時にとてもたちうちできない、ということを意味します。この状況に私は危機感を持ちました。

一方で、学習者の前に立ちはだかるのが「テキストの壁」であることにも気づきました。国内における現存のIELTS対策テキストは、単語集、模試、あるいはハウツー本といったものにとどまっており、「これからIELTSを学習しよう」と考える学習者は「何から始めたら良いかわからない」と悩むことが多いようです。単語を覚え、ハウツーを読み、そこからいきなり模試をやって目標スコアが取れるほど、IELTSは甘い試験ではない、というのは上でも述べた通りです。

そこで、IELTSの初心者でも、模試を解く前のステップとして基礎固めをしていくことができるという、IELTS対策としてはまったく新しい形の本書が誕生しました。実際に受講生の解答や悩みに日々向き合っていく中で得られた知見をもとに、学習者が学ぶ必要があることだけを厳選しています。何度も問題を解いて解説を読み、あなたのIELTS対策のパートナーとしていただければ、とても嬉しいです。

最後になりますが、本書は著者名として私一人の名が記されているものの、実際には多くの方々のご協力によって完成したものです。まずは、いつも気づきを与えてくださり、応援や優しい言葉で日々の原動力となってくださる受講生の皆様に感謝申し上げます。本書を執筆する機会を与えてくださり、企画から完成まで導いてくださったGakken編集部の皆様、細部まで丁寧に確認し、貴重な提案をしてくださったネイティブ校正のBrooke Lathram-Abe様、そして寝る間も惜しんで本書の品質向上にご尽力くださった各関係会社の皆様にも、改めて深く感謝申し上げます。私が追い込みの時期には一人で家事・育児をこなしてくれたパートナーや、いつも笑顔で協力してくれた家族にも心からの感謝を捧げます。

そして何より、神がかったお仕事ぶりの余田志保様がいなければ、この本は完成しませんでした。感謝してもしきれません。同じ働く母親としても、限りない尊敬の念を表します。

本書が、一人でも多くの学習者の皆様が夢を叶える一助となりますよう、願いをこめて。

中林くみこ

目次

はじめに	2
本書の使い方	8
音声ダウンロード方法	10

リーディング Reading　　　11

Reading Section の概要	12
「基礎」と「実践」で確実に力をつける	13
Reading で出題される問題タイプ	14
SET01 短文 4 択ドリル	20
SET02 短文 4 択ドリル	22
SET03 短文 4 択ドリル	24
SET04 短文 4 択ドリル	26
SET05 短文 4 択ドリル	28
SET06 短文 4 択ドリル	30
SET07 長文 4 択ドリル	32
SET08 長文 4 択ドリル	34
SET09 長文 4 択ドリル	36
SET10 選択肢から複数の正答を選ぶ問題	38
SET11 選択肢から 1 つの正答を選ぶ問題	42
SET12 文を完成させる問題	46
SET13 フローチャートを完成させる問題	50
SET14 フローチャートを完成させる問題	54
SET15 表を完成させる問題	58
SET16 要約を完成させる問題	62
SET17 要約を完成させる問題	66
SET18 YES/NO/NOT GIVEN を選ぶ問題	70
SET19 TRUE/FALSE/NOT GIVEN を選ぶ問題	74
SET20 段落に合う見出しを選ぶ問題	78
SET21 段落に合う見出しを選ぶ問題	82
SET22 情報を組み合わせる問題	86
SET23 特徴を組み合わせる問題	90
SET24 特徴を組み合わせる問題	94
SET25 文の前半と後半を組み合わせる問題	98

リスニング Listening 103

Listening Section の概要 —————— 104
Listening で出題される問題タイプ —————— 105
「基礎」と「実践」で確実に力をつける —————— 107
サインポスト・ランゲージで聞く力がアップする —————— 108
Part 1 対策　基本単語の 'Listen & Write' とは —————— 109
SET01 'Listen & Write' ドリル —————— 112
SET02 'Listen & Write' ドリル —————— 116
SET03 'Listen & Write' ドリル —————— 120
SET04 'Listen & Write' ドリル —————— 124
SET05 'Listen & Write' ドリル —————— 128
SET06 'Listen & Write' ドリル —————— 132
SET07 メモを完成させる問題 —————— 136
SET08 サインポスト・ランゲージ／'Listen & Write' ドリル —————— 140
SET09 サインポスト・ランゲージ／'Listen & Write' ドリル —————— 142
SET10 「位置関係を表す語句」ドリル —————— 144
SET11 図を完成させる問題 —————— 146
SET12 複数の選択肢から選ぶ問題 —————— 150
SET13 短文4択ドリル —————— 154
SET14 短文4択ドリル —————— 156
SET15 賛成／反対を判断するドリル —————— 158
SET16 賛成／反対を判断するドリル —————— 160
SET17 制限内の語数で答える問題 —————— 162
SET18 組み合わせる問題 —————— 166
SET19 'Listen & Write' ドリル —————— 170
SET20 'Listen & Write' ドリル —————— 172
SET21 'Listen & Write' ドリル —————— 174
SET22 メモを完成させる問題 —————— 176
SET23 メモを完成させる問題 —————— 180

ライティング Writing 185

Writing Section の概要 —————— 186
Task 1　5つの問題タイプ —————— 187
Task 2　よく出題される質問の例 —————— 189
パラグラフ構成の基本 —————— 190

5

SET01 接続詞		192
SET02 接続詞と接続副詞		196
SET03 現在完了形		202
SET04 仮定法		206
SET05 関係代名詞		210
SET06 関係副詞		214
SET07 比較級		218
SET08 他動詞と自動詞		222
SET09 分詞構文		226
SET10 可算名詞・不可算名詞		230
SET11 短文穴埋めドリル		236
SET12 短文穴埋めドリル		238
SET13 短文穴埋めドリル		240
SET14 短文穴埋めドリル		242
SET15 短文穴埋めドリル		246
SET16 短文 間違い探しドリル（初級）		250
SET17 短文 間違い探しドリル（初級）		252
SET18 短文 間違い探しドリル（中級）		254
SET19 短文 間違い探しドリル（中級）		256
SET20 サンプルエッセイを使ったドリル		258
SET21 サンプルエッセイを使ったドリル		262
SET22 サンプルエッセイを使ったドリル		266
SET23 サンプルエッセイを使ったドリル		270
SET24 サンプルエッセイを使ったドリル		274
SET25 サンプルエッセイを使ったドリル		278
SET26 サンプルエッセイを使ったドリル		282
SET27 語彙力 強化ドリル		286
SET28 語彙力 強化ドリル		288
SET29 語彙力 強化ドリル		290
SET30 語彙力 強化ドリル		294
SET31 サンプルエッセイ 間違い探しドリル		298
SET32 サンプルエッセイ 間違い探しドリル		302
SET33 「断定を避ける表現」のドリル		306
SET34 短文 間違い探しドリル（初級）		308
SET35 短文 間違い探しドリル（初級）		310
SET36 短文 間違い探しドリル（中級）		312
SET37 短文 間違い探しドリル（中級）		314
SET38 サンプルエッセイを使ったドリル		316

SET39	サンプルエッセイを使ったドリル	320
SET40	サンプルエッセイを使ったドリル	324
SET41	サンプルエッセイを使ったドリル	328
SET42	サンプルエッセイを使ったドリル	334
SET43	サンプルエッセイ 間違い探しドリル	340
SET44	サンプルエッセイ 間違い探しドリル	346

スピーキング Speaking 351

Speaking Section の概要	352
Part 別 よく出るトピック	353
SET01 短文 穴埋めドリル	356
SET02 短文 穴埋めドリル	358
SET03 短文選択／英作文ドリル	360
SET04 アカデミック→カジュアル 言い換えドリル	362
SET05 間接話法 攻略ドリル	364
SET06 名詞節 攻略ドリル	368
SET07 穴埋め／書き換え／英作文ドリル	372
SET08 穴埋め／書き換えドリル	374
SET09 穴埋め／英作文ドリル	376
SET10 穴埋め／英作文ドリル	378
SET11 複文を作るドリル	380
SET12 複文を作るドリル	384
SET13 ディスコースマーカー 攻略ドリル	386
SET14 ディスコースマーカー 攻略ドリル	388
SET15 ディスコースマーカー 攻略ドリル	390
SET16 穴埋め／英作文ドリル	392
SET17 代名詞 攻略ドリル	396
SET18 穴埋め／英作文ドリル	400
SET19 短文選択／穴埋め／英作文ドリル	404
SET20 短文選択／穴埋め／英作文ドリル	408
SET21 短文選択／穴埋め／英作文ドリル	412
SET22 複文 攻略ドリル 〜 but からの脱出〜	416
SET23 書き換え／英作文ドリル	418
SET24 並べ替え／英作文ドリル	422

| 索引単語 | 424 |

本書の使い方

本書はReading、Listening、Writing、Speakingの4章から成っています。順番にしたがって問題をどんどん解き、解説を読み、場合によっては解きなおすことで、これからIELTS対策を始める初心者でも、スコア7.0を目指していくための実力を付けていくことができます。

また、解法ポイントおよびコラムにより、スコアアップにつながるテクニックや考え方、英語力を上げる学習法などを学べます。

Speakingに付録されている音声は、問題を解いた後の復習や、発音の確認、シャドーイングの練習などにお使いください。

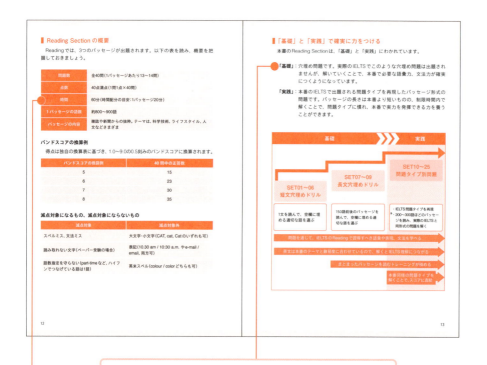

● **各セクションの出題傾向と対策を知る**

Reading、Listening、Writing、Speakingの順で練習問題が用意されています。まずは各セクションで、どのような問題が出題されるかを知り、本書でどのように学習すべきかを頭に入れましょう。

● 問題タイプ別の学習

ReadingとListeningは「基礎」「実践」にわかれています。「実践」で扱う問題は、本番の試験と同じ問題タイプなので、繰り返し解くことでスコアに直結します。WritingとSpeakingはIELTSのアウトプットで必須の文法・語彙が学べるようになっています。

● 解答・解説

効果的な《解き方》を解説します。代表的な出題パターンを網羅しているため、本書1冊でIELTS対策の多くを身につけることができます。

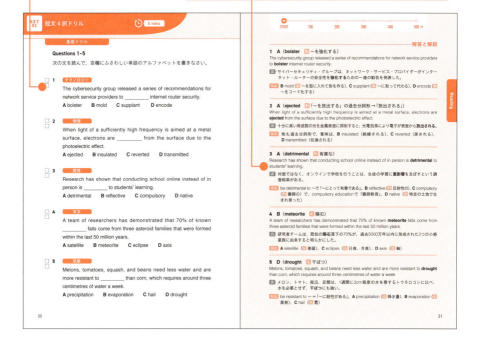

IELTSには、アカデミック・モジュールとジェネラル・トレーニング・モジュールがあります。リスニングとスピーキングの問題は共通で、ライティングとリーディングの問題は、モジュールによって違います。本書はアカデミック・モジュールに対応しています。
IELTS試験の詳細や最新情報は、IELTSテストを運営しているIDP Educationの公式サイトをご覧ください。

音声ダウンロード方法

方法1

●音声再生アプリで再生する

　右の二次元コードをスマホなどで読み取るか、下のURLにアクセスしてアプリをダウンロードしてください。ダウンロード後、アプリを起動して『IELTS語彙文法でる500問』を選択すると、端末に音声がダウンロードできます。

https://gakken-ep.jp/extra/myotomo/

方法2

● MP3形式の音声で再生する

　上記の方法1のURL、もしくは二次元コードでページにアクセスし、ページ下方の【語学・検定】から『IELTS語彙文法でる500問』を選択すると、音声ファイルがダウンロードされます。

ご利用上の注意
お客様のネット環境およびスマホやタブレット端末の環境により、音声の再生やアプリの利用ができない場合、当社は責任を負いかねます。また、スマホやタブレット端末へのアプリのインストール方法など、技術的なお問い合わせにはご対応できません。ご理解いただきますようお願いいたします。

Reading

Chapter 1

Reading

Listening

Writing

Speaking

▎Reading Section の概要

　Readingでは、3つのパッセージが出題されます。以下の表を読み、概要を把握しておきましょう。

問題数	全40問（1パッセージあたり13〜14問）
点数	40点満点（1問1点×40問）
時間	60分（時間配分の目安：1パッセージ20分）
1パッセージの語数	約800〜900語
パッセージの内容	雑誌や新聞からの抜粋。テーマは、科学技術、ライフスタイル、人文などさまざま

バンドスコアの換算例

　得点は独自の換算表に基づき、1.0〜9.0の0.5刻みのバンドスコアに換算されます。

バンドスコアの換算例	40問中の正答数
5	15
6	23
7	30
8	35

減点対象になるもの、減点対象にならないもの

減点対象	減点対象外
スペルミス、文法ミス	大文字・小文字（CAT, cat, Catのいずれも可）
読み取れない文字（ペーパー受験の場合）	表記（10.30 am / 10:30 a.m. やe-mail / email、両方可）
語数指定を守らない（part-timeなど、ハイフンでつなげている語は1語）	英米スペル（colour / colorどちらも可）

■「基礎」と「実践」で確実に力をつける

本書の Reading Section は、「基礎」と「実践」にわかれています。

「基礎」：穴埋め問題です。実際のIELTSでこのような穴埋め問題は出題されませんが、解いていくことで、本番で必要な語彙力、文法力が確実につくようになっています。

「実践」：本番のIELTSで出題される問題タイプを再現したパッセージ形式の問題です。パッセージの長さは本番より短いものの、制限時間内で解くことで、問題タイプに慣れ、本番で実力を発揮できる力を養うことができます。

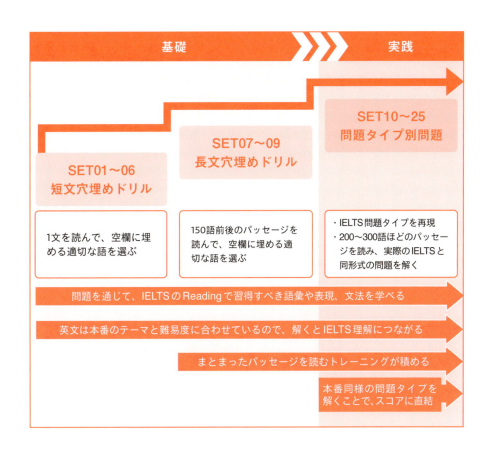

■ Reading で出題される問題タイプ

　Readingの各パッセージではさまざまな問題タイプが出題されます。本書では問題タイプを4つのグループに分けました。

4 つのグループ

Group 1 空欄を埋める問題	Group 2 複数の選択肢から選ぶ問題
Group 3 特定する問題	Group 4 マッチングさせる問題

Group 1
空欄を埋める問題

① **図を完成させる問題**（Diagram label completion）

② **メモ・表・フローチャートを完成させる問題**
（Note, table, flow-chart completion） >>SET13, 14, 15

③ **文を完成させる問題**（Sentence completion） >>SET12

④ **要約を完成させる問題**（Summary completion） >>SET16, 17

　図や文のなかに空欄があり、それに当てはまる語句をパッセージから抜き出して記述する問題。抜き出す語数は、問題文で指定されている。語数指定を破った場合は正答にならないので注意。指定の言い回しが独特なので慣れておこう。

指示文に出てくる指定の例	解答可能なパターン
ONE WORD ONLY	1語
ONE WORD AND/OR A NUMBER	1語と1数字／1語／1数字
NO MORE THAN TWO WORDS	1語／2語
ONE OR TWO WORDS	1語／2語
NO MORE THAN TWO WORDS AND/OR A NUMBER	1語／2語／1数字／1語と1数字／2語と1数字

　なお、パッセージから語句を抜き出す形式より出題頻度は下がるものの、選択肢リストが与えられ、適切な語句を選択して空欄を入れる形式が出されることもある（SET17）。

Group 2

複数の選択肢から選ぶ問題
（Multiple choice）

① **選択肢から1つの正答を選ぶ問題** >>SET11

② **選択肢から複数の正答を選ぶ問題** >>SET10

　一般的な英語試験でもよく見られる形式。ただし、②のように正答を複数選ばせる問題もあり、IELTS らしいひねりが効いている。

> 例 Choose the correct letter, A, B, C, or D.
> 　A〜Dから正しい文字を選びなさい。

Group 3

特定する問題

① **YES/NO/NOT GIVEN を選ぶ問題**（Identifying writer's views/claims） >>SET18

② **TRUE/FALSE/NOT GIVEN を選ぶ問題**（Identifying information） >>SET19

　文がいくつか与えられ、各文が3つのうちのどれに当てはまるか検証して、いずれかを記入する問題。

　①ではNOとNOT GIVEN、②ではFALSEとNOT GIVENの区別が難しいところ。パッセージ中に明確に線を引ける根拠があるならNO/FALSEとなる。一方で、根拠を特定できないものはNOT GIVENになる。

②の例

Do the following statements agree with the information given in the passage?

In boxes 1–4 on your answer sheet, write

TRUE　　　　　　　if the statement agrees with the information

FALSE　　　　　　if the statement contradicts the information

NOT GIVEN　　　if there is no information on this

各文の記述は、パッセージで与えられている情報に一致するか。解答用紙に書きなさい。

Group 4
マッチングさせる問題

① 段落に合う見出しを選ぶ問題（Matching headings） >>SET20, 21

List of Headings（各段落の「見出し」の選択肢）が与えられ、見出し（i, ii ...）と段落（A, B ...）を組み合わせる形式。要は、各段落の主旨を把握していき、主旨を的確に表す見出しを選択する問題。選択肢はダミーを含む。

例 The passage has seven paragraphs, **A–G**. Choose the correct heading for each paragraph **A–G** from the list of headings below. Choose the correct number, **i–x**, in boxes 1–7 on your answer sheet.
パッセージには7つの段落A～Gがある。リストから、各段落の見出しとして正しいものを選びなさい。

② 情報を組み合わせる問題（Matching information） >>SET22

問題文でいくつか情報（語句）が与えられ、それらがどの段落で言及されているかを選ぶ問題。同じ選択肢が複数回解答になることもあり、その場合、指示文にその旨が明記される。「段落に合う見出しを選ぶ問題」は段落の主旨を把握しているか試す問題だが、本問は具体的で細かい情報を探さなくてはならないことが多い。

例 Reading Passage 2 has ten paragraphs, **A–J**. Which paragraph contains the following information? Write the correct letter, **A–J**, in boxes 1–7 on your answer sheet.
NB You may use any letter more than once.
パッセージ2にA～Jの10段落がある。どの段落で次の情報について述べているか選びなさい。同じ選択肢を複数回使用してよい。

③ 文の前半と後半を組み合わせる問題（Matching sentence endings） >>SET25

問題文で与えられる「文の前半」に合う「文の後半」を選択肢から選ぶ問題。どの選択肢も文法的にはつながるので、パッセージの情報に合うように、意味から文を組み合わせる。

例 Complete each sentence with the correct ending, **A–E**, below.
正しい文の後半を選択肢のA～Eから選びなさい。

④ 特徴を組み合わせる問題（Matching features） >>SET23, 24

いくつか問題文が与えられ、各問題文と選択肢のリスト（A, B, C ...）を組み合わせる。選択肢の数が多く、ダミーの選択肢もあれば、同じ選択肢を複数回選ぶことも。その場合、指示文にその旨が明記される。
選択肢は同じカテゴリーでまとめられている（「人名」「都市名」など）。

例 Match each statement with the correct author, **A–C**. Write the correct letter, **A–C**, in boxes 1-5 on your answer sheet. **NB** You may use any letter more than once.
問題文の記述が、A～Cのどれに該当するか選ぶ。同じ選択肢を複数回使用してよい。

▍Reading 解法のポイント①　パラフレーズ

　多くの場合、パッセージに出てくる語句が、問題文では違うものに言い換えられています。このパラフレーズを見抜けると、解答が導きやすくなります。Listening も同様で、音声の表現が問題文でパラフレーズされうるので注意しましょう。

パラフレーズの例

単語	good ⟳ excellent ⟳ beneficial ⟳ suitable ⟳ outstanding
	benefit ⟳ advantage ⟳ upside
フレーズ	many people think ⟳ it is widely believed that
	a lot of ⟳ a significant number of ⟳ a considerable amount of
	because of ⟳ due to
	to solve the problem ⟳ to address the issue ⟳ to tackle the challenge
	for example ⟳ for instance
	bad effects ⟳ adverse consequences ⟳ negative impact
	make better ⟳ enhance ⟳ improve significantly
	nowadays ⟳ today ⟳ in contemporary society ⟳ in the modern era
文	The new policy has had a positive impact on the local economy. ⟳ The absence of the new policy could have resulted in a negative effect on the local economy. ※positive と negative は反義語だが、文全体としてはパラフレーズされている Many species are at risk of extinction due to human activities, such as deforestation and pollution. ⟳ A significant number of species face the threat of extinction because of anthropogenic activities, including deforestation and environmental contamination.

パラフレーズを見抜けるように、日頃からパラフレーズを意識して学習しましょう。

- ・単語を覚えるとき、類義語や反義語もセットで覚える
- ・英英辞書や類語辞書を使う
- ・普段から多読をするときに、パラフレーズを意識する

3の例

Dry January, the challenge of going without alcohol for a month, is proving to be more popular than ever as millions sign up. Alcohol Change, the charity responsible for the campaign, hopes that people will reflect on their relationship with drink and go on to reduce their consumption beyond this month.　　➡ それぞれ、同じ線同士でパラフレーズが起こっている

参考記事：https://www.newscientist.com/article/2462761-the-problems-with-dry-january-and-what-you-could-try-doing-instead/

▌ Reading 解法のポイント② スキャニングとスキミング

　スキャニングとスキミングは速読の手法です。IELTS では1時間という制限時間内で〈1000語弱×3本〉のパッセージを読み、求められている情報を把握して解答していく必要があります。その過程で、これらの手法を組み合わせながら解いていくと効率的です。特にスキャニングは、多くの問題タイプを解く際に助けとなる手法です。

スキャニング	キーワードを探すことに集中する
定義	冒頭から文を読み進めるのではなく、集中して必要な情報を探すこと。（scanning＝探し出すこと）
日常例	多くの番号が並んだ液晶画面から、自分の診察番号や受験番号を探す。
IELTS での活用法	多くの問題タイプでは、問題文から解答を導く助けになりそうなキーワードを拾い、そのキーワード、もしくはキーワードがパラフレーズされた語句をパッセージで特定して解く。その時にスキャニングの手法を使う。

➡ キーワードとは、問題文のなかで大切な内容語（特に動詞や名詞）、固有名詞（西暦、数値、人名、都市名など）を指します。

スキミング	大まかな意味をつかむために、ざっと読む
定義	要点をつかんで、文章全体の主旨を把握すること。（skimming＝すくいとること）
日常例	スマホでニュース記事を読む時に、上から1文ずつ読まずに、タイトルや要点になりそうな部分、図のみを追っていく。斜め読み。
IELTS での活用法	「段落に合う見出しを選ぶ問題」では、各段落のトピックセンテンス（多くは1文目）を読んで各段落の主旨を把握する必要がある。その時にスキミングを使う。

➡ 実際には、両者の手法を組み合わせて解答を導くこともあります。本書の問題を解きながら、ご自分に合った読み方や解法を探し出していきましょう。

違う形の動詞に惑わされないように！

英語は動詞中心の言語だが、動詞は必ずしも文の中で動詞として機能するわけではない。このことが Reading を難しくする要因の一つとなっている。動詞は過去形、現在分詞形など時制の活用だけではなく、形を変えて、文の中で名詞や形容詞としての機能を果たすこともあるのだ。

例えば、動詞が〜ing 形になっていた場合（studying など）、自動的に「進行形」（今〜している）なのだろうと解釈する人が多いが、実は 3 つの可能性が考えられる。

①進行形・・・現在進行形、過去進行形、現在完了進行形、未来進行形など
②動名詞・・・動詞が名詞になったもの
③分詞・・・・動詞が形容詞になったもの

この 3 つのうち、1 文につき 1 つしかない「メインの動詞」として分類されるのは①進行形しかない。②と③はそれぞれ名詞と形容詞になってしまっていて、もう動詞ではない（文の中で動詞としては機能しない）からだ。

これを念頭に置いて、Reading に取り組んでみると、文を読み解きやすくなるかもしれない。

SET 01 短文4択ドリル

基礎ドリル

Questions 1-5

次の文を読んで、空欄にふさわしい単語のアルファベットを書きなさい。

1 テクノロジー

The cybersecurity group released a series of recommendations for network service providers to _____ internet router security.

A bolster   **B** mold   **C** supplant   **D** encode

2 物理

When light of a sufficiently high frequency is aimed at a metal surface, electrons are _____ from the surface due to the photoelectric effect.

A ejected   **B** insulated   **C** reverted   **D** transmitted

3 教育

Research has shown that conducting school online instead of in person is _____ to students' learning.

A detrimental   **B** reflective   **C** compulsory   **D** native

4 天文

A team of researchers has demonstrated that 70% of known _____ falls come from three asteroid families that were formed within the last 50 million years.

A satellite   **B** meteorite   **C** eclipse   **D** axis

5 気象

Melons, tomatoes, squash, and beans need less water and are more resistant to _____ than corn, which requires around three centimetres of water a week.

A precipitation   **B** evaporation   **C** hail   **D** drought

20

START　100　200　300　400　500 問

解答と解説

1　A（bolster　動 ～を強化する）

The cybersecurity group released a series of recommendations for network service providers to **bolster** internet router security.

訳 サイバーセキュリティ・グループは、ネットワーク・サービス・プロバイダーがインターネット・ルーターの安全性を**強化する**ための一連の勧告を発表した。

解説 B mold（動 ～を型に入れて形を作る）、C supplant（動 ～に取って代わる）、D encode（動 ～をコード化する）

2　A（ejected　動「～を放出する」の過去分詞形→「放出される」）

When light of a sufficiently high frequency is aimed at a metal surface, electrons are **ejected** from the surface due to the photoelectric effect.

訳 十分に高い周波数の光を金属表面に照射すると、光電効果により電子が表面から**放出される**。

解説 他も過去分詞形で、意味は、B insulated（絶縁される）、C reverted（戻される）、D transmitted（伝達される）

3　A（detrimental　形 有害な）

Research has shown that conducting school online instead of in person is **detrimental** to students' learning.

訳 対面ではなく、オンラインで学校を行うことは、生徒の学習に**悪影響**を及ぼすという調査結果がある。

解説 be detrimental to ～で「～にとって有害である」。B reflective（形 反射性の）、C compulsory（形 義務の）で、compulsory education で「義務教育」、D native（形 特定の土地で生まれ育った）

4　B（meteorite　名 隕石）

A team of researchers has demonstrated that 70% of known **meteorite** falls come from three asteroid families that were formed within the last 50 million years.

訳 研究者チームは、既知の**隕石**落下の70%が、過去5000万年以内に形成された3つの小惑星族に由来すると明らかにした。

解説 A satellite（名 衛星）、C eclipse（名 日食、月食）、D axis（名 軸）

5　D（drought　名 干ばつ）

Melons, tomatoes, squash, and beans need less water and are more resistant to **drought** than corn, which requires around three centimetres of water a week.

訳 メロン、トマト、南瓜、豆類は、1週間に3cm程度の水を要するトウモロコシに比べ、水を必要とせず、**干ばつ**にも強い。

解説 be resistant to ～ =「～に耐性がある」。A precipitation（名 降水量）、B evaporation（名 蒸発）、C hail（名 雹）

SET 02 短文4択ドリル

基礎ドリル

Questions 1–5
次の文を読んで、空欄にふさわしい単語のアルファベットを書きなさい。

1 環境

Scientists warn that even a short-term increase in global average temperature of 1.5℃ above pre-industrial levels could trigger _____ changes, such as the collapse of the Greenland and West Antarctic ice sheets.

A irreversible　　**B** pollutant　　**C** extinct　　**D** deplete

2 地理

Cape Irizaki on the island of Yonaguni marks the westernmost point in Japan at a _____ of 122.9349° E.

A altitude　　**B** latitude　　**C** parallel　　**D** longitude

3 地学

_____ , including sand and soil, is often carried by river water but can also be transported by wind and ice.

A Sediment　　**B** Fluid　　**C** Preservative　　**D** Plaster

4 数学

The slope of a _____ line on a coordinate grid with two perpendicular axes, X and Y, is always undefined because the change in X is zero.

A vertical　　**B** horizontal　　**C** geometric　　**D** diametric

5 生物

The African elephant is the largest _____ animal, though the blue whale surpasses it in terms of both length and weight.

A cellular　　**B** aquatic　　**C** terrestrial　　**D** fungus

START 100 200 300 400 500 問

解答と解説

1　A（irreversible　形 不可逆的な）

Scientists warn that even a short-term increase in global average temperature of 1.5℃ above pre-industrial levels could trigger **irreversible** changes, such as the collapse of the Greenland and West Antarctic ice sheets.

訳 科学者たちは、世界平均気温が産業革命前の水準より1.5℃上昇するという短期的な変化でさえ、グリーンランドや西南極の氷床の崩壊などの**不可逆的**変化を引き起こしうると警告している。

解説 irreversible の語源は ir-(否定) + re-(後ろへ) + vertere(回す) + -ible(〜できる)。**B** pollutant（名 汚染物質）、**C** extinct（形 絶滅した）、**D** deplete（動（資源など）を使い果たす）

2　D（longitude　名 経度）

Cape Irizaki on the island of Yonaguni marks the westernmost point in Japan at a **longitude** of 122.9349° E.

訳 与那国島の西崎岬は東経122.9349°の日本最西端に位置する。

解説 **A** altitude（名 高度）、**B** latitude（名 緯度）、**C** parallel（名 平行）
-tudeは状態や性質を表す。

3　A（Sediment　名 堆積物）

Sediment, including sand and soil, is often carried by river water but can also be transported by wind and ice.

訳 砂や土を含む**堆積物**は河川水で運ばれることが多いが、風や氷でも運ばれることがある。

解説 **B** Fluid（名 液体）、**C** Preservative（名 保存料）、**D** Plaster（名 石膏）

4　A（vertical　形 垂直の）

The slope of a **vertical** line on a coordinate grid with two perpendicular axes, X and Y, is always undefined because the change in X is zero.

訳 X, Yの2つの垂直軸を持つ座標上の**垂直線**の傾きは、Xの変化がゼロであるため常に不定である。

解説 **B** horizontal（形 水平の）、**C** geometric（形 幾何学的な）、**D** diametric（形 直径の）

5　C（terrestrial　形 陸生の）

The African elephant is the largest **terrestrial** animal, though the blue whale surpasses it in terms of both length and weight.

訳 シロナガスクジラが体長も体重も上回るが、アフリカゾウは**陸上**最大の動物だ。

解説 **A** cellular（形 細胞の）、**B** aquatic（形 水生の）、**D** fungus（名 菌類の総称）

SET 03 短文4択ドリル

基礎ドリル

Questions 1–5

次の文を読んで、空欄にふさわしい単語のアルファベットを書きなさい。

1 生物

Ants, which live in colonies, are social insects, whereas many species of wasps are _____ , often foraging and living alone.

A endemic　　**B** migrate　　**C** solitary　　**D** herbivorous

2 生物

Bees feeding on flower nectar _____ plants by rubbing against the anthers (the male parts of a flower), collecting pollen, and transferring it to the stigma (the female part of a flower).

A pollinate　　**B** sprout　　**C** disperse　　**D** propagate

3 医学

Drinking alcohol, a depressant, can _____ the stimulating effects of caffeine.

A degenerate　　**B** discern　　**C** deteriorate　　**D** counteract

4 薬学

The patient was prescribed an oral _____ in pill form to treat bacterial pneumonia.

A antibiotic　　**B** antiseptic　　**C** pharmaceutical　　**D** medical

5 人類学

A recent study shows that people living in diverse areas tend to be more accepting of ethnic and cultural differences than those living in _____ areas, who are more likely to stereotype based on race, religion, and ethnicity.

A indigenous　　**B** homogeneous　　**C** primeval　　**D** endemic

―解答と解説―

1 C（solitary 形 単独の）

Ants, which live in colonies, are social insects, whereas many species of wasps are **solitary**, often foraging and living alone.

訳 コロニーで生活するアリは社会性昆虫だが、スズメバチの多くの種は**単独**で行動し、多くの場合、採食し、単独で生活する。

解説 A endemic（形 特定の地域や集団に特有の）、B migrate（動 移住する）、D herbivorous（形 草食性の）

2 A（pollinate 動 〜の受粉を媒介する）

Bees feeding on flower nectar **pollinate** plants by rubbing against the anthers (the male parts of a flower), collecting pollen, and transferring it to the stigma (the female part of a flower).

訳 花の蜜を吸うミツバチは、おしべ（花の雄の部分）にこすりつけて花粉を集め、それをめしべ（花の雌の部分）に移すことで**受粉させる**。

解説 B sprout（動 発芽する）、C disperse（動 分散する）、D propagate（動 〜を繁殖させる）

3 D（counteract 動 〜を中和する、弱める）

Drinking alcohol, a depressant, can **counteract** the stimulating effects of caffeine.

訳 抑制作用のあるアルコールを飲むと、カフェインの興奮作用**を打ち消す**ことがある。

解説 counteractは、counter-（反対）＋ act（行動する）で「反対に作用する」。
A degenerate（動 悪化する）、B discern（動 〜を識別する）、C deteriorate（動 劣化する）

4 A（antibiotic 名 抗生物質）

The patient was prescribed an oral **antibiotic** in pill form to treat bacterial pneumonia.

訳 患者は細菌性肺炎の治療のため、錠剤の経口**抗生物質**を処方された。

解説 oral antibioticで「経口抗生剤」という意味。C pharmaceutical（名 薬剤）でも文法的には合うが、treat bacterial pneumoniaがあるので、文脈上Aが適切。Bはantiseptic（名 消毒剤）で、oral antisepticは「口中消毒剤」、D medical（形 医療の）

5 B（homogeneous 形 均質な、同質の）

A recent study shows that people living in diverse areas tend to be more accepting of ethnic and cultural differences than those living in **homogeneous** areas, who are more likely to stereotype based on race, religion, and ethnicity.

訳 最近の研究によると、多様な地域に住む人々は、人種、宗教、民族に基づく先入観を持ちやすい**同質的**な地域に住む人々よりも、民族や文化の違いを受け入れる傾向があるという。

解説 A indigenous（形 先住の）、C primeval（形 原始的な）、D endemic（形 特定の地域や集団に特有の）

25

基礎ドリル

Questions 1-5
次の文を読んで、空欄にふさわしい単語のアルファベットを書きなさい。

1 法律

The advocate for the abolition of the death penalty argued that the _____ stance is to declare state-sanctioned execution wrong in all cases.

A intolerant **B** principled **C** mythical **D** divine

2 文学

The poet used _____ language, including lines about the aroma of chocolate cake mingling with the scent of lit candles, to create a vivid image of the birthday scene for the reader.

A narrative **B** descriptive **C** metaphorical **D** serial

3 アート

The drawing, _____ to Pablo Picasso, is worth over $500,000.

A depicted **B** cultivated **C** attributed **D** embellished

4 文学

This work should be interpreted as an allegory rather than a _____ description of life in ancient Rome.

A verbal **B** literal **C** linguistic **D** lexical

5 医学

Recovery from addiction presents _____ challenges, but these can be overcome with the help of a trained psychologist.

A coherent **B** obscure **C** inherent **D** prone

START 100 200 300 400 500 問

解答と解説

1　B（principled　形 原則的な）

The advocate for the abolition of the death penalty argued that the **principled** stance is to declare state-sanctioned execution wrong in all cases.

訳　死刑廃止論者は、**原則的な**立場とは、国家が認める死刑はいかなる場合でも間違っていると宣言することであると主張した。

解説　**A** intolerant（形 不寛容な）、**C** mythical（形 神話の）、**D** divine（形 神聖な）

2　B（descriptive　形 描写の）

The poet used **descriptive** language, including lines about the aroma of chocolate cake mingling with the scent of lit candles, to create a vivid image of the birthday scene for the reader.

訳　その詩人は、チョコレートケーキの香りと火のついた蝋燭の香りが混ざり合う様子を**描写的に**表現し、読者に誕生日の場面を鮮明に想像させた。

解説　**A** narrative（形 物語の）、**C** metaphorical（形 比喩の）、**D** serial（形 連続した）

3　C（attributed　動「〜に起因する」の過去分詞形→「〜 に起因している」）

The drawing, **attributed** to Pablo Picasso, is worth over $500,000.

訳　その絵はパブロ・ピカソ**の作**で、50万ドル以上の価値がある。

解説　attributed to Pablo Picasso の部分は分詞構文。他の選択肢も動詞の過去分詞形で、意味は、**A** depicted（描かれる）、**B** cultivated（育まれる）、**D** embellished（装飾される）。

4　B（literal　形 文字通りの）

This work should be interpreted as an allegory rather than a **literal** description of life in ancient Rome.

訳　この作品は古代ローマの生活を**文字通りに**描写したものでなく、寓話として解釈されるべきだ。

解説　**A** verbal（形 言語の）、**C** linguistic（形 言語の）、**D** lexical（形 語彙の）

5　C（inherent　形 固有の、本質的な）

Recovery from addiction presents **inherent** challenges, but these can be overcome with the help of a trained psychologist.

訳　依存症からの回復には**固有の**課題があるが、訓練を受けた心理学者の助けを借りれば克服できる。

解説　**A** coherent（形 一貫した）、**B** obscure（形 曖昧な）、**D** prone（形 〜しがちな）

Reading

27

SET 05 短文4択ドリル

 5 mins

基礎ドリル

Questions 1–5

次の文を読んで、空欄にふさわしい単語のアルファベットを書きなさい。

☐ **1** 歴史

Art, science, philosophy, and literature _____ during the Renaissance.

A flourished   **B** ruined   **C** charted   **D** emigrated

☐ **2** 考古学

An ancient drawing, made by a human with an ochre crayon 73,000 years ago, was found on a _____ of rock in South Africa.

A remains   **B** fragment   **C** ruins   **D** dweller

☐ **3** アート

Michelangelo spent four _____ years, enduring great physical strain, to complete the Sistine Chapel fresco.

A aesthetic   **B** stunning   **C** deficient   **D** painstaking

☐ **4** スポーツ

The team suffered a severe _____ when their star fielder pulled a hamstring.

A setback   **B** triumph   **C** roster   **D** regime

☐ **5** 建築

The houses in the neighbourhood were built in close _____ to each other.

A debris   **B** proximity   **C** restoration   **D** drain

―――解答と解説

1　A（flourished　動「栄える」の過去形→「栄えた」）

Art, science, philosophy, and literature **flourished** during the Renaissance.

訳 ▶ ルネサンス期には芸術、科学、哲学、文学が**花開いた**。

解説 ▶ B ruined（動「滅びる」の過去形）、C charted（動「図に示す」の過去形）、D emigrated（動「他国に移住する」の過去形）

2　B（fragment　名 破片）

An ancient drawing, made by a human with an ochre crayon 73,000 years ago, was found on a **fragment** of rock in South Africa.

訳 ▶ 南アフリカの岩石の**破片**から、7万3千年前に人類が黄土色のクレヨンで描いた古代の絵が発見された。

解説 ▶ A remains（名 残り物、遺物）、C ruins（名 遺跡）、D dweller（名 住人）

3　D（painstaking　形 骨の折れる、丹念な）

Michelangelo spent four **painstaking** years, enduring great physical strain, to complete the Sistine Chapel fresco.

訳 ▶ ミケランジェロは、システィーナ礼拝堂のフレスコ画を完成させるために、肉体的な負担に耐えながら、**骨の折れる**4年の歳月を費やした。

解説 ▶ A aesthetic（形 美的な）、B stunning（形 見事な）、C deficient（形 不足している）

4　A（setback　名 挫折）

The team suffered a severe **setback** when their star fielder pulled a hamstring.

訳 ▶ チームはスター野手がハムストリングを痛め、大きな**挫折**を味わった。

解説 ▶ B triumph（名 勝利）、C roster（名 名簿）、D regime（名 体制、統治形態）

5　B（proximity　名 近接）

The houses in the neighbourhood were built in close **proximity** to each other.

訳 ▶ 近所の家々は互いに**接近**して建てられていた。

解説 ▶ A debris（名 瓦礫）、C restoration（名 復旧）、D drain（名 排水口）
be in close proximity to ～ ＝「～に非常に近い」

SET 06 短文 4 択ドリル 5 mins

基礎ドリル

Questions 1–5
次の文を読んで、空欄にふさわしい単語のアルファベットを書きなさい。

☐ **1** 都市

The _____ neighbourhood features several embassies, international schools, and upscale grocery stores offering imported products.

A cosmopolitan　　**B** suburban　　**C** adjacent　　**D** urban

☐ **2** ビジネス

The decline in sales demands _____ reform of the entire business structure, not merely a shift in marketing strategy.

A comprehensive　　**B** voluntary　　**C** redundant　　**D** informative

☐ **3** 法律

The 21st Amendment to the U.S. Constitution _____ Prohibition (the nationwide ban on alcoholic beverages) and restored the legal right to manufacture, sell, and consume liquor.

A smuggled　　**B** enforced　　**C** repealed　　**D** convicted

☐ **4** 外交

The nation has begun a process to _____ its policies with the rules set forth in the treaty.

A discriminate　　**B** delegate　　**C** designate　　**D** align

☐ **5** メディア

The artist's hit songs were once _____ — played in restaurants, clubs, stores, and on the radio — but are rarely heard now.

A ubiquitous　　**B** intrusive　　**C** accurate　　**D** erroneous

30

解答と解説

1 A（cosmopolitan　形 世界的な、国際的な）

The **cosmopolitan** neighbourhood features several embassies, international schools, and upscale grocery stores offering imported products.

訳 **国際的な**その地区には、大使館、インターナショナルスクール、輸入品を扱う高級食料品店がある。

解説 **B** suburban（形 郊外の）、**C** adjacent（形 隣接した）、**D** urban（形 都市の）

2 A（comprehensive　形 包括的な）

The decline in sales demands **comprehensive** reform of the entire business structure, not merely a shift in marketing strategy.

訳 売上減少は、単なるマーケティング戦略の転換ではなく、事業構造全体の**包括的な**改革を要求している。

解説 **B** voluntary（形 自発的な）、**C** redundant（形 冗長な）、**D** informative（形 有益な）

3 C（repealed　動「〜を取り消す、廃止する」の過去形→「廃止した」）

The 21st Amendment to the U.S. Constitution **repealed** Prohibition (the nationwide ban on alcoholic beverages) and restored the legal right to manufacture, sell and consume liquor.

訳 米国憲法修正第21条は禁酒法（アルコール飲料の全国的な禁止）**を廃止し**、酒類を製造、販売、消費する合法的権利を回復した。

解説 **A** smuggled（動「〜を密輸する」の過去形）、**B** enforced（動「〜を施行する」の過去形）、**D** convicted（動「〜を有罪と決する」の過去形）

4 D（align　動 〜に合わせる、一直線にする）

The nation has begun a process to **align** its policies with the rules set forth in the treaty.

訳 その国は、自国の政策を条約で定められた規則**に合わせる**過程を開始した。

解説 **A** discriminate（動 〜を差別する）、**B** delegate（動 〜を委任する）、**C** designate（動 〜に指定する）

5 A（ubiquitous　形 遍在する）

The artist's hit songs were once **ubiquitous** – played in restaurants, clubs, stores, and on the radio – but are rarely heard now.

訳 その歌手のヒット曲は、かつては飲食店、クラブ、店、ラジオなど**いたるところ**で流れていたが、今ではほぼ聞かれなくなった。

解説 **B** intrusive（形 押し付けがましい）、**C** accurate（形 正確な）、**D** erroneous（形 間違っている）

地震

基礎ドリル

SET07〜09は、1文ではなく、IELTSで出題されるようなテーマで、短いパッセージ形式の問題を出題します。語彙力強化とともに、制限時間内で全体の意味をつかめるようにしましょう。

How Weakness in Design Can Prevent Disasters

A real-world experiment has shown that **1** _____ designing weakness into a building can prevent devastating collapse by containing damage to a small area. The idea behind this engineering philosophy comes in part from the way **2** _____ drop their tails to get away from predators. Parts of the building are engineered to break under a certain stress load **3** _____ ruining the rest of the structure. Until now, it was believed that structural elements needed to be strongly linked to support the building's weight in the event that a load-bearing part was destroyed. This new study and experiment introduce 'zones of calibrated weakness', which allow a building to withstand mild damage while ensuring that more severe destruction triggers localised collapse, rather than causing a chain reaction that could bring down the entire structure. (137語)

☐ Questions 1-3
空欄に入る語として適切なアルファベットを選びなさい。

1　**A** especially　**B** intentionally　**C** involuntarily　**D** detrimentally
2　**A** lizards　**B** amphibians　**C** insects　**D** snakes
3　**A** including　**B** instead of　**C** despite of　**D** in spite of

参考文献：https://www.newscientist.com/article/2431131-buildings-that-include-weak-points-on-purpose-withstand-more-damage/

解答と解説

1　B（intentionally　副 意図的に）
解説 選択肢はすべて副詞で、文法的にはどれも合うので、意味が適切なものを選ぶ。
A especially（特に）、C involuntarily（無自覚に）、D detrimentally（有害な方法で）

2　A（lizards　名 「トカゲ」の複数形）
解説 「捕食者から逃げるために尾を落とす生物」としてふさわしいのは lizards（トカゲ）。
B amphibians（名 両生類）、C insects（名 昆虫）、D snakes（名 ヘビ）
The idea behind this engineering philosophy comes in part from <u>the way</u> <u>lizards drop their tails to get away from predators</u>.
　　　　　　　　　　　　　　　　　　　　　　　　　　　　先行詞　　関係副詞節
空欄のある文は、後半が関係副詞になっている。

3　B（instead of　～の代わりに）
解説 3 _____ ruining the rest of the structure（構造体の残りの部分を台無しにする代わりに）にあてはまる B を選ぶ。他の選択肢は、A including（～を含めて）、C despite of（～にもかかわらず）、D in spite of（～にもかかわらず）

パッセージの訳

デザインにおける脆弱性がどう災害を防ぐのか

1意図的に建物に弱点設計を施すことで、被害を狭い範囲にとどめ、壊滅的な倒壊を防ぐことができることが、実際の実験で示された。この工学哲学の背景にある考え方は、**2トカゲ**が捕食者から逃げるために尻尾を落とす様子に由来している。建物の一部は、構造体の残りの部分を台無しにする**3代わりに**、ある応力負荷の下で壊れるように設計されている。これまでは、耐荷重部分が破壊された場合に建物の重量を支えるためには、構造要素が強く結合している必要があると考えられていた。この新しい研究と実験では、「調整された弱点ゾーン」が導入されている。このゾーンは、建物が軽度の損傷に耐えることを可能にする一方で、より深刻な破壊が構造全体を崩壊させる連鎖反応を引き起こすのではなく、局所的な崩壊を引き起こすことを保証する。

Solar Superflares: What We Can Learn from the Stars

Research into more than 56,000 stars similar to the sun shows that strong bursts of radiation, known as 'superflares', occur in these stars as often as once every hundred years. These superflares are sometimes **1** _____ by particle storms that could wreak havoc on electronic equipment on Earth. The last superflare to hit Earth was 165 years ago. It was followed by a **2** _____ bubble of magnetised plasma particles, known as a 'coronal mass ejection' (CME), and a geomagnetic storm that, were it to occur today, would be capable of knocking out power grids and communications systems. **3** _____ direct research into the sun's activity only began in the mid-20th century, earlier evidence, including measurements of radioactive carbon in tree rings, suggests that Earth has been struck by superflares every few hundred or even few thousand years. Although it is impossible to predict exactly when another superflare will take place, the frequency of such events in similar stars suggests that they may happen more often in the sun than previously thought. (169語)

Questions 1-3

空欄に入る語として適切なアルファベットを選びなさい。

1　**A** accompanied　**B** attended　**C** devoid　**D** associated
2　**A** subsequent　**B** preceding　**C** previous　**D** afterwards
3　**A** While　**B** When　**C** Because　**D** Unless

参考文献：https://www.newscientist.com/article/2460512-the-sun-may-spit-out-giant-solar-flares-more-often-than-we-thought/

―解答と解説―

1 A（accompanied　動「～を伴う」の過去分詞形→「～を伴っている」）

解説「スーパーフレアが粒子嵐を伴う」が文脈に合う。〈主語＋be accompanied by ～〉で「（主語）が～を伴う」。他の選択肢は、be attended by ～（～に付き添われる）、be devoid of ～（～を欠いている）、be associated with ～（～と関連している）の形でよく使う。

2 A（subsequent　形 続いて起こる）

解説 空欄前後を読んで入れるべき品詞を特定しよう。本問の場合はbubbleを修飾する形容詞を入れるべきなので形容詞の選択肢（A～C）から選ぶ。他の選択肢は、**B** preceding（形 先行する）、**C** previous（形 以前の）、**D** afterwards（副 その後で）

3 A（While　接 ～である一方）

解説 3 ＿＿＿＿＿ direct research into the sun's activity only began in the mid-20th century, earlier evidence, (including measurements of radioactive carbon in tree rings), suggests that Earth has been struck by superflares every few hundred or even few thousand years.

空欄に入れる品詞を特定するために、文構造を分析していく。including measurements of radioactive carbon in tree ringsは挿入句、earlier evidence（主語）とsuggests（動詞）が主節。よって、空欄に入れるのは従属節を作る接続詞。選択肢はすべて接続詞なので、意味から選ぶ。空欄のある節のほうにonly began in the mid-20th centuryとある一方で、空欄のない節のほうにevery few hundred or even few thousand yearsという記述があるので、相反する事実を並べることができるAを選ぶ。従属接続詞を使う文を複文という。特にwhileの文は、WritingやSpeakingテストでも正しく構成できるようにしよう。

他の選択肢は、**B** When（接 ～とき）、**C** Because（接 ～なので）、**D** Unless（接 ～でない限り）

パッセージの訳

スーパーフレア：恒星から学べること

太陽によく似た56,000個以上の恒星を調査した結果、「スーパーフレア」という強い放射線の爆発が100年に一度発生していることが分かった。このスーパーフレアは時に地球上の電子機器を大混乱に陥れる可能性がある粒子嵐**1**を伴う。地球を襲った最後のスーパーフレアは165年前だった。**2**その後、「コロナ質量放出」（CME）として知られる磁化されたプラズマ粒子のバブルが発生し、今日発生すれば、電力網や通信システムを麻痺させうる地磁気嵐が発生した。太陽活動に関する直接的研究は20世紀半ばに始まったばかり**3**だが、樹木の年輪に含まれる放射性炭素の測定結果など、それ以前の証拠は、地球が数百年から数千年ごとにスーパーフレアに襲われてきたことを示唆する。次のスーパーフレアがいつ起こるかを正確に予測するのは不可能だが、似たような恒星でこういった現象が頻発しているので、太陽では以前考えられていたより頻発している可能性がある。

SET 09　長文４択ドリル

⏱ 6 mins

文化（遺産）

基礎ドリル

Unlocking the Secrets of Stonehenge's Calendar

Stonehenge's **1** _____ with the summer and winter solstices has led many to suspect that it was once used as an ancient calendar, though the specifics of how it functioned remained unclear. A new analysis suggests that Stonehenge might have been constructed based on the solar calendar of ancient Egypt, with the 30 stones of the large sarsen circle **2** _____ the days of a month. Tim Darvill at Bournemouth University, UK, who carried out the analysis, explained that the calendar **3** 'recalibrates every winter solstice sunset'. The calendar is based on 12 months of 30 days, making 360 days, with the five trilithons (each made up of three stones) adding up to 365 days. The tallest stone in the monument, which is part of one of the trilithons, is oriented towards sunrise on the winter solstice. Additionally, four other stones outside the circle could have been used to track the extra leap day every four years. (160 語)

Questions 1 and 2

空欄に入る語として適切なアルファベットを選びなさい。

1　**A** align　　**B** alignment　　**C** aligns　　**D** aligned

2　**A** representing　　**B** represented　　**C** placing　　**D** placed

Question 3

下線部 **3** が表している内容としてふさわしいものを次の A ～ D から１つ選びなさい。

A　It adjusts itself every year when the sun sets on the shortest day of the year.

B　It doesn't need adjusting when the sun sets during the winter.

C　It adjusts itself every year when the sun sets on the longest day of the year.

D　It doesn't reset automatically at every sunset on the shortest day of the year.

参考文献：https://www.newscientist.com/article/2310095-stonehenge-may-have-been-a-giant-calendar-and-now-we-know-how-it-works/

———解答と解説

遺産は、Readingのほか、ListeningのPart 4でもトピックになりうるので基本的な知識を知っておくといい。ストーンヘンジ（Stonehenge）は、英先史時代の環状列石（stone circle）で世界文化遺産（World Heritage Site）。遺跡の目的は、暦、太陽崇拝の祭祀場、古代の天文台など諸説ある。

1　B（alignment 名 一列に整列すること）

解説 Stonehenge'sが前から修飾しているので、空欄には名詞が入ると判断し、**B**を入れる。**A** align（動 ～を整列させる）、**C** aligns（動 alignに三単現の-sがついた形）、**D** aligned（動 alignの過去形、過去分詞形）

2　A（representing 動「～を表す」の現在分詞形→「～を表している」）

解説 [　]内の語句が、the 30 stonesを修飾する関係を作るために分詞を入れる。with the 30 stones（of the large sarsen circle）[representing the days of a month]「1か月の日数を表している大きなサルセン・サークルの30個の石で」に合うのは現在分詞のrepresenting。

3　A

解説 recalibrate（動 ～を再調整する）という難しい単語が出てくるが、知らなくても焦る必要はない。re-（再び）から何かをし直すことだろうと予想はしておく。winter solstice（冬至）を知っていると、これが**A**でthe shortest day of the yearに言い換えられていることが特定しやすい。

パッセージの訳

ストーンヘンジ暦の謎を解き明かす

ストーンヘンジが夏至と冬至**1**に合わせて配置されていることから、多くの人が、それがかつて古代暦として使われていたと推測しているが、その具体的な機能は依然として不明だ。新しい分析によると、ストーンヘンジは古代エジプトの太陽暦に基づいて建設された可能性があり、大きなサルセン・サークルの30個の石が1か月の日数を**2**表しているという。この分析を行った英国ボーンマス大学のティム・ダーヴィル氏は、この暦は**3**「冬至の日没ごとに再調整される」と説明する。暦は30日×12か月を基本とし、5つの三連石（それぞれが3つの石で構成されている）を足すと365日となり、360日となる。この遺跡で最も高い石は、トリリソンの一部で、冬至の日の出に向かっている。さらに、円の外側にある他の4つの石は、4年ごとのうるう日を追跡するために使われた可能性がある。

問題文の訳（Question 3 のみ）

A 毎年、太陽が1年で最も短い日に沈む時に調整する。

B 冬に太陽が沈む時は調整する必要がない。

C 毎年、太陽が1年で最も長い日に沈む時に自動的に調整される。

D 1年で最も短い日の日没のたびに、自動的にリセットされることはない。

37

SET 10 選択肢から複数の正答を選ぶ問題 10 mins

ビジネス（eコマース）

実践問題

SET10〜25は「実践」です。200〜300語のパッセージを読み、本番と同じ形式の問題を出題します。

Customer Retention Strategies in the Online Era

In the past, before online shopping, it was easier for brands to retain customers. Customers were limited to making purchases in a specific geographical area, so there was less competition. Now that there are many places to shop online, it is more important than ever that businesses retain customers. Why are these repeat customers so important?

First, a repeat customer becomes more and more likely to purchase a brand again the more often they return. In other words, a person who has purchased a brand two or more times is more likely to come back again than a person who has made just one purchase. Repeat customers also tend to spend more money than first-time customers and purchase at important times, such as Black Friday and around the Christmas holidays. They also provide free marketing by sharing their experience with friends and family and on social media.

Given the importance of customer retention, loyalty and rewards programmes are an essential strategy for brands and online stores. To be effective, these programmes should include omnichannel strategies and meet customers where they are. For example, a customer who earns points on an online purchase might be able to redeem these points in-store, or a customer who puts an item in a shopping cart on their smartphone app might be able to purchase it later on a different device. The ultimate purpose of a loyalty and rewards program is to inspire customers to purchase the brand again. （232語）

※このタイプは本番では、通常、解答の根拠となる場所が、問題の順と一致しますが、本問はパッセージが短いため、その通りではありません

Questions 1–3

☐ Choose **THREE** letters, **A–E**.
☐ According to the passage, why are repeat customers valuable to a business?

  A The more often they buy something from a store, the more inclined they are to buy something again in the future.

  B They return items less frequently than first-time customers.

- **C** They consistently spend more per trip than new customers.
- **D** They promote the brand by sharing their experience with others.
- **E** It is easier to keep track of data about them.

Questions 4 and 5

Choose **TWO** letters, **A–E**.

According to the passage, which of the following could be part of effective loyalty and rewards programmes?

- **A** Customers can apply points obtained online towards purchases made in person.
- **B** Customers are restricted to a single purchase method.
- **C** Customers have the ability to buy across a range of devices.
- **D** Customers are encouraged to compare shops through competitor channels.
- **E** Customers are not allowed to make returns.

Questions 6 and 7

Choose **TWO** letters, **A–E**.

What changes in the shopping environment are mentioned in the passage?

- **A** Customers today are limited to shopping in a specific geographical area.
- **B** Competition among brands has increased in recent years with the advent of online shopping.
- **C** Customers today often share information about their purchases on social media.
- **D** Customer retention is easier now than it was in the past.
- **E** Brands no longer need to try to attract new customers.

参考文献：https://blog.smile.io/repeat-customers-profitable/
https://www.independent.co.uk/news/business/business-reporter/customers-loyalty-ecommerce-rewards-brands-b2616143.html

SET 10 選択肢から複数の正答を選ぶ問題

解答

1 2 3 A, C, D（順不同）　**4 5** A, C（順不同）　**6 7** B, C（順不同）

解説

「選択肢から選ぶ問題」には、2パターン（1つだけ解答を選ぶもの／複数の解答を選ぶもの）がある。後者は難易度が上がるので数をこなして形式に慣れておこう。

1　A：段落2の1、2文目と一致。パッセージの becomes more and more likely to ... が、選択肢Aでは the more inclined they are to ...（語順の入れ替えが起きていて、元々は they are more inclined to ... の形）に言い換えられている。

　　C：段落2の3文目と一致。

　　D：段落2最終文と一致。パッセージの friends and family が、選択肢では others と抽象化されている。

2　A：最終段落中盤の For example, 以下と一致する。redeem these points は、オンラインで貯めたポイントを店内での買い物のために引き換えること。

　　C：選択肢Cの to buy across a range of devices が、最終段落の終盤の to purchase it later on a different device の言い換えになっている。

3　A：オンラインショッピングが出現する以前の話なので不可。geographical（形 地理の）は geography（名 地理）とともに押さえておこう。

　　B：段落1中盤の so there was less competition. Now that there are many places to shop online と一致する。

　　C：段落2の最終文と一致。

問題文の訳

問1～3　A～Eから3つ選びなさい。

　　　　　　パッセージによると、なぜリピーターは企業にとって貴重なのか。

A　その店で何かを買う回数が多ければ、将来また何かをもっと買いたくなる。

B　彼らは初回購入者よりも返品する頻度が低い。

C　彼らは1回の訪問で初めての客より多くのお金を使う。

D　彼らは自分の経験を他人と共有することでブランドを宣伝する。

E　彼らに関するデータを追跡しやすい。

問4～5　A～Eから2つ選びなさい。

　　　　　　パッセージによると、効果的なロイヤリティ・プログラムや特典プログラムの一部になりえるのはどれか。

A　顧客はオンラインで獲得したポイントを店頭で利用できる。

B　顧客は購入方法が1つに制限される。

C　顧客は異なるデバイスで買い物ができる。

D 顧客は競合他社のチャネルを通じて店舗を比較することを推奨されている。
E 顧客は返品することができない。

問6〜7　A〜Eから2つ選びなさい。
　　　　パッセージで言及されているショッピング環境の変化とは何か。
A 顧客は現在、特定の地理的エリアでの買い物に限られている。
B オンラインショッピングの出現により、近年、ブランド間の競争が激化している。
C 顧客は今日、ソーシャルメディア上でブランドの体験を共有することが多い。
D 顧客維持は、以前よりも容易になった。
E ブランドは、もはや新規顧客を獲得しようとしなくて済むようになった。

パッセージの訳

オンライン時代の顧客維持戦略

[段落1] オンラインショッピングが一般的になる以前は、ブランドにとって顧客を維持することはより容易だった。顧客は特定の地域でのみ購入をしていたため、競争も少なかったのだ。しかし、オンラインショッピングが数多く存在する現在、企業にとって顧客を維持することは、かつてないほど重要になっている。なぜリピーター顧客がそれほど重要なのか。

[段落2] まず、リピーター顧客は、そのブランドを再び購入する可能性が、そのブランドを再び利用する回数が増えるほど高くなる。つまり、そのブランドを2回以上購入したことのある顧客は、1回しか購入していない顧客よりも、再びそのブランドを購入する可能性が高いということだ。また、リピーターは、ブラック・フライデーやクリスマス休暇前後のような重要な時期に、より多くのお金を使う傾向がある。さらに、友人や家族、ソーシャルメディア上でその経験を共有することで、無料のマーケティング活動も行っている。

[段落3] 顧客維持の重要性から、ロイヤリティ・プログラムや特典プログラムはブランドやオンラインストアにとって欠かせない戦略である。効果的なものにするには、これらのプログラムはオムニチャネル戦略を含み、顧客がどこにいても対応できるものでなければならない。例えば、オンライン購入でポイントを獲得した顧客は、そのポイントを店舗で利用できるかもしれない。あるいは、スマートフォンアプリでショッピングカートに商品を入れた顧客は、あとで別のデバイスで購入できるかもしれない。ロイヤリティ・プログラムや特典プログラムの究極の目的は、顧客にそのブランドを再び購入してもらうように促すことだ。

The Debate over Phonics

Researchers have a good understanding of how children learn to read, but there is still significant disagreement about the best way to teach reading and improve literacy rates worldwide. Phonics, or a method of connecting sounds to letters, is a cornerstone of the debate over reading in English-speaking countries.

A student (generally a child) begins learning to read when they realise that the words they speak and hear correspond to text. If the language being learned is alphabetic, such as English, the student also must notice that words can be broken down into smaller components called phonemes – the /d/ sound in 'dog', for example – and that letters correspond to these phonemes. Gradually, the student learns to match each grapheme ('d') with one or more phonemes and to blend phonemes to construct words. They can then turn a written word such as 'dog' into discrete phonemes – /d/o/g/. Instruction in decoding, called phonics, helps the child read written words until, eventually, the words become familiar enough that they know how to pronounce the words without using phonics.

It is important that phonics be taught together with context and syntax (sentence structure and grammar), but the optimal degree of emphasis on context and syntax vs. phonics is under dispute. In the U.S., overemphasis on context and sentence structure at the expense of phonics has been blamed for poor literacy rates, while overemphasis on phonics at the expense of context and syntax has been blamed for lower rates of reading comprehension in England.

Researchers are going into classrooms to observe the teaching of reading. They are also examining how people learn to read languages that are easier to decode, such as German, and many Asian languages where characters represent syllables rather than phonemes. The aim of such efforts is to improve literacy rates worldwide. (305語)

Questions 1–3

Choose the correct letter, **A**, **B**, **C** or **D**.

Question 1

When does a child begin the process of learning to read?

- **A** When they notice that the pictures in books correspond to text
- **B** When they connect what is written in books to their everyday lives
- **C** When they understand syntax and grammar
- **D** When they realise that spoken words match written text

Question 2

Which of the following are NOT considered part of instruction in phonics?

- **A** Breaking down words into smaller components
- **B** Connecting letters with one or more sounds
- **C** Guessing the meaning of words based on context
- **D** Combining sounds to create words

Question 3

According to the passage, which of the following is debated in the instruction of reading English?

- **A** Whether phonics should be taught at all
- **B** How many books should be placed in a classroom
- **C** The appropriate balance of phonics and other reading comprehension skills
- **D** The appropriate order of phonemes to introduce

参考文献：
https://www.newscientist.com/article/mg25834350-200-we-know-how-kids-learn-to-read-so-why-are-we-failing-to-teach-them/#DeepDive-1

| SET 11 | 選択肢から 1 つの正答を選ぶ問題 |

解答

1 D 2 C 3 C

解説

「複数の選択肢から選ぶ問題」のうち、本問は解答を1つだけ選ぶシンプルなタイプ。

1 パッセージ中にbookのくだりは出てこないので、選択肢A, Bは先に候補から削除しよう。質問文のlearning to readから、段落2の最初にあるA student（generally a child）begins learning to read when they realize that the words they speak and hear correspond to text.を特定し、選択肢D（When they realize that spoken words match written text）を選ぶ。C：syntax and grammarは フォニックスとのバランスで議論されていることなので、正答にならない。

2 フォニックスのやり方を論じている段落2を見ていく。
  A：段落2中盤のwords can be broken down into smaller componentsと一致。
  B：段落2中盤のthe student learns to match each grapheme（'d'）with one or more phonemes ...に一致する。phonemeは「音素」で、接頭語phon-は「音」を意味する。
  D：段落2中盤のblend phonemes to construct wordsと一致。blend と Combining のパラフレーズを見抜こう。

3 段落3で議論になっているものを選ぶ。段落3冒頭と一致するのは選択肢C。選択肢Cのother reading comprehension skillsは、context and syntax（sentence structure and grammar）を指す。パッセージのthe optimal degree of emphasisが選択肢CではThe appropriate balanceに言い換えられている。

パッセージの訳

フォニックスを巡る議論

［段落1］ 子供たちがどのようにして読み方を学ぶのかについて、研究者たちの理解がかなり進んでいる。しかし、読み方を教える最善の方法や、世界的な識字率の向上については、依然として大きな意見の相違がある。フォニックス、つまり音と文字を結びつける方法は、英語圏における読み方に関する議論の要となっている。

［段落2］ 生徒（通常は子供）は、自分が話す言葉や耳にする言葉が文字に対応していることに気づいたときに読み方を学び始める。学習する言語が英語のようにアルファベットを使用する言語である場合、生徒はまた、単語が音素と呼ばれるより小さな構成要素に分解できること、例えば「dog」の「/d/」という音に気づく必要がある。そして、文字がこれらの音素に対応していることにも気づく必要がある。徐々に、生徒は各表記（「d」）を1つまたは複数の音素と一致させ、音素を組み合わせて単語を構成する方法を学習する。そして、「dog」のような書き言葉を個々の音素（/d/o/g/）に分解できるようになる。フォニックスと呼ばれる読み取りの指導は、子供たちが書き言葉を読めるようになるのを助け、最終的には、その単

44

語が十分に身近なものとなり、フォニックスを使わずに単語の発音方法がわかるようになる。

[段落3] フォニックスは文脈や構文（文章の構造や文法）とともに教えることが重要だが、文脈や構文とフォニックスのどちらを重視すべきかについては議論の余地がある。米国では、フォニックスを犠牲にして文脈や文構造を重視しすぎることが識字率の低さの原因であると非難されており、英国では、文脈や構文を犠牲にしてフォニックスを重視しすぎることが読解率の低さの原因であると非難されている。

[段落4] 研究者たちは教室に入り、読みの指導の様子を観察している。また、ドイツ語や、音素ではなく音節を表す文字を持つ多くのアジア言語など、読み取りが容易な言語をどのようにして読み始めるのかについても調査している。こうした取り組みの目的は、世界的な識字率の向上である。

問題文の訳

問1〜3 A〜Dから正しい文字を選びなさい。
問1 子供はいつ読み方を学ぶプロセスを始めるか。
A 本の絵が文章に対応していることに気づいたとき
B 本に書かれていることを日常生活に関連づけたとき
C 文法や構文を理解したとき
D 話された言葉が書き言葉に対応していることに気づいたとき

問2 フォニックスの指導の一部と見なされないものはどれか。
A 単語をより小さな構成要素に分解すること
B 文字を1つまたは複数の音に関連させること
C 文脈に基づいて単語の意味を推測する
D 音を組み合わせて単語を作る

問3 パッセージによると、英語の読み方の指導において議論されているのは、次のうちどれか。
A フォニックスを教えるべきかどうか
B 教室に何冊の本を置くべきか
C フォニックスと他の読解スキルの適切なバランス
D 導入する音素の適切な順序

SET 12　文を完成させる問題

⏱ 6 mins

ライフスタイル
（都市化）

実践問題

The Positive Effects of Urbanisation

One might expect that city dwellers have a more negative impact on the environment than those who live in the countryside, but the reverse is actually true. In fact, cities may be the keys not only to saving the environment but also to reducing poverty.

The movement of people to the city means that less land is developed, and forests can regrow. In fact, a United Nations report found that in 2008, half of the world's population lived in urban areas that make up only three percent of the Earth's land. More people concentrated in cities allow for efficient distribution of public utilities, including sanitation, water, and electricity. People in cities are also more likely to take public transportation and use cars less often.

In cities, it is also easier to start environmentally friendly initiatives. For example, municipal solid waste landfills can capture methane gas released during trash decomposition and use it for electricity generation. This kind of initiative can be carried out more efficiently at a large scale, and cities also have a higher concentration of skilled workers to manage the projects.

Cities also provide the best way to take on poverty, as more jobs are available, and services such as education, sanitation, and electricity can be distributed more efficiently. For these reasons, large-scale migration to cities is one of the best ways to address the most pressing problems facing the 21st century. (239語)

Questions 1–3

☐ Complete the sentences below.
☐ Choose **ONE WORD ONLY** from the passage for each answer.

1 When people are concentrated in cities, less use of land allows _____ to grow back.

2 In 2008, _____ of the people on Earth lived on just three percent of the land.

3 Cities are able to combat _____ by offering jobs and services.

参考文献：
https://www.newscientist.com/article/mg20827851-100-city-vs-country-the-concrete-jungle-is-greener/
https://www.epa.gov/lmop/basic-information-about-landfill-gas

SET 12 文を完成させる問題

解答

1 forests　**2** half　**3** poverty

解説

「文を完成させる問題」は、「要約を完成させる問題」などと同じ空欄補充問題なので、それらと同じ要領で解いていく。パッセージをスキャニングしていく前に、空欄に入る品詞を特定しておこう。

1. 問題文の less use of land をキーワードに、段落2冒頭 less land 辺りを読んでいく。less land is developed, and forests can regrow と less use of land allows ___**forests**___ to grow back のパラフレーズに注目する（canの文と、allow ~ to do ... 構文の言い換え）。
2. 問題文の2008と three をキーワードに、段落2の2文目へ。**数字のほか、地名や人名などの固有名詞はキーワードとしてパッセージ中にそのまま現れることが多いので、必ずマークしておこう。**
3. 問題文の combat と jobs and services から、最終段落1文目へ。take on ~ は多義語で「（争いなどで）~を相手にする」という意味もある。

Vocabulary

urbanisation	名 都市化	countryside	名 田舎
reverse	名 反対	poverty	名 貧困
United Nations	名 国際連合	urban area	都市部
sanitation	名 衛生	be likely to ~	~する可能性が高い
public transportation	公共交通機関	municipal	形 市の、地方自治体の
waste landfill	廃棄物埋立地	trash decomposition	ゴミの分解
electricity generation	発電	migration	名 移民

パッセージの訳

都市化がもたらす効果

[段落1] 都会に住む人々は、田舎に住む人々よりも環境に悪影響を及ぼしていると思われるかもしれないが、実際にはその逆である。事実、都市は環境保護だけでなく、貧困削減の鍵を握っているのかもしれない。

[段落2] 都市への人口集中は、開発される土地の減少を意味し、森林の再生を可能にする。実際、国連の報告書によると、2008年には世界の人口の半分が、地球の陸地のわずか3%を占める都市部に集中していることが明らかになっている。都市への人口集中は、衛生、水、電気などの公共サービスを効率的に分配することを可能にする。また都市に住む人々は、公共交通機関を利用し、自動車の利用を控える傾向が強いのだ。

[段落3] 都市では、環境に優しい取り組みを始めることも容易である。例えば、一般廃棄物埋立地では、ゴミの分解中に放出されるメタンガスを回収し、発電に利用することができる。このような取り組みは、大規模に行うことで、より効率的に実施でき、また、プロジェクトを管理する有能な労働者も都市に多く集まっている。

[段落4] 都市はまた、より多くの仕事があり、教育、衛生、電力などのサービスをより効率的に分配できるため、貧困に立ち向かう最良の方法を提供する。こうした理由から、都市への大規模な移住は、21世紀が直面する最も差し迫った問題に対処する最善の方法の1つなのだ。

問題文の訳

問1〜3 次の文を完成させなさい。各解答につき、パッセージから1単語のみを選ぶこと。

1. 人々が都市に集中すると、土地利用が減り、___森林___ が再生する。
2. 2008年には、地球の人口の ___半数___ が地球の陸地のわずか3%に住んでいた。
3. 都市は、雇用とサービスを提供することで、___貧困___ と戦うことができる。

SET 13 フローチャートを完成させる問題 ⏱ 8 mins

ライフスタイル（ガーデニング）

実践問題

Recommendations for Gardening

To transform a new garden into a sustainable and thriving space, start by surveying the garden's existing plants to gain insight into soil and light conditions. Then collect cuttings from established plants to propagate. Multiply resilient perennials through division to create ground cover. For handling garden waste, install a compost bin for plant trimmings and food scraps, and set up a water barrel to capture rainwater for dry spells.

If there's no room for a greenhouse, create a cold frame using recycled materials to protect and nurture plants, especially seedlings, which can be grown from collected or store-bought seeds. For winter planting, take hardwood cuttings of shrubs such as dogwood or jasmine and stick them in loamy compost or directly in the soil for spring growth. If a lawn is desired for recreational purposes, enrich any exposed soil with locally sourced mulch or manure to prevent nutrient loss, erosion, and overheating in summer.

During autumn and winter, plant bare-root trees and shrubs, focusing on climate-appropriate and pollinator-friendly species. Choose local fruit trees for their suitability and cost-effectiveness. Some trees, such as hazelnut trees, can also provide support structures for plants. Through these steps, the garden will transform into a productive and ecologically responsible space. (207語)

Questions 1–5

☐ Complete the flow-chart below.
☐ Choose **NO MORE THAN TWO WORDS** from the passage for each answer.

Steps to create a sustainable and thriving garden from scratch:

Survey existing plants to find out about **1** _____ & light in area.

⬇

Cut and gather clippings from **2** _____ plants.

⬇

Set up a **3** _____ for garden and kitchen waste.

⬇

No greenhouse? Make a **4** _____ to safeguard and care for plants.

⬇

Make sure to cover bare soil with mulch/manure.

⬇

Plant trees and shrubs in autumn and winter, emphasising **5** _____ species that welcome butterflies and bees.

參考文獻：
https://www.theguardian.com/lifeandstyle/2023/jan/13/how-to-start-a-sustainable-affordable-garden-right-now

SET 13 フローチャートを完成させる問題

解答

> **1** soil **2** established **3** compost bin **4** cold frame
> **5** climate-appropriate

解説

「フローチャートを完成させる問題」も、他の空欄補充形の問題と同じ要領で、まずは空欄に入る品詞を予想した上で、キーワードを元に解いていく。

1. フローチャート中のキーワード (existing plantsとlight) を元にスキャニングをして、パッセージ1文目の後半に行く（... start by surveying the garden's existing plants to gain insight into **soil** and light conditions.）。
2. チャートのCut and gather clippings fromをキーワードに、パッセージをスキャニングすると、段落1の2文目にキーワードを言い換えたcollect cuttings fromが見つかる。
3. キーワード（Set up / garden and kitchen waste）を頼りに、段落1最終文のFor handling garden waste, install a **compost bin** for plant trimmings and food scraps, and set up a water barrel ... に行き着く。set upだけに着目して、set up a water barrelに飛びつかないように。
4. チャート上のNo greenhouse?が、段落2冒頭のIf there's no room for a greenhouse, にあたる。さらに、チャートのto safeguard and care for plantsがパッセージのto protect and nurture plantsの言い換えだと気づけると、解答に確信が持てる。
5. チャート上のautumn and winterから最終段落の1文目へ。パッセージにある形容詞pollinator-friendly（花粉媒介者に優しい）が、チャートでは関係代名詞節that welcome butterflies and beesに、高度に言い換えられている。

パッセージの訳

ガーデニングのすすめ

[段落1] 新しい庭を持続可能で活気のある空間に変えるには、まず、土壌や日照条件を把握するために、庭の既存の植物を調査することから始める。次に繁殖させるために、生育した植物から挿し木を採取する。丈夫な多年草は株分けして増やし、地被植物を作る。庭のゴミを処理するために、植物の剪定枝や食べ物のくずを入れる堆肥容器を設置し、乾燥時に備えて雨水をためる水桶を用意する。

[段落2] 温室を置くスペースがない場合は、リサイクル素材を使ってコールドフレームを作り、植物、特に種を集めたり購入したりして育てた苗を保護し、育てるようにする。冬に植える場合は、ハナミズキやジャスミンなどの低木の堅木の挿し木をローム壌の堆肥に挿すか、直接土に挿して春に成長させる。レクリエーション用に芝生を希望する場合は、栄養分の損失、浸食、夏の過熱を防ぐために、露出した土壌に地元で調達したマルチング材や肥料を施す。

52

[段落3] 秋から冬にかけては、気候に適した受粉媒介生物に優しい樹木や低木の裸根苗を植える。地元で採れる果樹は適応性が高く費用対効果も高いので、それらを選ぶと良い。ヘーゼルナッツの木など植物の支柱となる木もある。これらのステップを経ることで、庭は生産性が高く、環境に配慮した空間へと変貌を遂げるだろう。

問題文の訳

問1〜5 次のフローチャートを完成させなさい。各解答につき、2つ以内の単語を選ぶこと。

ゼロから持続可能で豊かな庭を作るためのステップ：

1 ＿＿土壌＿＿ や日照条件を学ぶために今ある植物を観察する。

2 ＿＿既存の＿＿ 植物から挿し木を採取する。

植物の剪定枝や食品の残りかすを入れるための
3 ＿＿コンポスト容器＿＿ を設置する。

温室がない場合は、植物を保護・育成するための
4 ＿＿コールドフレーム＿＿ を作る。

裸の土は必ずマルチング材や肥料で覆う。

秋と冬に木や低木を植え、蝶やミツバチを歓迎する
5 ＿＿気候に適した＿＿ 種を重視する。

The Mechanism of Memory Consolidation

Scientists at Cornell University in New York have shed new light on how memories are stored in the brain during sleep. When something new is learned, neural links are formed. Memory consolidation, a process whereby these links are strengthened, occurs during sleep and involves two areas of the brain: the hippocampus, where short-term memories are stored, and the cortex, where long-term memories are stored.

Previous research has shown that during memory consolidation, short-term memories in the hippocampus are sent to the cortex via sharp wave ripples, a kind of high-frequency brain activity. The scientists explored this process in rats by using optogenetics, a technique for controlling a specific kind of cell or tissue with light, to turn off cortical cells whenever the hippocampus sends sharp wave ripples during sleep. The rats exposed to this interference showed no improvement in a maze that they had trained on the previous day, indicating that memory storage had been disrupted.

The researchers found that not only the hippocampus but also the cortex produces brain waves during sleep. Turning off hippocampal cells to prevent their exposure to cortical brain waves also harmed rat performance on memory tests. Moreover, scientists were able to enhance memory consolidation by stimulating hippocampal neurons while the rats slept.

This research on memory consolidation may lead to new treatments for people with dementia. However, it is not yet known whether less invasive techniques than those used on the rodents in this study will be effective in humans. (251語)

Questions 1-4

☐ Complete the flow-chart below.
☐ Choose **ONE OR TWO WORDS** from the passage for each answer.

Short-term memories are kept in the **1** _____ .

During sleep, short-term memories are transferred to the **2** _____ by way of sharp wave ripples.

Turning off
3 _____
in rats to avoid their exposure to sharp wave ripples blocks memories from forming.

Stimulating hippocampal neurons in rats during sleep can strengthen
4 _____ .

参考文献：https://www.newscientist.com/article/2452399-boosting-brainwaves-in-sleep-improves-rats-memory/

フローチャートを完成させる問題

解答

> **1** hippocampus **2** cortex
> **3** cortical cells **4** memory consolidation

解説

パッセージの専門性が高く難しい語彙が多いが、これらをすべて暗記する必要はなく、むしろ**文脈から意味を推測する力を養う**ことが大切。また、Memory consolidation, a process whereby these links are strengthened, や optogenetics, a technique for controlling a specific kind of cell or tissue with light, のように、**専門用語のあとは、易しめの単語で説明が加えられることが多い**ので、焦らずに意味をとっていこう。

1 フローチャートのキーワード（Short-term memories are kept）から、段落1最終文のthe hippocampus, where short-term memories are storedを特定する。ちなみにhippocampus（名 海馬）の接頭語hippo-は「馬」を表す。

2 段落2最初の文から解答を抜き出す。パッセージのare sent toがチャートではare transferred toに、viaがby way ofに、それぞれパラフレーズされている。

3 チャートの問3の1文が、パッセージ段落2の2文目から段落2最終文の内容をまとめている。チャートのTurning offだけを頼りにすると、段落3の2文目に飛びついてしまう恐れもあるので注意。

4 チャートのStimulatingから、段落3最終文へ。パッセージは人（scientists）が主語の文で、チャートは無生物主語（Stimulating hippocampal neurons in rats during sleep）だが、同じようなことを述べている。

パッセージの訳

記憶固定のメカニズム

[段落1] ニューヨーク州にあるコーネル大学の科学者たちが、睡眠中に脳に記憶がどのように保存されるかについて新たな光を投げかけた。新しいことを学習すると神経結合が形成される。この結合が強化されるプロセスである記憶固定は睡眠中に起こり、脳の2領域が関与する。短期記憶が保存される海馬と、長期記憶が保存される大脳皮質である。

[段落2] これまでの研究で、記憶固定の過程で、海馬の短期記憶がシャープ波リップルと呼ばれる高周波の脳活動の一種を介して大脳皮質に送られることが分かっている。研究チームは、光遺伝学という特定の細胞や組織を光で制御する技術を用いて、睡眠中に海馬がシャープ波リップルを送信するたびに大脳皮質の細胞をオフにするという方法で、この過程をラットで検証した。この干渉を施されたラットは、前日に訓練した迷路で改善が見られず、記憶の保存が妨げられたことが示された。

[段落3] 研究者は、海馬だけでなく大脳皮質も睡眠中に脳波を発生させることを発見した。海馬の細胞をオフにして大脳皮質の脳波にさらされないようにしても、記憶テストでのラットの成績は低下した。さらに、ラットが寝ている間に海馬のニューロンを刺激することで、記憶の固定を強化することができた。

[段落4] この記憶固定に関する研究は、認知症患者に対する新たな治療法につながるかもしれない。しかし、この研究でネズミに用いられたものよりも侵襲性の低い技術が、人間にも有効かどうかは分かっていない。

問題文の訳

問1〜4 次のフローチャートを完成させなさい。各解答につき、1つまたは2つ以内の単語を選ぶこと。

短期記憶は **1** ＿＿海馬＿＿ に保存される。

睡眠中、短期記憶はシャープ波リップルを通じて **2** ＿＿大脳皮質＿＿ に転送される。

ラットでシャープ波リップルへの暴露を防ぐために **3** ＿＿大脳皮質細胞＿＿ をオフにすると、記憶の形成が妨げられる。

睡眠中にラットの海馬ニューロンを刺激すると、**4** ＿＿記憶の固定＿＿ を強化することができる。

Vocabulary

consolidation	名 固定	neural	名 神経の →名 neurons
whereby	接 それによって	strengthen	動 〜を強化する
via	前 〜経由で	high-frequency	形 高頻度の
tissue	名 組織	whenever	接 〜するときはいつでも
interference	名 干渉、妨害	disrupt	動 〜を妨害する
prevent	動 〜を阻止する	moreover	副 さらに、その上
dementia	名 認知症	invasive	形 侵襲的な

Survey on General Practitioners

A recent poll by Ipsos found that two-fifths of British patients feel that the standard 10-minute appointment time is insufficient for addressing all of their health concerns with their general practitioner (GP). Among a representative sample of 1,094 individuals, 51% said they could talk about 'everything' or 'most things' they wanted to discuss during their last GP visit, whereas 40% felt they could only discuss 'some things', 'hardly anything', or 'nothing at all'.

Additionally, 72% felt they wanted consultations to last at least 15 minutes, of which 20% preferred a duration of 20 minutes. The chair of the Royal College of GPs, Prof Kamila Hawthorne, said that many GPs share patients' frustrations, with 60% of members polled in their own separate study reporting that they don't have enough time to assess and treat patients.

The findings from the Ipsos poll of patients are in contrast to those from the most recent GP Patient Survey, in which 90% of patients reported that their needs were met at their last appointment, and 74% reported having a good experience overall. Additional findings in the Ipsos study highlight barriers to accessing GPs, with 56% of respondents seeking easier access to in-person appointments and 53% wanting shorter waiting times. The director for health and social care at Ipsos UK stated that the polling results indicate that patients wish to secure appointments more quickly and conveniently. (234語)

Questions 1-4

☐ Complete the table below.
☐ Choose **NO MORE THAN TWO WORDS AND/OR A NUMBER** from the passage for each answer.

Poll	Satisfaction with Appointments
UK Ipsos, sample size 1,094 individuals	-About half of people said they were able to discuss all or most of their concerns. ('everything' or 'most things') -1 _____ of people felt that they were unable to discuss their issues sufficiently. ('some things', 'hardly anything', or 'nothing at all')
Poll of Royal College of GPs	2 _____ % of GPs reported that they need more time to assess and take care of patients.
GP Patient Survey	Most of the patients felt that their 3 _____ were satisfied at their last consultation.
Ipsos study	The difficulty in accessing GPs is a problem; 56% of respondents want to make 4 _____ easier to obtain, and 53% think the waiting time is too long.

参考文献：
https://www.theguardian.com/society/article/2024/sep/02/many-patients-leave-gp-appointment-without-discussing-all-worries-survey-shows

SET 15 表を完成させる問題

解答

1 40%（two-fifths）　2 60（Sixty）　3 needs
4 in-person appointments

解説

「表を完成させる問題」は数値を表にまとめたものが多いので、数字がキーワードや解答になるケースが多く見られる。

1 表のキーワード（'some things', 'hardly anything' or 'nothing at all'）を頼りに、段落1後半へ。40 percentもしくはforty percentでもNO MORE THAN TWO WORDS AND/OR A NUMBERの語数指示に合っているので正解。

2 空欄の後の％を見れば「数字」が入ると分かる。その上で、assess / patientsをキーワードに段落2の最後に行き、解答を特定する。

3 キーワード（GP Patient Survey）を頼りに、最終段落1文目へ。... in which 90% of patients reported that their **needs** were met at their last appointment, ...から解答を導く。

4 キーワード（56%）から、最終段落の中盤（with 56% of respondents seeking easier access to **in-person appointments**）へ。

パッセージの訳

一般開業医に関する調査

[段落1] イプソス社による最近の調査では、英国の患者の5分の2が、一般家庭医（GP）との診察で健康に関するすべての懸念事項を話し合うには、標準的な10分間の診察時間は不十分だと感じていることが明らかになった。1,094人の代表サンプルのうち、51％は前回の家庭医訪問時に「すべて」または「ほとんどすべて」の相談ができたと回答したのに対し、40％は「一部」または「ほとんど何も」、「まったく何も」相談できなかったと感じている。

[段落2] さらに、72％は診察時間を少なくとも15分は確保したいと考えており、そのうち20％は20分を希望している。英国王立家庭医学会（Royal College of GPs）の会長であるカミラ・ホーソン教授は、独自の調査では多くの家庭医が患者の不満を共有していると述べ、調査対象の60％が患者を評価し治療するのに十分な時間がないと報告している。

[段落3] イプソスによる患者向け調査の結果は、最新のGP患者調査の結果とは対照的である。後者では、90％の患者が前回の予約でニーズが満たされたと報告し、74％が全体的に良い経験をしたと報告している。イプソス調査の追加結果では、家庭医へのアクセスを妨げる障壁が浮き彫りになっており、回答者の56％がより簡単に診察予約できることを求め、53％が待ち時間の短縮を求めている。英国イプソスの医療・社会福祉担当ディレクターは、この世論調査の結果は、患者がより迅速かつ便利に予約を確保したいと考えていることを示していると述べた。

問題文の訳

問1～4 次の表を完成させなさい。各解答につき、2つ以内の単語か1つの数字、もしくはその両方を選ぶこと。

世論調査	診察への満足度
英国イプソス サンプル数 1,094人	- 約半数の人が、心配事のすべて、またはほとんどについて相談できたと回答。(「すべて」「ほとんど」) - **1** _40% (2/5)_ の人が「十分に話し合えなかった」と感じている。(「いくつかのこと」「ほとんど何も」「まったく何も」)
英国王立家庭医学会の世論調査	**2** _60_ %の家庭医が、患者の評価とケアにもっと時間が必要だと回答している。
GP患者調査	ほぼすべての患者が、前回の診察で **3** _ニーズ_ が満たされたと感じている。
イプソス調査	家庭医への予約の難しさが問題であり、回答者の56%はもっと簡単に **4** _対面予約_ を取りたいと考えており、53%は待ち時間が長すぎると考えている。

Vocabulary

general practitioner　家庭医	insufficient　形 不十分な
representative　名 代表者	individual　名 個人
whereas　接 ～である一方で	additionally　副 さらに、その上
poll　動 ～を調査する	be in contrast to ～　～とは対照的である
in-person appointment　対面の面会、予約	

Ecological Research through Bioacoustics

Acoustic surveys, which use microphones to record animal sounds in natural areas, are an increasingly common method of evaluating biodiversity. Bioacoustics was first used in underwater surveys, including in research into how a coral reef system repairs itself after a hurricane, and has expanded to land areas as a replacement or complement for other techniques used to gauge biodiversity, such as automatically triggered cameras and sequencing ambient DNA in air, water, or soil. With cheap recording devices now largely available, bioacoustics allows researchers to study ecosystems across wide areas.

Some research using bioacoustics has focused on particular species, for example, the cries of endangered gibbons. Bioacoustics has also been used to study the effects of invasive species and bushfires. Research in forests in south-western India has shown that katydids, which make high-frequency sounds, are absent in actively restored and naturally regenerating forest sites.

Bioacoustics is being carried out at a large scale in Costa Rica, where forest now covers 60% of the land, up from a low of 25% in the 1980s. Microphones are placed in pristine forests to establish a baseline and also on ranches and farms, where landowners have been paid to replant trees and preserve forested areas. Although the full study results are not yet available, there are some signs that ecosystems are returning. Initial findings suggest that sound recordings from regenerating forests are closer to recordings of intact forests than those of pastures or plantations. But there are also important differences, for example, an absence of high-frequency sounds at night in restored forests compared to pristine forests. The key to further research in the field is gathering enough data to build machine-learning models that can identify a greater diversity of species. (289語)

Questions 1-5

☐ Complete the summary below.
☐ Choose **ONE WORD ONLY** from the passage for each answer.

Forest Soundscapes

Acoustic surveys using microphones to capture
1 _____ sounds ecosystems are becoming a popular way of assessing **2** _____. Originally utilized in **3** _____ research, including to investigate how a coral reef system recovers from a **4** _____, this technique has expanded to land areas. In Costa Rica, large-scale studies are underway to monitor soundscapes in both restored and pristine forests. There are some signs of ecosystem recovery, although differences remain, particularly the absence of **5** _____ sounds at night in restored areas.

参考文献：
https://www.newscientist.com/article/mg26234911-300-how-an-audacious-sonic-survey-could-help-revive-damaged-rainforests/

SET 16 要約を完成させる問題

解答

> **1** animal **2** biodiversity **3** underwater
> **4** hurricane **5** high-frequency

解説

1 要約の1文目が、段落1冒頭と一致する。パッセージのrecordが、要約ではcaptureにパラフレーズされているものの、Acoustic surveys / microphones / soundsなど、共通する単語がそのまま使われているので比較的解きやすい。

2 問1と同じ文の後半部分から解く。パッセージ（are an increasingly <u>common</u> method of evaluating biodiversity）と要約（are becoming a <u>popular</u> <u>way</u> of <u>assessing</u> **2 biodiversity**.）を比べて、どのように言い換えられているか確認しておこう。

3 段落1前半のBioacoustics <u>was</u> <u>first</u> <u>used in</u> underwater <u>surveys</u>, ...の部分が、要約では <u>Originally</u> <u>utilized in</u> **3 underwater** <u>research</u>, に言い換えられている。

4 要約のキーワード（a coral reef）を頼りにスキャニングをしていくと、段落1の中盤に how a coral reef system repairs itself after a hurricaneが見つかる。

5 要約のなかに地名や人名などの固有名詞があったら注目すること。要約にあるCosta Ricaが、パッセージでは段落3の最初に出てくる。よって問5の解答は、それ以降にあると推測できる。空欄の前にあるabsenceをキーワードに、最終段落のan absence of <u>high-frequency</u> sounds at night in restored forests compared to pristine forestsに行き着く。

パッセージの訳

生物音響学による生態調査

[段落1] 自然環境下で動物の鳴き声をマイクで録音する音響調査は、生物多様性を評価する手法として、ますます一般的になってきている。生物音響学は、ハリケーン後のサンゴ礁の修復メカニズムの研究など、水中調査で初めて使用され、自動撮影カメラや、空気中、水中、土壌中の環境DNAの配列決定など、生物多様性を評価する他の手法の代替または補完として陸域にも拡大してきた。安価な録音機器が広く利用可能になったことで、生物音響学によって研究者は広範囲にわたる生態系を研究することができるようになった。

[段落2] 生物音響学を用いた研究のなかには、絶滅の危機に瀕しているテナガザルの鳴き声など、特定の種に焦点を当てたものもある。生物音響学は、外来種の影響や山火事の研究にも利用されている。インド南西部の森林の研究では、高周波数の音を出すキリギリスが、積極的に復元され自然に再生している森林地帯には生息していないことが明らかになった。

[段落3] 生物音響学は、現在国土の60%が森林に覆われ、1980年代の最低値25%から回復したコスタリカで大規模に実施されている。ベースラインを確立するために原生林にマイクが設置されているほか、土地所有者に木を植え森林地帯を保全するよう報酬を支払っている牧場や農場にもマイクが設置されている。研究結果のすべてがまだ公表されているわけでは

START 100 200 300 400 500問

ないが、生態系が回復しつつある兆候がいくつか見られる。初期の調査結果によると、再生中の森林の録音は、放牧地や農園の録音よりも、手つかずの森林の録音に近いことが示唆されている。しかし、例えば再生された森林では、原生林と比較して夜間の高周波数の音が聞こえないなど、重要な違いもある。この分野のさらなる研究の鍵となるのは、より多様な生物種を特定できる機械学習モデルを構築するための十分なデータを収集することだ。

問題文の訳

問1〜5 次の要約を完成させなさい。各解答につき、1単語のみを記入すること。

森のサウンド・スケープ

生態系における **1** ___動物___ の音を記録するマイクを使った音響調査は、**2** ___生物多様性___ を評価するための一般的な方法になりつつある。元々は **3** ___水中___ 研究に利用され、サンゴ礁が **4** ___ハリケーン___ 後に自らを修復する方法を理解することなどに使われていたが、この技術は陸地にも拡大している。コスタリカでは、修復された森林と原生林の両方でサウンド・スケープを監視する大規模な研究が進められている。生態系の回復の兆しはいくつか見られるものの、特に修復された地域では夜間の **5** ___高周波数___ の音が聞こえないなど、依然として違いが残っている。

Vocabulary

acoustic 形 音響の	biodiversity 名 生物多様性
coral reef サンゴ礁	replacement 名 交換、代替
complement 名 補完	gauge 動 〜を測定する
sequence 動 〜を配列する	ambient 形 周囲の
bushfire 名 森林火災	pristine forest 原生林
ranch 名 牧場	landowner 名 土地所有者
intact 形 完全なままの	pasture 名 牧草地
high-frequency sound 高周波音	compared to 〜 〜と比較して

'Smell Therapy' for Dementia Patients

'Smell therapy' can bring peace and joy to people with dementia. AromaPrime, a scent manufacturing company, produces plastic cubes that give off scents designed to rekindle positive memories.

Some scent consultants create specific scents per the requests of patients with dementia, and some are a bit unusual. One resident of a nursing home wanted a smell to remind him of his life as a fisherman. The scent consultant created a fishy odour that might turn most people off, but the resident said it was exactly what he was looking for.

According to dementia experts, certain smells and sounds can serve as reminders of past events, especially meaningful ones. When these contextual cues are introduced again, the memories can be recalled. People with dementia have trouble forming new episodic memories, but certain smells can remind them of existing ones.

Another scent consultant reported creating scents resembling coal fire, baked bread, and toffee and that tobacco is one of the most popular. He believes the smells people request will change as future generations age. Fifty years from now, young people who enjoy vaping might ask for the same scents they vape now.

The brain's olfactory system turns scent into information, which activates areas for emotional and memory processing. Since the areas of the brain that process smells, emotions, and memories are closely linked, it makes sense that smells retrieve memories, particularly when those memories are associated with strong emotions.

(242語)

Questions 1-4

Complete the summary using the list of words, **A–H**, below.

How Scents Trigger Emotional Memories in People with Dementia

Scents can help evoke **1** _____ memories for individuals who have dementia. Experts note that while people with dementia struggle to form new memories, familiar smells can bring back **2** _____ ones, offering emotional comfort. As preferences change with **3** _____ generations, the scents requested may also evolve, reflecting **4** _____ trends like vaping. Scents trigger memory recall through the brain's olfactory system, which is closely linked to emotional and memory processing.

A emotional   **B** happy   **C** defective   **D** fundamental

E established   **F** upcoming   **G** current   **H** beneficial

参考文献：https://www.independent.co.uk/life-style/smell-therapy-dementia-memory-b2627555.html

67

SET 17 要約を完成させる問題

解答

1 B 2 E 3 F 4 G

解説

「要約を完成させる問題」だが、SET16とは形式が異なり、選択肢から選ぶタイプ。

1. 段落1の最後にある scents designed to rekindle positive memories が、要約の Scents can help evoke **1 happy** memories に一致する。rekindle は「(感情など)をよみがえらせる」の意味で、要約では evoke にパラフレーズされている。
2. 段落3の最後が、要約の2文目と一致する。remind 〜 of ... と bring back のパラフレーズを見抜こう。パッセージの existing ones (= memories) を **2 established** ones に言い換える。
3,4. 要約中のキーワード (generations / vaping) から段落4の2、3文目へ。future generations は、**3 upcoming** generations に言い換えられる。**4 current** trends は they vape now の now から current を選ぶ。

パッセージの訳

認知症患者に対する「香り療法」

[段落1]「香り療法」は、認知症患者に安らぎと喜びをもたらすことができる。アロマ製品製造会社のアロマプライムは、ポジティブな記憶を呼び覚ますようにデザインされた香りを放つプラスチックキューブを製造している。

[段落2] 一部の香りのコンサルタントは、認知症患者の要望に応じて特定の香りを調合しており、そのなかには少し変わったものもある。ある老人ホームの入居者は、漁師だった頃の生活を思い出させるような香りを希望した。その香りのコンサルタントは、ほとんどの人が嫌がるような生臭い匂いを再現したが、その入居者はそれがまさに探していたものだったと述べている。

[段落3] 認知症の専門家によると、特定の匂いや音は過去の出来事、特に意味のある出来事を思い出させる手掛かりになることがある。こうした文脈の手掛かりが再び導入されると、記憶が呼び起こされることがある。認知症患者は新しいエピソード記憶を形成することが困難だが、特定の匂いは既存の記憶を呼び起こすことがある。

[段落4] 別の香りのコンサルタントは、石炭の火、焼きたてのパンやタフィーを思わせる香りを創作したと報告しており、タバコは最も人気のあるものの1つであると述べている。彼は、人々が求める香りは、将来の世代の高齢化に伴って変化していくと考えている。今から50年後、電子タバコを嗜む若者たちが、今と同じ香りを求めるかもしれない。

[段落5] 脳の嗅覚システムは香りを情報に変え、感情や記憶の処理を行う領域を活性化する。

匂い、感情、記憶を処理する脳の領域は密接に関連しているため、特に強い感情と結びついた記憶の場合、匂いが記憶を呼び起こすのは理にかなっている。

問題文の訳

問1～5 次のリストにあるA～Hの単語を使い、要約を完成させなさい。

香りが認知症の人の感情的記憶を呼び起こすメカニズム

香りは認知症の人に **1 <u>B（幸せな）</u>** 記憶を呼び起こすのに役立つ。専門家によると、認知症の人は新しい思い出を作るのに苦労しているが、馴染みのある香りは **2 <u>E（確立された）</u>** 思い出を呼び起こし、感情的な安らぎを与えてくれる。**3 <u>F（これからの）</u>** 世代で好みが変わるにつれて、電子タバコのような **4 <u>G（現在の）</u>** トレンドを反映したものだ。求められる香りも進化するかもしれない。香りは、脳の嗅覚系を通じて記憶を呼び起こすきっかけとなる。

A 感情的な　**B** 幸せな　**C** 欠陥のある　**D** 基本的な
E 確立された　**F** これからの　**G** 現在の　**H** 有益な

Vocabulary

dementia 名 認知症	rekindle 動 ～をよみがえらせる
meaningful 形 意味のある	contextual cue 文脈的手がかり
existing 形 既存の	olfactory system 嗅覚システム
be associated with ～　～と関連している	

The Many Functions of Gestures

Spontaneous gestures of the hands during speech are engaged in by people of all cultures. People born without sight and people who speak in sign language also gesture. Gesturing is so natural that a man who could not control the movements of his arms and legs, except with great effort when he could see them, nonetheless gestured while he talked.

Scientists aren't exactly sure what is happening in the brain when people gesture, but several intriguing studies reveal the many functions that gestures fulfill. Researchers in the Netherlands showed that speakers not only raise their voices but also exaggerate their gestures when communicating in a noisy environment, which shows that gestures are used to aid in understanding.

There is also evidence that gesturing enhances learning and memory. In one study, children's eyes were tracked while a teacher taught a math lesson with and without gestures. When the teacher pointed to what she was teaching, children were more likely to direct their gaze there. It is notable that even among those children whose gaze was directed towards the same place, children taught with gestures understood more after the lesson than those taught without gestures.

Gesturing oneself seems to have an even greater effect on learning than merely watching another person gesture. Preschoolers who gestured to numbers while counting learned to count better than their peers who merely observed a puppet gesture toward the numbers. Adults also tended to remember more of a movie they had watched when they explained it with gestures than when they explained it with words alone. It has also been found that using gestures helps multi-taskers lighten the cognitive load. With so many functions, gestures truly are an important cognitive tool. Embrace their power! (292語)

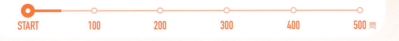

Questions 1–4

☐ Do the following statements agree with the claims of the writer in the passage?

In the boxes 1–4, write

      YES   if the statement agrees with the claims of the writer

      NO   if the statement contradicts the claims of the writer

      NOT GIVEN if it is impossible to say what the writer thinks about this

1   People use gestures when speaking to ensure that listeners comprehend what they are saying. _____

2   Gestures have educational benefits in that children whose teachers often use gestures during class get higher scores. _____

3   Observing gestures aids learning better than doing gestures oneself.
_____

4   Adults are better able to talk about the content of a movie with others when using gestures compared to when using words alone.
_____

参考文献：
https://www.newscientist.com/article/mg25934521-000-gesture-is-a-uniquely-powerful-tool-heres-how-to-make-the-most-of-it/

| SET 18 | YES/NO/NOT GIVEN を選ぶ問題 |

解答

1 YES 2 NOT GIVEN 3 NO 4 NOT GIVEN

解説

「YES/NO/NOT GIVEN を選ぶ問題」は、NO と NOT GIVEN の判別を苦手とする学習者が多い。問3のように、明確に矛盾する箇所に線を引けるかどうかが判別する上での指標になる。

1 段落2の最終文の内容と一致する。特に後半（when communicating in a noisy environment, which shows that gestures are used to aid in understanding.）で具体的に述べられていることが、問題文では抽象的にまとめられている。

2 get higher scores の部分が鍵。段落3を追っても点数の結果はパッセージで触れられていないので、NOT GIVEN が正答となる。

3 段落4の1文目と矛盾する。このように明確に矛盾する箇所があり、そこに線を引けるなら NOT GIVEN ではなく NO にしよう。

4 最終段落の中盤の Adults also tended to remember more of a movie ... を参照する。パッセージでは記憶について言及しており、ジェスチャーを使えば映画についてもっと話せるとは言っていない。

パッセージの訳

ジェスチャーの多くの機能

［段落1］話し言葉に伴う自然な手のジェスチャーは、あらゆる文化の人々によって行われている。生まれつき目が見えない人や手話で話す人もジェスチャーを使う。ジェスチャーはとても自然な動作であるため、自分の腕や脚の動きを目で見ていないと大きな努力なしには制御できない人でさえ、話しているときには無意識にジェスチャーをしていた。

［段落2］科学者たちは、人がジェスチャーをする際に脳内で何が起こっているのかを正確に把握しているわけではないが、いくつかの興味深い研究により、ジェスチャーが果たす多くの機能が明らかになっている。オランダの研究者は、話し手が騒がしい環境でコミュニケーションを取る際には、声を張り上げるだけでなくジェスチャーも大げさになることを示した。これは、ジェスチャーが理解を助けるために使われていることを示している。

［段落3］ジェスチャーが学習と記憶力を高めるという証拠もある。ある研究では、教師がジェスチャーを交えて、または交えずに算数の授業を行っている間、子供たちの視線を追跡した。教師が教えているものを指さすと、子供たちはより視線をそこに向けやすくなる。注目すべきは、視線を向けた場所が同じであった子供たちでも、ジェスチャーを使った教え方のほうが、そうでない教え方よりも授業後に多くを理解していたことである。

［段落4］ジェスチャーを使うことは、単に他の人のジェスチャーを見るよりも、学習にさら

72

| START | 100 | 200 | 300 | 400 | 500 問 |

に大きな効果があるようだ。数を数える際に数字にジェスチャーを交えていた未就学児は、人形が数字を指すのを見ていただけの同級生よりも、数を数えるのが上手になっていた。また、大人も、ジェスチャーを交えて説明した場合のほうが、言葉だけで説明した場合よりも、映画の内容をよく覚えている傾向にある。また、ジェスチャーを使うことで、マルチタスクをこなす人の認知負荷が軽減されることも分かっている。このようにジェスチャーは実に重要な認知ツールである。その力を活用しよう。

問題文の訳

問1〜4　次の記述は、パッセージに記載されている筆者の見解と一致しているか。解答用紙の1〜4に、次のように記入すること。

記述が著者の見解と一致する場合は **YES**

記述が著者の見解と矛盾する場合は **NO**

著者がどう考えているか判断できない場合は **NOT GIVEN**

1　人々は、聞き手が自分の言っていることを理解できるように、話すときに身振りを使う。　　　　　　　　　　　　　　　　　　　　　　　　　　　　YES

2　ジェスチャーには教育的効果があり、教師が授業中にジェスチャーをよく使う場合、子供は成績が上がる。　　　　　　　　　　　　　　　　　　　NOT GIVEN

3　ジェスチャーを観察することは、自分でジェスチャーを行うよりも学習に役立つ。　　　　　　　　　　　　　　　　　　　　　　　　　　　　NO

4　大人は、ジェスチャーを使ったほうが、言葉だけのときよりも映画の内容について他人と話すことができる。　　　　　　　　　　　　　　　　　NOT GIVEN

Vocabulary

spontaneous 形 自発的な	be engaged in 〜　〜に従事する、〜に取り組む
except with 〜　〜を除いて	nonetheless 副 にもかかわらず
intriguing 形 興味をそそる	the Netherlands 名 オランダ
exaggerate 動 〜を誇張する	enhance 動 〜を向上させる
gaze 名 凝視	It is notable that S＋V　SV は注目すべきことである
merely 副 単に	lighten 動 〜を軽くする、和らげる
cognitive 形 認知の	embrace 動 〜 を受け入れる

Crimes Facilitated by AI

Starling Bank is warning that voice recordings posted online can be used by criminals to clone voices, which they then use in scam attempts. A survey by the bank of 3,000 people across the UK found that nearly half (46%) have never heard of this kind of scam.

Using AI (Artificial Intelligence) voice cloning tools, scammers can replicate a person's voice with just a few seconds of online audio. The scammers use the cloned voice in a phone call or voice message to ask family or friends of the person whose voice has been stolen for money that is urgently required.

In the survey, 8% of respondents reported that they would send money if they received this kind of phone call, even if they had some doubts. 28% of those surveyed believe they may have been targeted by a similar scam in the past year. The bank advises establishing a 'safe phrase' with close contacts to help confirm a caller's identity.

Safe words can be compromised, however, so other measures are required. The Take Five to Stop Fraud campaign asks people to take time to think before sending money. People can do a 'sense check' by calling a friend or family member, or speak with their bank, before making a payment. Moreover, people who think they have been the victim of a scam should call their banks and the police immediately.

(235語)

Questions 1-3

Do the following statements agree with the information given in the passage?
In the boxes 1–3, write,

       TRUE   if the statement agrees with the information

       FALSE   if the statement contradicts the information

       NOT GIVEN if there is no information on this

1   More than half of those surveyed by Starling Bank are unfamiliar with scams using AI voice cloning tools. _____

2   Many Starling Bank customers have been the victim of scams using AI voice cloning tools. _____

3   It is advised that people create phrases shared only with loved ones to verify identity in emergencies. _____

参考文献：
https://www.independent.co.uk/tech/starling-bank-james-nesbitt-people-metro-bank-royal-bank-of-scotland-b2614606.html

SET 19 TRUE/FALSE/NOT GIVEN を選ぶ問題

解答

1 FALSE 2 NOT GIVEN 3 TRUE

解説

1 段落1の2文目（... nearly half（46%）have never heard of ...）と矛盾している。

2 調査を行ったのはスターリング銀行だが、顧客に向けての調査とは明言されていない。また、段落3中盤に28% of those surveyed believe they may have been targeted by a similar scam in the past year.とあるが、彼らが実際に詐欺の被害に遭ったと言い切っていない。パッセージに矛盾すると判断できる材料がないのでFALSEではなくNOT GIVENが適切。

3 段落3最後のThe bank advises establishing a 'safe phrase' with close contacts to help confirm a caller's identity.と一致する。パッセージのclose contactsが、問題文ではloved onesにパラフレーズされている。

パッセージの訳

AIによる犯罪

[段落1] スターリング銀行は、オンライン上に投稿された音声録音を犯罪者が利用して、声を複製し、詐欺行為に悪用する可能性があると警告している。スターリング銀行が英国全土の3,000人を対象に行った調査では、ほぼ半数（46%）がこのような詐欺について聞いたことがないと回答した。

[段落2] AI（人工知能）音声クローニングツールを使用することで、詐欺師はオンラインで数秒間の音声を入手するだけで、その人物の声を再現することができる。詐欺師は、そのクローン音声を使って電話や音声メッセージで、その音声が盗まれた人物の家族や友人に、緊急に必要なお金を要求する。

[段落3] この調査では、回答者の8%がこのような電話を受けた場合、多少の疑いがあっても送金すると回答している。また、回答者の28%は、過去1年間に同様の詐欺のターゲットにされた可能性があると回答している。銀行は、身近な人との間で「安全フレーズ」を確立し、電話の相手の身元確認に役立てるよう勧めている。

[段落4] ただし、安全フレーズも漏洩する可能性があるため、他の対策も必要である。Take Five to Stop Fraudキャンペーンでは、送金前に時間をかけて考えるよう呼びかけている。送金前に友人や家族に電話して確認したり、銀行に問い合わせることもできる。また、詐欺の被害に遭ったと思われる場合は、すぐに銀行と警察に連絡すべきである。

問題文の訳

問1〜3 次の文は、パッセージで述べられている記述と一致しているか。次のように記入すること。

文が情報と一致する場合は **TRUE**
文が情報と矛盾する場合は **FALSE**
それに関する情報がない場合は **NOT GIVEN**

1 スターリング銀行が調査した人の半数以上は、AI音声複製ツールを使った詐欺について聞いたことがない。　　　　　　　　　　　　　　　　　**FALSE**

2 スターリング銀行の顧客の多くは、AI音声複製ツールを使った詐欺の被害に遭っている。
　　　　　　　　　　　　　　　　　　　　　　　　　　　　　NOT GIVEN

3 緊急時の本人確認のため、大切な人とだけ共有できるフレーズを作成することが推奨されている。　　　　　　　　　　　　　　　　　　　　　　　**TRUE**

Vocabulary

criminal 名 犯罪者	scam 名 詐欺
Artificial Intelligence 人工知能＝AI	replicate 動 〜を複製する
urgently 副 緊急に	respondent 名 回答者
compromise 動 〜に漏洩する	make a payment 支払いをする
moreover 副 さらに、その上	

SET 20 段落に合う見出しを選ぶ問題 — 8 mins

科学（AI）

実践問題

Questions 1–5

The passage has six paragraphs, **A–F**.
Choose the correct heading for each paragraph from the list of headings below.
Note the heading for paragraph **A** has already been done.
Write the correct number, **i–viii**, in boxes 1–5 on your answer sheet.

List of Headings

i   Use emotional intelligence
ii Zoom in on details
iii Check real-world context
iv Examine the background
v   View the whole picture
vi Contact a friend
vii Use an app
viii Recognise fake images

Paragraph **A** _____ *viii*_____

1   Paragraph **B**: _____
2   Paragraph **C**: _____
3   Paragraph **D**: _____
4   Paragraph **E**: _____
5   Paragraph **F**: _____

参考文献：https://www.independent.co.uk/tech/ai-deepfake-images-how-to-spot-b2621400.html

78

How to Detect a Deepfake

A AI-generated images known as 'deepfakes' are here to stay. AI (Artificial Intelligence) features are available in smartphones, and platforms like Midjourney have made it easy to generate photos. Last year, an AI-generated image of the pope wearing a white puffer jacket went viral, leaving some to wonder if it was real. Now that these images are everywhere, it is useful to keep in mind some tips to distinguish real pictures from 'deepfakes'.

B First, look closer for some obvious signs of manipulation. When people appear in a photo, zoom in on their eyes or the edges of faces, which will often appear blurry in an AI-generated image. In videos, dialogue might not be in sync with the movement of lips.

C It is also helpful to consider the emotions people display in an image. Is a smile unusually stiff? Is a face too neutral? Unusual emotional displays can be easier to see in videos, for example, when someone's expression doesn't match what's being said.

D Then, take a step back and look at the overall picture for anything that doesn't look real. In a group photo, for example, everyone might be lit the same way, without any shadows. It might look plasticky or a little bit strange.

E Take a look at the background to see if something impossible is featured in the photo. The architecture or something else in the photo might contain inconsistent features.

F Finally, look for any other information (reported or on the web) to make sure that what is shown in the photo lines up with known facts. If the photo features a public figure, check that the public figure could actually have been where shown at a given date and time. In other words, before believing what is seen, take a moment to think things through. (302語)

SET 20 段落に合う見出しを選ぶ問題

解答

> **1** Paragraph **B**: ii **2** Paragraph **C**: i **3** Paragraph **D**: v
> **4** Paragraph **E**: iv **5** Paragraph **F**: iii

解説

「段落に合う見出しを選ぶ問題」では、各段落のトピックセンテンス（多くは段落1文目）から主旨を把握して、一致するものをリストから選んで答えていく。
本問の段落Aのように、例として一部の段落の解答が与えられていることがあるので、その選択肢は解答から消去して解いていくのを忘れずに（本問の場合はviii）。
なお、この問題タイプは、必ずそのパッセージの最初の問題として出題され、パッセージの前にリストが与えられる。

1 段落Bの最初の文だけだと主旨が少しつかみにくいので、2文目以降も読む。zoom in on their eyesが、選択肢iiの言い換えになっている。

2 段落Cの最初にあるconsider the emotionsは、本段落の主旨を端的に伝えているフレーズ。

3 段落D最初のlook at the <u>overall</u> pictureを言い換えたのが選択肢v（View the <u>whole</u> picture）。

4 段落Eの最初の<u>Take a look at</u> the backgroundを言い換えた選択肢iv（<u>Examine</u> the background）が正解。backgroundがパラフレーズされておらず、難易度は比較的低めの問題。

5 段落Fの1文目を言い換えたのが選択肢iii。known factsが選択肢ではreal-world contextにパラフレーズされている。

パッセージの訳

ディープフェイクの見抜き方

A 「ディープフェイク」として知られるAI生成画像は、今後も残っていくだろう。AI（人工知能）機能はスマートフォンにも搭載されており、Midjourneyのようなプラットフォームでは写真の生成が簡単にできる。昨年、法王が白いダウンジャケットを着ているAI生成画像が拡散され、それが本物かどうか疑問視する声もあがった。今やこうした画像は至るところで見られるため、本物の写真と「ディープフェイク」を見分けるためのヒントをいくつか覚えておくと便利である。

B まず、操作された明らかな兆候がないかよく見てみよう。人物が写っている写真では、目や顔の輪郭にズームインしてみると、AIで生成された画像では、ぼやけて見えることが多いはずだ。動画では、セリフと唇の動きが一致していないかもしれない。

C また、画像に表示される人の感情を考慮することも役立つ。笑顔が不自然にぎこちないか。顔が無表情すぎないか。感情表現が不自然な場合は、動画でより分かりやすい場合がある。例えば、表情が話している内容と一致していない場合などだ。

D 次に、一歩下がって全体像を見て、現実味のないものがないか確認する。例えば集合写真では、全員が同じ照明で照らされ、影がないかもしれない。プラスチックのように見えたり、少し奇妙に見えるかもしれない。

E 背景にありえないものが写り込んでいないか確認してみよう。写真に写っている建築物や他のものに、矛盾する特徴が含まれているかもしれない。

F 最後に、写真に写っているものが既知の事実と一致していることを確認するために、他の情報（報道されたものやウェブ上のもの）がないか確認しよう。写真に著名人が写っている場合は、その著名人が実際にその日時、その場所にいたかどうかを確認するべきだ。つまり、見たものを鵜呑みにせず、一度立ち止まってよく考えてほしいのだ。

問題文の訳

問1〜5 このパッセージには、A〜Fの6つの段落がある。次の見出しリストから、各段落にふさわしい見出しを選びなさい。なお、段落Aの見出しはすでに記入されている。解答用紙の1〜5に、正しい番号 i 〜 viii を記入すること。

見出しリスト

- i 感情的知性を利用する
- ii 詳細にズームインする
- iii 現実世界の文脈を確認する
- iv 背景を調べる
- v 全体像を見る
- vi 友人に連絡する
- vii アプリを利用する
- viii フェイクイメージを認識する

Paragraph A _____ viii _____
1 Paragraph B: _____ ii _____
2 Paragraph C: _____ i _____
3 Paragraph D: _____ v _____
4 Paragraph E: _____ iv _____
5 Paragraph F: _____ iii _____

Vocabulary

deepfake 名 ディープフェイク（AIによる偽造メディア）	
the pope 名 ローマ教皇	go viral 拡散する、バズる
distinguish A from B　AとBを区別する	obvious 形 明らかな
manipulation 名 改ざん	blurry 形 ぼやけた
be in sync with 〜　〜と同期する、調和する	
stiff 形 硬直した、不自然な	inconsistent 形 一貫性のない

SET 21 段落に合う見出しを選ぶ問題

8 mins

科学（地球工学）

実践問題

Questions 1–5

The passage has five paragraphs, **A–E**.

Choose the correct heading for each paragraph from the list of headings below. Write the correct number, **i–vi**, in boxes 1–5 on your answer sheet.

List of Headings

- i   How Marine Cloud Brightening (MCB) is undertaken
- ii Problems with models
- iii Potential drawbacks to Marine Cloud Brightening (MCB)
- iv What are tipping points?
- v   Other forms of geoengineering
- vi Potential benefits of Marine Cloud Brightening (MCB)

1   Paragraph **A**: _____
2   Paragraph **B**: _____
3   Paragraph **C**: _____
4   Paragraph **D**: _____
5   Paragraph **E**: _____

参考文献：https://www.newscientist.com/article/2399504-cloud-geoengineering-could-help-us-avoid-major-climate-tipping-points/

Can MCB Save Us from Global Warming?

A The Earth is now moving towards a temperature rise greater than 2°C compared to pre-industrial levels. This could activate tipping points, or states that, when reached, lead to accelerating and irreversible climate change.

B Marine Cloud Brightening (MCB) is one form of geoengineering being examined to prevent the Earth from reaching these states. Haruki Hirasawa and others at the University of Victoria, Canada, found through modeling that MCB could cause much of the Earth to cool and, in turn, prevent the destruction of the Greenland and West Antarctic ice sheets, the shutdown of an important Atlantic Ocean current, sudden permafrost thawing, and coral reef death.

C In MCB, seawater is sprayed into low-hanging stratocumulus clouds, which are prevalent over the eastern Pacific and south-eastern Atlantic oceans. Microscopic seawater droplets are formed and quickly evaporate so that salt crystals hang in the air. In theory, water vapor should condense around these crystals, creating droplets smaller than usual cloud droplets. These smaller droplets reflect more of the sun's rays back into space.

D According to the model, MCB would not prevent the destruction of the Barents Sea ice and would cause two other potential problems. In East Antarctica, it would send strong winds south, causing warmer water to reach floating ice shelves that protect glaciers. Rainfall would also increase in semi-arid savannahs in Africa.

E Some researchers caution that there are too many uncertainties to model the effects of MCB perfectly. Others assert that the use of MCB would need to continue for a long time to counter the effects of carbon dioxide in the atmosphere. (267語)

| SET 21 | 段落に合う見出しを選ぶ問題 |

解答

> **1** Paragraph **A**: iv **2** Paragraph **B**: vi **3** Paragraph **C**: i
>
> **4** Paragraph **D**: iii **5** Paragraph **E**: ii

解説

1 tipping points は「転換点」。気候変動の文脈でよく使われる語句で、転換点（このパッセージの場合、産業革命以前と比較して2℃以上気温が上昇すること）を過ぎると、気候変動が一気に進む恐れがあると指摘されている。

2 段落Bの4行目のprevent以降で、MCBがもたらしうるメリットが羅列されている。

3 段落Cの1文だけだと主旨を把握しづらいので読み進めると、当段落では、MCBがどういうメカニズムで機能するか詳細を述べているのが分かる。

4 段落Dの1文目（... cause two other potential problems ...）を読むだけで、見出しを特定できる問題。パッセージのproblemsが、選択肢iiiではdrawbacksに言い換えられている。選択肢iiと迷うところだが、段落Dの1文目にpotentialがあることから、選択肢iiiを選ぶ。

5 段落Eのトピックセンテンス（1文目）から、選択肢ii（Problems with models）を選ぶ。

パッセージの訳

MCBは温暖化から私たちを救うか

A 地球は現在、産業革命前と比べて2℃以上の気温上昇に向かっている。これは、転換点、つまり、到達すると気候変動が加速し、不可逆的になる状態を引き起こす可能性がある。

B マリン・クラウド・ブライトニング（MCB）は、地球がこのような状態に陥るのを防ぐために検討されている地球工学の一形態である。カナダのビクトリア大学の平沢春樹氏と他の研究者は、モデリングにより、MCBによって地球の大部分が冷却され、グリーンランドと西南極氷床の融解、大西洋のおもな海流の停止、永久凍土の急激な融解、サンゴ礁の死滅を防ぐことができる可能性があることを発見した。

C MCBでは、太平洋東部および南東大西洋に多く見られる低層積雲に海水が散布される。すると、海水の微細な水滴が形成され、急速に蒸発して空気中に塩の結晶が残る。理論的には、水蒸気がこれらの結晶の周りに凝縮し、通常よりも小さな雲粒が形成されるはずだ。これらの小さな雲粒は、太陽の光線をより多く宇宙に反射する。

D このモデルによると、MCBはバレンツ海の氷の破壊を防ぐことはできず、さらに潜在的な問題を2つ引き起こす可能性がある。東南極では強風が南に向かって吹き、氷河を保護する浮氷棚に温かい海水が到達する。また、アフリカの半乾燥サバンナでは降雨量が増える。

E 一部の研究者は、MCBの影響を完全にモデル化するには不確定要素が多すぎると警告し

84

ている。また、大気中の二酸化炭素の影響に対抗するには、MCBの利用を長期間継続する必要があると主張する者もいる。

問題文の訳

問1〜5 このパッセージには、A〜Eの5つの段落がある。次の見出しリストから、各段落にふさわしい見出しを選びなさい。解答用紙の1〜5に、正しい番号i〜viを記入すること。

見出しリスト
i マリン・クラウド・ブライトニング（MCB）の実施方法
ii モデルの問題点
iii マリン・クラウド・ブライトニング（MCB）の潜在的な欠点
iv 転換点とは何か
v その他の地球工学の手法
vi マリン・クラウド・ブライトニング（MCB）の潜在的な利点

---

1 Paragraph **A**: ____iv____
2 Paragraph **B**: ____vi____
3 Paragraph **C**: ____i____
4 Paragraph **D**: ____iii____
5 Paragraph **E**: ____ii____

Vocabulary

compared to 〜　〜と比較して
accelerating　形 加速しつつある
prevent A from B　AがBするのを阻止する
in turn　順番に
Atlantic Ocean current　大西洋の海流
Pacific　形 太平洋の
thawing　名 融解
droplets　名 水滴
evaporate　動 蒸発する
in theory　理論上は
ice shelves　棚氷　→単数形 ice shelf

pre-industrial　形 産業革命以前の
irreversible　形 不可逆の
Antarctic ice sheets　南極の氷床
permafrost　形 永久凍土の
be prevalent over 〜　〜に広がっている
vapor　名 蒸気
condense　動 凝縮する
glacier　名 氷河
carbon dioxide　二酸化炭素

The Role of Livestock in Agricultural Soil Regeneration

A Farm livestock, including cows, account for approximately 14% of greenhouse emissions caused by human activity, but they also offer environmental benefits. New research indicates that these animals may be key to revitalising agricultural soil.

B When researchers compared soil in farms with only arable crops, e.g. cereals and beans, to farms with a mixture of arable crops and livestock, the farms that also contained livestock had about a third more carbon in the soil, which slowed soil degradation. The extra carbon in the soil is attributed to the animals' manure.

C This additional carbon is also important for biodiversity. For example, farms with only livestock support on average 22 grass species, compared with 25 species in farms with only arable crops, and 28 species in farms with both arable crops and livestock.

D In order to offset the carbon emissions that cows produce, the Department for the Environment, Food and Rural Affairs in the UK has been looking into methane blockers. These can be added to cattle feed to reduce burps and gas expulsions.

E The Green Alliance charity said that adding Bovaer, a methane blocker, to the feed of one third of the UK's dairy cows would cut greenhouse emissions by 1%, but farmers are not doing this because of the cost. Lee Reeves, UK head of agriculture at Lloyds Bank, advises the government to provide subsidies to support farmers and banks that adopt environmentally friendly farming practices. (243語)

Questions 1–3

The passage has five paragraphs, **A–E**.
Which paragraph contains the following information?
Write the correct letter, **A–E**, in boxes 1–3 on your answer sheet.

1 A comparison of carbon concentration on different kinds of farms
   _____

2 Suggested government policy for reducing greenhouse emissions caused by dairy cows
   _____

3 A comparison of number of grass species on different kinds of farms
   _____

参考文献：https://www.theguardian.com/environment/2024/sep/28/cows-help-farms-capture-more-carbon-in-soil-study-shows

SET 22　情報を組み合わせる問題

解答

> **1 B　2 E　3 C**

解説

「情報を組み合わせる問題」 は、「段落に合う見出しを選ぶ問題」と似ているようでまったく違うので注意しよう。「段落に合う見出しを選ぶ問題」が、各段落の主旨（見出し）を選択するのに対して、本問は末端の情報も答えになりうる。

したがって問題文からキーワードを判断し、それを元に素早くパッセージをスキャニングする必要がある。

1　問題文のキーワード（carbon）と段落Bの記述（a third more carbon in the soil / The extra carbon in the soil）が結びつく。

2　問題文のキーワード（government）から、段落Eの最終文へ。パッセージのadvises（動詞）が、問題文2ではsuggested（分詞）にパラフレーズされている。段落Dで、英国の省による取り組みが書かれているが、suggestedと一致しない。

3　grass speciesの数を比較しているのは段落C。

Vocabulary

livestock　名 家畜	agricultural　形 農業の
account for ～　～を占める	
approximately　副 おおよそ（about より堅い語）	
greenhouse emission　温室効果ガス排出	
revitalise　動 ～を再活性化する　→ 米 revitalize	
compared with ～　～と比較して	
arable crops　耕作作物	cereal　名 穀物
carbon　名 炭素	soil degradation　土壌劣化
be attributed to ～　～に起因する	manure　名 肥料、堆肥
biodiversity　名 生物多様性	on average　平均して
in order to ～　～するために	offset　動 ～を相殺する
carbon emission　炭素排出	subsidy　名 助成金

88

パッセージの訳

農業土壌再生において家畜が果たす役割

A 牛を含む家畜は、人間の活動による温室効果ガス排出の約14%を占めているが、家畜が環境に与えるメリットもある。新しい研究によると、これらの家畜は農業土壌を活性化させる鍵になるかもしれない。

B 研究者が、穀物や豆類などの耕作作物だけの農場と、耕作作物と家畜が混在する農場の土壌を比較したところ、家畜もいる農場のほうが土壌中の炭素が約3分の1多く、土壌劣化を遅らせていた。土壌中の余分な炭素は家畜の糞尿によるものである。

C この炭素は生物多様性にとっても重要である。例えば、耕作作物のみの農場では25種、耕作作物と畜産物の両方の農場では28種であるのに対し、畜産物のみの農場では平均22種の草が生育している。

D 牛が排出する炭素を相殺するために、英国の環境・食糧・農村地域省はメタン遮断剤を研究している。これを牛の飼料に添加することで、ゲップやガスの排出を抑えることができる。

E グリーン・アライアンスという慈善団体は、英国の乳牛の3分の1の飼料にメタンブロッカーであるボベアーを添加すれば、温室効果ガス排出量を1%削減できると述べたが、コストの問題で農家はこれを行っていない。ロイズ銀行の英国農業部門責任者であるリー・リーブス氏は、環境に配慮した農業を実践する農家や銀行を支援するために補助金を提供することを政府に提言している。

問題文の訳

問1〜3 このパッセージにはA〜Eの5つの段落がある。次の情報は、どの段落に記載されているか。解答用紙の1〜3に、A〜Eのふさわしい文字を書くこと。

1 異なる種類の農場における炭素濃度の比較	B
2 乳牛による温室効果ガス排出削減のための政府による政策の提案	E
3 異なる種類の農場における牧草の種類数の比較	C

Growth in Life Expectancy

During the 20th century, humans experienced a dramatic increase in life expectancy. In the 1800s, average life expectancy was 20–50 years old, and that had climbed to 50–70 years old during the 1990s, a growth in life expectancy of approximately three years per decade.

Were that trend to continue, life expectancy might exceed 100 years in the 21st century. However, researchers at the University of Illinois in Chicago have shown that the increase in life expectancy has slowed since the 1990s. They examined data from nine wealthy areas, including the U.S. and Hong Kong, from the 1990s to 2019, a cutoff chosen to avoid the COVID-19 pandemic.

They found on average that life expectancy rose 6.5 years during that time frame, but the rate of increase slowed in most areas between 2010 and 2019, with the U.S. doing worst, possibly because of the opioid epidemic. Hong Kong was the only country to see the rate of increase in life expectancy rise from 2010 to 2019, with life expectancy reaching 85 years old in 2019, compared to 78.8 in the U.S. Hong Kong's success (a rise in the rate of growth in life expectancy) could be due to comparatively greater improvements in access to healthcare.

The researchers now forecast that life expectancy at birth will never go past 84 for men and 90 for women. It may be that humans have already achieved gains from improvements in the environment and healthcare and that life expectancy is now limited by biology. It is also possible that policies, such as cuts in social welfare and healthcare, have caused the slowdown. Other researchers say that investment in anti-ageing research could lead to another drastic increase in life expectancy this century. (294語)

Questions 1-3

According to the passage, which of the following statements applies to these places, **A, B or C**?. Write the correct letter, **A, B or C**, in boxes 1–3 on your answer sheet.

NB You may use any letter more than once.

> **List of Places**
>
> **A** Hong Kong
>
> **B** the U.S.
>
> **C** all nine wealthy areas surveyed

1. The rate of increase in life expectancy rose (the growth in life expectancy sped up) from 2010 to 2019. _____

2. Life expectancy rose 6.5 years on average from the 1990s to 2019. _____

3. Worst-performing area for increase in life expectancy from 2010 to 2019 _____

参考文献：https://www.newscientist.com/article/2450908-slowing-growth-in-life-expectancy-means-few-people-will-live-to-100/

SET 23	特徴を組み合わせる問題

解答

1 A   2 C   3 B

解説

「特徴を組み合わせる問題」では、都市名など同じカテゴリーのグループのリストが与えられ、それぞれの特徴を組み合わせていく。

それぞれ問題文中からキーワードを探し、それを頼りにパッセージをスキャニングしていく。特に、**数字や西暦、地名などの固有名詞は、キーワードになりやすい**ので注目しよう。

1 問題文の2010 to 2019をキーワードに段落3の1文目へ。読み進めると、Hong Kong was the only country to see the rate of increase in life expectancy rise from 2010 to 2019, とあり、寿命の伸び率の上昇国として香港が挙げられている。

2 6.5 yearsがキーワード。段落3の1文目にある6.5 yearsの前後を読むと、段落2最後の文では ...examined data from nine wealthy areas, including the U.S. and Hong Kong, from the 1990s to 2019... となっており、続いて段落3の1文目では ...on average that life expectancy rose 6.5 years during that time frame... （詳細がその後に続く）という記述になっているため、nine wealthy areasが当てはまると考える。

3 2010 to 2019におけるWorst-performing areaを特定する。段落3のwith the U.S. doing worstから解答を選ぶ。

パッセージの訳

寿命の延長

[段落1] 20世紀の間、人類は平均寿命の劇的な増加を経験した。1800年代には平均寿命は20〜50歳だったが、1990年代には50〜70歳にまで伸び、10年ごとに約3年ずつ伸びてきた。

[段落2] この傾向が続けば、21世紀には平均寿命が100歳を超える可能性もある。しかし、イリノイ大学シカゴ校の研究者は、1990年代以降、平均寿命の伸びが鈍化していることを示している。彼らは、米国や香港を含む9つの富裕地域について、1990年代から2019年までのデータを調査した。この期間は、新型コロナウイルス感染症（COVID-19）のパンデミックを避けるために選択された区切りである。

[段落3] その間に平均寿命は6.5歳伸びたが、2010年から2019年にかけてほとんどの地域で伸び率が鈍化し、なかでも米国はオピオイドの蔓延のためか最悪の結果となった。2010年から2019年にかけて平均寿命の伸び率が上昇したのは香港だけで、2019年には平均寿命が85歳に達するのに対し、米国は78.8歳だった。香港の成功（平均寿命の伸び率の上昇）は、医療へのアクセスが比較的改善されたことに起因する可能性がある。

[段落4] 研究者は現在、新生児の平均寿命は男性で84歳、女性で90歳を超えることはないだ

ろうと予測している。人間はすでに環境や医療の改善による利益を達成しており、平均寿命は生物学によって制限されているのかもしれない。また、社会福祉や医療費削減などの政策が原因で、平均寿命の伸びが鈍化している可能性もある。他の研究者たちは、アンチエイジング研究への投資が今世紀中に平均寿命を再び大幅に伸ばす可能性があると述べている。

問題文の訳

問1〜3　パッセージによると、次のうち、これらの場所A〜Cに当てはまるものはどれか。解答用紙の1〜3に、正しい文字A〜Cを書くこと。
注：どの文字も複数回使用してよい。

場所のリスト

A 香港　**B** 米国　**C** 調査対象となった9つの富裕地域すべて

---

1 2010年から2019年にかけて平均寿命の伸び率が上昇した（平均寿命の伸びが加速した）。　　**A**

2 1990年代から2019年にかけて、平均寿命が平均6.5年伸びた。　　**C**

3 2010年から2019年にかけて、平均寿命の伸び率が最も低かった地域　　**B**

Vocabulary

life expectancy　平均寿命	climb to 〜　〜まで上昇する
exceed 動 〜を超える	cutoff 名 切断、締切
possibly 副 ひょっとすると	epidemic 名 流行、伝染病
compared to 〜　〜と比較して	be due to 〜　〜が原因である
comparatively 副 比較的	forecast 動 〜を予測する
biology 名 生物学	
It is possible that S + V　SV という可能性がある	
social welfare　社会福祉	drastic 形 抜本的な

SET 24 特徴を組み合わせる問題　6 mins

言語（バイリンガル）

実践問題

Research on Bilingualism and the Brain

The first year of life is an important time for language development. Previous research has shown that babies as young as three-and-a-half months old can tell when people are speaking an unfamiliar language, but little research has examined how speech is processed in the brains of babies exposed to a bilingual environment until now.

Researchers at Cambridge University compared how one group of 31 four-month-olds who had only been exposed to Spanish and another group of 26 babies with exposure to both Spanish and Basque reacted to Spanish recordings of *The Little Prince* by Antoine de Saint-Exupéry. The infants' brains were imaged using functional near-infrared spectroscopy, a non-invasive technique that measures blood flow in the brain. The babies exposed only to Spanish were found to have activity in the left frontal and temporal lobes, associated with language processing, while the babies from bilingual environments (Spanish and Basque) showed larger areas of activation in these areas as well as bilateral activation in similar areas in the right hemisphere.

The researchers also played the same recording backward and found that the babies exposed to Spanish only had a larger change in reaction compared to babies exposed to both Basque and Spanish. This may be because infants exposed to only one language are more surprised by unfamiliar sounds.

Using both sides of the brain for language may end up being beneficial for bilingual infants. Left-handed people, for example, tend to experience less damage to speech functions after a stroke, possibly because they use both sides of the brain for certain functions. (264語)

Questions 1–3

According to the passage, which of the following statements applies to these groups, **A, B or C**? Write the correct letter, **A, B or C**, in boxes 1–3 on your answer sheet.

NB You may use any letter more than once.

List of Groups

A Babies exposed only to Spanish

B Babies exposed to both Basque and Spanish

C Both groups of babies

1. When a Spanish recording of *The Little Prince* was played, these babies were found to have engagement of the left frontal and temporal lobes, which are connected to language.

2. Both the left and right frontal and temporal lobes were engaged when these babies listened to a Spanish recording of *The Little Prince*.

3. These babies demonstrated a greater change in response when a Spanish recording of *The Little Prince* was played in reverse.

参考文献：https://www.newscientist.com/article/2416169-babies-in-bilingual-homes-have-distinct-brain-patterns-at-4-months-old/

SET 24 特徴を組み合わせる問題

解答

1 C 2 A 3 B

解説

内容を整理すると解く上で助けになるので、次の表でパッセージの内容を整理しておこう。

録音の種類	スペイン語のみの話者	バイリンガル話者
通常の録音	左の前頭葉と側頭葉	- 左の前頭葉と側頭葉 （より広い範囲） - 右半球の同様の領域
逆再生の録音	驚き→反応の変化が大きい	スペイン語のみの話者に比べて変化が小さい

1 段落2の後半から最後まで読まないと解けない問題。while the babies from bilingual environments (Spanish and Basque) showed larger areas of activation in these areas ...の these areas は、その直前の the left frontal and temporal lobes を指している。

2 段落3の1文目から解答を導く。問題文の in reverse（逆に）は、パッセージに出てくる backward（後ろ向きに）のパラフレーズ。

3 段落2の後半〜最後にある while the babies from bilingual environments (Spanish and Basque) showed larger areas of activation in these areas as well as bilateral activation in similar areas in the right hemisphere. が解答の根拠になる。

パッセージの訳

バイリンガルと脳に関する研究

[段落1] 人生最初の1年は、言語発達において重要な時期である。これまでの研究では、生後3か月半の赤ちゃんでも、人が聞き慣れない言語を話していることが分かることが示されているが、バイリンガル環境にさらされた赤ちゃんの脳内で音声がどのように処理されるかについては、これまでほとんど研究されていなかった。

[段落2] ケンブリッジ大学の研究者は、スペイン語のみにさらされた生後4か月の乳児31人の集団と、スペイン語とバスク語の両方にさらされた生後4か月の乳児26人の集団が、サン＝テグジュペリ著『星の王子さま』のスペイン語の録音にどのように反応するかを比較した。乳児の脳は、脳内の血流を測定する非侵襲的な技術である近赤外分光法（NIRS）を用いて画像化された。スペイン語のみにさらされた乳児は、言語処理に関連する左の前頭葉と側頭葉に活動が見られたが、バイリンガル環境（スペイン語とバスク語）の乳児は、これらの領域

でより広い範囲が活性化し、右半球の同様の領域でも両側が活性化していた。

[段落3] また、研究者は同じ録音を逆回しで再生し、スペイン語のみにさらされた乳児は、バスク語とスペイン語の両方にさらされた乳児と比較して、反応に大きな変化が見られることを発見した。これは、1言語のみにさらされた乳児は、聞きなれない音に対してより驚くためである可能性がある。

[段落4] 言語のために脳の両側を使うことは、結果的にバイリンガルの幼児にとって有益かもしれない。例えば、左利きの人は脳卒中後の言語機能へのダメージが少ない傾向があるが、これは脳の両側を特定の機能に使っているからかもしれない。

問題文の訳

問1～3 パッセージによると、次のうち、これらの集団A～Cに当てはまるものはどれか。解答用紙の1～3に正しい文字A～Cを書くこと。注：どの文字も複数回使用してよい。

集団のリスト

A スペイン語のみにさらされた赤ちゃん

B バスク語とスペイン語の両方にさらされた赤ちゃん

C 両方のグループの赤ちゃん

---

1 スペイン語の録音による『星の王子さま』にさらされたとき、言語処理に関連する左の前頭葉と側頭葉で活動が見られた。
2 逆回転のスペイン語の録音による『星の王子さま』にさらされたとき、反応に大きな変化が見られた。
3 これらの赤ちゃんがスペイン語版『星の王子さま』の録音を聞いたとき、左と右の前頭葉および側頭葉の両方が活性化した。

Vocabulary

be exposed to ～　～にさらされる	with exposure to ～　～にさらされて
infant 名 乳児	A as well as B　BだけでなくAも
hemisphere 名 半球	backward 副 後ろ向きに
end up -ing　結局～になる	beneficial 形 有益な
left-handed 形 左利きの	stroke 名 脳卒中

Attempts to Identify Unknown Plants

In an effort to understand biodiversity worldwide, botanists have pinpointed 33 areas likely to harbour undiscovered plant species. Dozens of new species are found annually, including a palm tree in Borneo that blooms underground and an orchid in Madagascar that grows on other plants.

Current estimates suggest that over 100,000 plant species remain unidentified. Kew's Royal Botanic Gardens is advocating targeted research in specific regions before these species go extinct. It is thought that 75% of the currently unknown plants are at risk of extinction, and some of these unknown plant species potentially hold important keys for other scientific innovations, including the development of new fuels and pharmaceuticals.

Until now, biologists have documented biodiversity somewhat inefficiently, with researchers often returning to the same locations while neglecting areas potentially rich in discoveries. Of the 33 areas identified as needing further study, 22 are in Asia, including Sumatra, the eastern Himalayas, Assam in India, and Vietnam. In Africa, Madagascar and South Africa's Cape are highlighted. Colombia, Peru, and south-eastern Brazil are important areas in South America.

Collaboration between researchers and local people is crucial for identifying unknown plants. Scientists have asked that local people not collect species themselves, as this could harm the plants and also be in violation of international laws. Instead, they encourage people to take photographs of plants and upload them to platforms such as iNaturalist, where scientists can analyse and further investigate the photos. (241語)

Questions 1–4

Complete each sentence with the correct ending, **A–F**, below.

1   Botanists have identified 33 areas that _____
2   It is estimated that over 100,000 species of plants _____
3   It is believed that 75% of unidentified plants _____
4   Researchers who return to the same areas over and over again _____

A   are in danger of going extinct.
B   have often overlooked important sites.
C   have been studied extensively.
D   have found many new species.
E   might contain unidentified species.
F   have yet to be discovered or classified.

参考文献：
https://www.theguardian.com/environment/2024/oct/01/kew-botanic-gardens-study-33-dark-spots-plant-species-identification-unknown-biodiversity-

SET 25 文の前半と後半を組み合わせる問題

解答

1 E　2 F　3 A　4 B

解説

「文の前半と後半を組み合わせる問題」では、文法上は、どの選択肢も正しくつながるので、文法構造を頼りに解くことはできない。それぞれ文の前半にあるキーワードを頼りに、パッセージ中にキーワード（もしくはキーワードがパラフレーズされたもの）を探して、後半を特定していこう。

1. 問題文1のキーワード（33 areas）を頼りに、段落1の冒頭へ。パッセージではlikely toと曖昧に述べているので、断定している選択肢Fではなく、mightで断定を避けている選択肢Eを選ぶ。
2. 問題文2のキーワード（100,000）から段落2の最初の文へ。パッセージにあるremain unidentifiedが、選択肢F（have yet to be discovered or classified.）に一致する。have yet to ～で「まだ～していない」。
3. 問題文3のキーワード（75%）から、段落2の3文目へ。パッセージのthe currently unknown plantsがunidentified plantsにパラフレーズされていることを見抜こう。パッセージの内容（are at risk of extinction）を言い換えたのが選択肢A（are in danger of going extinct.）。
4. 問題文4のResearchersやover and over againから、段落3最初のwith researchers often returning to the same locationsに行き着く。その文の後半（neglecting areas potentially rich in discoveries）を言い換えたのが、選択肢B (have often overlooked important sites.)。

パッセージの訳

未発見の植物種を特定する試み

[段落1] 世界中の生物多様性を理解しようとするなかで、植物学者たちは、未発見の植物種が存在する可能性が高い33の地域を特定した。毎年、数十種の新しい種が発見されており、そのなかにはボルネオ島で地下に花を咲かせるヤシや、マダガスカルで他の植物に寄生して育つランなどがある。

[段落2] 現在の推定では、未確認の植物種は10万種を超えるとされている。キュー王立植物園は、これらの種が絶滅する前に特定の地域で集中的な研究を行うことを提唱している。現在確認されていない植物の75%が絶滅の危機に瀕していると考えられており、これらの未知の植物種のなかには、新しい燃料や医薬品の開発など、他の科学技術の革新に重要な鍵を握る可能性を秘めているものもある。

[段落3] これまで生物学者たちは、生物多様性をやや非効率的に記録してきた。研究者は同じ場所に戻ることが多く、発見の可能性が高い地域を無視することがあった。さらに調査が必要とされた33の地域のうち、22はアジアにあり、スマトラ、東ヒマラヤ、インドのアッサム、

ベトナムなどがある。アフリカではマダガスカルと南アフリカのケープが注目されている。南アメリカではコロンビア、ペルー、ブラジル南東部が重要な地域である。

[段落4] 未知の植物を特定するには、研究者と地元住民との協力が不可欠である。植物が傷つく可能性があり、また国際法に違反する可能性もあるため、科学者たちは地元住民に自ら種を採取しないように求めている。代わりに、植物の写真を撮影し、iNaturalistなどのプラットフォームにアップロードするよう住民に呼びかけている。そこでは、科学者は写真を分析し、さらに調査することができる。

問題文の訳

問1〜3 次のA〜Fから正しい後半を選ぶことで文を完成させなさい。

1 植物学者は __E（未確認の種が存在する可能性がある）__ 33の地域を特定している。
2 10万種以上の植物が __F（未確認である）__ と推定されている。
3 未確認の植物の75%が __A（絶滅の危機に瀕している）__ と考えられている。
4 同じ地域に何度も足を運ぶ研究者たちは、__B（しばしば重要な場所を見落としている）__ 。

A 絶滅の危機に瀕している。
B しばしば重要な場所を見落としている。
C 広範囲にわたって研究されている。
D 多くの新種を発見している。
E 未確認の種が存在する可能性がある。
F 未確認である。

Vocabulary

in an effort to 〜 　〜する努力のなかで	
biodiversity 　名 生物多様性	worldwide 　副 世界中で
botanist 　名 植物学者	pinpoint 　動 〜を特定する
harbour 　動 （生息地として）〜を保有する → 米 harbor	
dozens of 〜 　数十の〜	annually 　副 毎年
advocate 　動 〜を提唱する	go extinct 　絶滅する
It is thought that S + V 　SVと考えられている	
be at risk of 〜 　〜の危険にさらされている	
extinction 　名 絶滅	fuel 　名 燃料
pharmaceutical 　名 医薬品	document 　動 〜を記録する
somewhat 　副 多少	inefficiently 　副 非効率的に
be in violation of 〜 　〜に違反している	
encourage 〜 to ... 　（人）が…するのを促す	

Chapter **2**

Listening

Reading

Listening

Writing

Speaking

▍Listening Section の概要

Listeningは、Part 1～4にわかれています。以下の表を読んで概要を把握しましょう。

問題数	全40問（各Part 10問）
点数	40点満点（1問1点×40問）
時間	約30分（各Part：6～8分） 転記時間（10分）：ペーパー試験の場合、解答を解答用紙に書き写す時間がある。 コンピューター試験には転記時間がなく、各Partで解答を打ち込む
音声のアクセント	イギリス、アメリカ、カナダ、オーストラリア、ニュージーランドなど
質問の順番	音声が流れる順番で出題される

バンドスコアの換算例

配点は各1点で、合計得点は独自の換算表に基づき、1.0～9.0の0.5刻みのバンドスコアに換算されます。

バンドスコアの換算例	40問中の正答数
5	16
6	23
7	30
8	35

➡ 減点対象となるものとならないものの基準はReadingと同じです（p. 12参照）。

Part 1～4の特徴

ListeningではPartごとに特色があるので、まずは各Partでどういうトピックが出るのか、会話形式かモノローグかなど、特徴を押さえることが重要になります。

Part 1 一対一の会話
例 - 旅行やチケットの予約
- ジムなど入会の手続き
- 各種問い合わせなど

Part 2 ガイドや専門家によるモノローグ
例 - ツアーガイドによる案内
- 施設の案内など

Part 3 2人～4人の会話
例 - 教授と学生の会話（課題について）
- チューターと学生の会話（留学相談）
- 学生の議論（グループワークについて）

Part 4 教授による講義形式のモノローグ
例 - 教授による講義（講義内容は医療、技術、人文、生物など多岐にわたる）

▌Listening で出題される問題タイプ

本書では、Listeningで出題される問題を大きく5つのグループにわけました。Readingと同じで、語数制限のある問題もあり、指示の表現が独特なので、Readingを参考にしてください（p. 14参照）。

各Partでは、このなかから1種類もしくは2種類以上の問題形式が出題されます。

Group 1
空欄を埋める問題

① フォーム・メモ・表・フローチャートを完成させる問題
(Form, note, table, flow-chart completion)
② 要約を完成させる問題 (Summary completion)
③ 文を完成させる問題 (Sentence completion)

> Part 1 では「メモやフォームを完成させる問題」、Part 4 では「メモを完成させる問題」が頻出

様々なフォーマットの空欄を完成させる問題。解答は、音声に出てくる語を使用して記入する (語数制限あり)。
Part 1では、特に人名や住所、数字を聞き取らせる問が頻出。>>SET01〜07
Part 4では、講義を聞きながら、その講義に関するメモの空欄を埋めていく問題がよく出る。スペルミスや単数／複数の間違いで不正解となるので注意する。>>SET19〜23

例 Complete the notes below. Write **ONE WORD ONLY** for each answer.
1つの単語のみで空欄を埋めて、メモを完成させなさい。

Group 2
図を完成させる問題
(Plan, map, diagram labelling)

問題文に地図などが与えられていて、音声をもとに、与えられた選択肢から選ぶ問題が多いが、音声で使われている単語を使って記述する形式も出題される。

与えられる図として頻出のもの
・**プラン（例：建物のなかのフロアマップ）** >>SET11
・**地図（例：街）** >>SET10
・**図（例：機器の仕組みや工程）**

本形式では、空間的な位置関係を表す語句、道順を伝える語句などを正確に聞き取ることが正答率アップにつながる。

例 Label the map below. 次の地図を完成させなさい。

> Part 2で頻出

Group 3

組み合わせる問題
（Matching information） >>SET18

音声を聞き、それぞれの問題に最も適切な解答を選択肢から選ぶ問題。選択肢が問題数より多いこともある。

例 Choose **THREE** answers from the box and write the correct letter, **A–E**.
リストから3つの答えを選び、A〜Eの正しい文字を記入しなさい。

Part 3で頻出

Group 4

複数の選択肢から選ぶ問題（Multiple choice）

① 選択肢から1つの正答を選ぶ問題
② 選択肢から複数の正答を選ぶ問題 >>SET12

①はオーソドックスな形式だが、②では2つないし3つなど、選ぶべき正答数が明記されており、複数の選択肢から選んでいくタイプ。

②の例 Choose **TWO** letters, **A–E**.
A〜Eから2つ選びなさい。

Part 2, Part 3で頻出

Group 5

制限内の語数で答える問題
（Short-answer questions） >>SET17

音声に出てくる語を使用して、解答する問題（語数制限あり）。
音声が始まる前に、質問文の疑問詞（What, Who, Where, Whichなど）を確認して何を聞き取るべきか整理しておこう。
他のグループと比べて出題頻度は高くないが、求められている細かい情報を正確に聞き取る必要があるので注意しよう。

例 Write **NO MORE THAN TWO WORDS AND/OR A NUMBER** for each answer.
各解答欄に、2つ以内の単語か1つの数字、またはその両方を使って書きなさい。

▌「基礎」と「実践」で確実に力をつける

　本書の Listening Section は、Reading と同様に「基礎」と「実践」に分かれています。

　それぞれの Part の「基礎」は、本番と同じ形式の問題を解く前に必要となるベースを整えるためのドリルで、「実践」では本番と同じ形式の問題を解いてもらいます（音声の長さは本番より短い）。

	基礎		実践
Part 1	SET01〜06 'Listen & Write' ドリル	SET08, 09 サインポスト・ランゲージ／ 'Listen & Write'ドリル	SET07 メモを完成させる問題
Part 2	SET10 「位置関係を表す語句」ドリル		SET11 図を完成させる問題 SET12 複数の選択肢から選ぶ問題
Part 3	SET13, 14 短文4択ドリル	SET15, 16 賛成／反対を判断するドリル	SET17 制限内の語数で答える問題 SET18 組み合わせる問題
Part 4	SET19〜21 'Listen & Write'ドリル		SET22, 23 メモを完成させる問題
基礎と実践の定義	各Partで必要となる基礎力を養うドリル		・IELTSの問題タイプを再現 ・音声の長さは本番より短いが、形式と難易度は忠実に再現した問題を解く

107

■ サインポスト・ランゲージで聞く力がアップする

Signpost language は直訳すると「道しるべの言語」、つまり、話者の話を聞き、理解する上で「**道しるべになる機能的な言語**」のことです。

例えば First ... と話者が話し始めたら「この話では、順序立てて話題をいくつか紹介していくんだな」と予測できますね。サインポスト・ランゲージは、「これからこういう話が始まる。こういう展開になるはずだ」と聞き手が判断する指標になります。

Part 2 と Part 4 では、1人の話者が話し続けるので、話の転換点が分かりにくいなど、展開が追いにくいこともあります。そんな時、このサインポスト・ランゲージが大きな助けになります。もちろん会話形式の Part 1 と Part 3 でも「for example と言ったから、今から例示するんだな」など、サインポスト・ランゲージに気づけると会話の流れをつかみやすくなります。

ここでは代表的なサインポスト・ランゲージを挙げています。各 SET でどんなサインポスト・ランゲージが使われているか、問題を解く際も意識するようにしてください。また、サインポスト・ランゲージに重きを置いた問題も用意しているので、一緒に学んでいきましょう（Listening SET08、SET09 参照）。

機能	サインポスト・ランゲージの例
順序立てる	First, / First of all, / To begin with, / At the beginning,（はじめに） Then（次に）　　　The next point is ～（次の点は～） Firstly, ... Secondly, ... Thirdly, ...（最初に…2番目に…3番目に…） Later on,（後ほど）　　　Subsequently,（続いて） Finally,（最後に）
話を開始する	Let's take a look at the first section.（最初のセクションを見てみましょう） Today I'm talking about American history. （本日はアメリカ史をお話しします）
話題を展開する	Now, let's move to the second section.（2つめのセクションに移りましょう）
情報を追加する	Also,（また）　　　Besides, / Additionally,（その上）
例を挙げる	Let me give you an example,（一例を挙げると） For example, / For instance,（例えば）　such as ～ / like ～（～のような）
対比・比較する	On the other hand,（一方で）　　　However,（しかしながら） In contrast,（対照的に） While it is true that S+V,（SV は事実ですが） Compared to ～, / Compared with ～,（～と比較すると）
注目を集める	Let me draw your attention to ～（～に注目してください） Pay attention to ～（～に注意を払ってください）

Part 1 対策　基本単語の 'Listen & Write' とは

　音声のなかの単語を使ってメモなどを埋める「聞いて、書く」問題はPart 1とPart 4で頻出です。特に、Part 1では、次のような詳細情報を書き取る問題が出題されます。スペルミスをすると得点にならないので、こういった基本的な単語のスペルは実際に書けるか確認して練習しておくのがマストです。

Part 1でよく出題される単語

- 時刻、数字（申込番号、電話、パスポート）
- 単位、値段
- メールアドレス
- 年、日付、曜日
- 住所、郵便番号
- 固有名詞（人・都市、国など）

時刻

　past（～過ぎ）とto（～前）を使った読み方に慣れておきましょう。なお、past / toの代わりにafter / beforeを使うこともありますが、この場合はhalfと一緒に使えません。quarterは「15分」を表します。

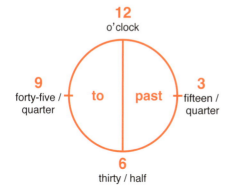

時刻	時刻の読み方の例
5:15	five fifteen / fifteen past five / quarter past five / fifteen after five / quarter after five
5:30	five thirty / half past five
5:45	five forty-five / fifteen to six / quarter to six / fifteen before six / quarter before six

数字

特に注意すべき数字の読み方を紹介します。

算用数字	読み上げ方	解説
0	zero / oh	oh は「オゥ」に近い音
66	six six / double six	double を W と聞き間違えないように
10,000	ten thousand	「,」の区切りごとに読み上げていく
100,000	one hundred thousand	
2,000,000	two million	two millions は間違い Writing でもミスしがちなので注意
30と13	30（thirty）13（thirteen）	-ty と -teen の聞き分けは頻出！

年・日付・曜日

月〜金、1月〜12月など、基本的な綴りはミスなく書けるようにしておきましょう。
日付の表記は英米で違いますが、どちらの表記も出題されうるので対応できるようにしてください。

アメリカ式	イギリス式
February 3rd, 2025	3rd February 2025

一般的に認識されている省略形があれば、解答も省略形で書いても問題ありません（February → Feb. / Wednesday ＝ Wed. など）。

西暦は、基本的に2桁ずつ読み上げます。

読み上げ方	西暦
基本：2桁ずつ読む	2024（twenty twenty-four）
thousand を使う	2000（two thousand） 2005（two thousand five）
hundred を使う	1900（nineteen hundred）

住所

欧米の住所は、日本とは逆で、一般的に「番地→通り→都市→国名」の順で表記されます。

例 エンパイア・ステイト・ビルディングの住所

20	West 34th St.,	New York,	NY	10001,	United States
番地	通り	都市	州	郵便番号	国名

郵便番号は国によって表記が異なります。

イギリス（英数字の混合）	SW1A 0AA
アメリカ（5桁の数字）	10001

固有名詞（人・都市、国など）

人名の聞き取りは頻出で、Mike、Emily など一般的な人名以外は、音声のなかでその名前のスペルを、アルファベット一文字ずつ読み上げられることが多くあります。同じアルファベットが2つ続く場合、double Fのように読み上げることもあります。

人名	音声での読み上げ方の例
Geoffrey	G-E-O-double F-R-E-Y

他、都市や国の名前も、基本的なものは正確に書けるようにしましょう。

SET 01 'Listen & Write' ドリル

数字

Part 1 対策：基礎

Questions 1-7 ▶ track 01

次に流れる4つの短い会話を聞き、空欄に適切な数字や価格を書きなさい。
――の区切りで会話が分かれています。
なお、会話は一度のみ流れ、問題文は流れません。

☐ **1** The customer will pay £ _____ .
☐

☐ **2-4**
☐

     2 _____ inches wide

     3 _____ inches long

     4 _____ inches high

☐ **5** The castle was originally built in _____ .
☐

☐ **6** Room number _____ in the South Tower is where the
☐   guest is currently staying.

☐ **7** Room number _____ in the North Tower is where people
☐   can enjoy an ocean view.

―解答とスクリプト

1 　**値段**　　☑ 15と50など、聞き取り間違えやすい　　▶ track 01
　　　　　　　　数字は頻出　　　　　　　　　　　　　　　　　　　　　※太字部分が解答

Clerk:　　　The sweater and hat come to a total of £250.
Customer: Hmm, is that 215 or 250?
Clerk:　　　It's 250. Do you have a special coupon? With the coupon, you'll get a 10%
　　　　　　discount, which brings the total to £**225**.
Customer: Yes, I do. Here it is.
店員：　　セーターと帽子で、合計250ポンドです。
客：　　　えっと、215ですか、250ですか。
店員：　　250です。スペシャルクーポンはお持ちですか。クーポンを使うと10%割引
　　　　　になりますので、合計で225ポンドになります。
客：　　　はい、持っています。こちらです。

2-4 　**長さ**　　☑ width（横幅）、length（奥行）、height（高さ）

Clerk:　　　The package is approximately **11 inches wide**, **5 inches long**, and 30
　　　　　　inches high, right? The shipping cost will be $115.
Customer: Huh? I don't think the height is that much.
Clerk:　　　Oh, I'm sorry, it's actually **13** inches. The shipping cost will be $95 instead.
店員：　　荷物はだいたい幅が11インチ、奥行が約5インチ、そして高さが約30インチ
　　　　　ですね？ 送料は115ドルです。
客：　　　え？ 高さはそんなにないと思いますが。
店員：　　ごめんなさい、実際には13インチですね。代わりに送料は95ドルになります。

　解説　それぞれの解答は、問2が11、問3が5、問4が13。

5 　**西暦**　　☑ 西暦は、基本的に fifteen seventy-four のように2桁ずつ読む

Visitor:　When was this castle built?
Guide:　　It was built 450 years ago, which means it was originally constructed in **1574**.
　　　　　However, most of it was destroyed by fire in 1600. After renovations, it took
　　　　　on its current form in 1698.
旅行客：この城はいつ建てられましたか。
ガイド：450年前、つまり元々1574年に建てられました。しかし、1600年の火事で大部
　　　　分を焼失しました。改修を経て、1698年に現在の形になりました。

SET 01	'Listen & Write' ドリル

6,7 〔 部屋番号 〕　☑ 4桁の部屋番号はten fiftyのように2桁ずつ読むのが一般的

Guest:　　　This is Room **1050**. It seems the air conditioner isn't working properly. It's 32 degrees inside, and even though I've turned it on, it's not getting cooler.

Receptionist:　I'm very sorry about that. Could I arrange a room change for you? I can move you to Room **1518** in the North Tower.

Guest:　　　Do I have to move all the way from the South Tower?

Receptionist:　I apologise for the inconvenience, but Room **1518** offers more space than 1050, along with a beautiful ocean view.

Guest:　　　That sounds good, then.

宿泊客：　　1050号室です。エアコンの調子が悪いようです。室内は32度で、スイッチを入れても涼しくならないんです。

受付：　　　誠に申し訳ございません。お部屋を変更いたしましょうか。ノースタワーの1518号室をご手配できます。

宿泊客：　　わざわざサウスタワーから移動しなければならないのですか。

受付：　　　ご不便をおかけして申し訳ございませんが、1518号室は1050号室よりも広く、美しいオーシャンビューも楽しんでいただけます。

宿泊客：　　それなら良さそうですね。

解説　3桁の場合、例えば「部屋番号218」はtwo eighteenのように「2桁＋1桁」で読むが、「405」のような場合には、four oh fiveと読むのが一般的。
問6の解答が1050、問7は1518。

114

スペルミスの克服

IELTS の Listening や Writing では、人によってはスペルミスが致命的になってくることもある。

スペルミスには 3 種類あるので、自分のミスの種類に合わせて克服していこう。

スペルを間違って覚えている場合

- 次から間違えない！と決意する
- スペルを間違えた単語をノートに 10 回くらい口に出しながら書く
- 暗記したら安心せず、そのノートを時々見返す

この場合のスペルミスは一朝一夕には改善しない。長い目で見ながら、常に意識をしていく必要がある。

正しいスペルは知っているけど、ケアレスミスの場合

- 最後に見直し時間を取り、スペルを重点的に見直す
- もし練習の際に、よくケアレスミスをしてしまう単語があったら、「スペルを間違って覚えている場合」と同じく、何度も口に出して書き、つぶしていく

タイプミスの場合

コンピューター受験の場合、タイプミスということもある。タイプミスが目立つようなら、正しいタイピングスキルを身に着けておくことが役立つ。タイピングスキルを鍛えるゲームなどを利用すると良い。

115

SET 02 'Listen & Write' ドリル

日付と曜日

Part 1 対策：基礎

Questions 1-6 ▶ track 02

次の5つの会話を聞き、空欄に適切な日付や曜日を書きなさい。——— の区切りで会話が分かれています。
なお、会話は一度のみ流れ、問題文は流れません。

☐
☐ **1**　The customer will rent a car on _____ _____.

☐
☐ **2**　The non-burnable trash will be collected every _____.

☐
☐ **3**　The elementary school book club starts at 5 PM on _____ and at 10 AM on Saturdays.

☐
☐ **4**　The instructor won't be available on the _____ .

☐
☐ **5**　The customer will come to the gym on the _____ for an orientation.

☐
☐ **6**　The customer is thinking about going to France in _____.

注意！　ディストラクターを見抜こう

Part 1では、音声のなかで、ディストラクターと呼ばれる、「紛らわしいひっかけ狙いの語句」が出てくるので注意しよう。

> A: Which day do you go to office?
> B: Let's see... Friday. Wait, it's on Tuesday. I'm working from home on Friday.
> →問：B is going to office on _____.

正答はTuesdayで、ディストラクターはFriday。

116

―― 解答とスクリプト

1 日付　☑ 1月から12月まですべて書けるか試してみよう　▶ track 02
※太字部分が解答

Clerk:　　On what date will you be using our car?
Customer: I will arrive in London on February 4th, so <u>I would like to rent it starting the next day, **February 5th**</u>.
店員：　　いつお車をご利用予定ですか。
客：　　　2月4日にロンドンに到着するので、翌日の2月5日にお借りしたいです。

2 曜日　☑ 月曜から日曜まですべて書けるか試してみよう。特に水曜は注意

Resident: I recently moved into this apartment. On what day should I take out the non-burnable trash?
Staff:　　<u>Please take out the non-burnable trash every **Thursday**</u>. The burnable trash should be taken out every Monday and Friday.
住人：　　最近このマンションに引っ越してきました。不燃ごみは何曜に出せばいいですか。
スタッフ：毎週木曜に不燃ごみを出してください。燃えるごみは毎週月曜と金曜です。

3 曜日　☑ quarter to five ＝「5時15分前」

Parent:　　When does the elementary school book club meet?
Librarian: <u>It meets on **Wednesdays** at 5 PM</u> and Saturdays at 10 AM. Each session lasts one hour.
Parent:　　My son has swimming practice on Wednesdays at 4：45（quarter to five），so I'll come on Saturday.
親：　　　小学校の読書クラブはいつ開催されていますか。
司書：　　毎週水曜の午後5時と、毎週土曜の午前10時にあります。各回の時間は1時間です。
親：　　　息子は水曜の5時15分前に水泳の練習があるので、土曜に行きます。

4, 5 日付　☑ 表記の違いに注意。英 2 January 2025／米 January 2, 2025

Clerk:　　When would you like to start at our club? We'll have a short orientation session on your first day.
Customer: Let me check... I'm available on July 15th.
Clerk:　　<u>The **15th**... Oh, I'm sorry, our instructor won't be available that day. How about the **13th**?</u>
Customer: That works for me.
スタッフ：いつからクラブを始めたいですか。初日は短いオリエンテーションがあります。
客：　　　ちょっと確認します…。7月15日が空いています。
スタッフ：15日ですね…。申し訳ありません、その日はインストラクターの都合がつきません。13日はどうですか。
客：　　　それなら大丈夫です。

解説　That works for me. ＝「私にとって都合がいい」
　　　問4の解答が15th、問5は13th。

117

'Listen & Write' ドリル

6 　月

Customer: We're looking for a five-day summer vacation tour in France. How much would it cost approximately?
Clerk: It would cost about $2,000 per person.
Customer: That's slightly over my budget.
Clerk: I'm afraid tours to France tend to be the most expensive in August. If you're planning to travel in September, we could offer a slightly lower price.
Customer: Umm, it sounds better to travel in **September**, then.
客： フランスで5日間の夏休みツアーを探しています。だいたいおいくらですか。
店員： お1人につき、約2,000ドルになります。
客： 少し予算を超えています。
店員： 8月のフランスツアーは一番高くなる傾向があります。9月に旅行されるなら、少しお安くなりますよ。
客： うーん、それなら9月に行くほうがよさそうですね。

「前のめり」の姿勢をキープするだけでスコア UP ！

IELTS の Listening で、音声が一度聞き取れなくて、それにこだわってしまうと、音声がどんどん流れていってしまうので、後がグダグダ（なし崩し）になる…ということは、よく起きる。

逆にいうと、それを防ぐこと、つまり、過ぎてしまった音声に振り回されるのではなく「次！ 次！」という「前のめり」の姿勢をキープすることができるだけで、スコアは大きく変わってくる。どうやって前のめりにするかというと、聞こえなかった問題はあっさりと切り捨てる、あきらめる。過ぎてしまった問題については迷わずにさっさと答えて振り返らない。

これは、簡単なように思えるが、実際はとても難しいので、普段の練習の際から意識していくことが重要である。練習問題を解いている時に、ただ漫然とやるのではなく、「前のめりの姿勢をキープできるようにする」といったようなテーマをもって実践していくのがコツ。

SET 03 'Listen & Write' ドリル

人名

Part 1 対策：基礎

Questions 1-6 ▶ track 03

次の6つの会話を聞き、空欄に適切な人名を書きなさい。
なお、会話は一度のみ流れ、問題文は流れません。

☐ **1**   Name： Micheal ＿＿＿＿＿
☐

☐ **2**   Name： Daniel ＿＿＿＿＿
☐

☐ **3**   Name： Jane ＿＿＿＿＿
☐

☐ **4**   Name： Jessica ＿＿＿＿＿
☐

☐ **5**   Name： Benjamin ＿＿＿＿＿
☐

☐ **6**   Name： Ayesha ＿＿＿＿＿
☐

POINT 人名聞きとりのコツ

人名の聞き取り問題は Part 1 で頻出。Mike など一般的なもの以外は繰り返し流れるので、聞き逃さないようにしよう。
なお、同じアルファベットが続く場合は、TT（double T）と読むこともある。

| START | 100 | 200 | 300 | 400 | 500 問 |

—解答とスクリプト

1

▶ track 03
※太字部分が解答

Clerk: May I have your full name?
Guest: My name is Michael **Carter**.
Clerk: Could you spell your last name, please?
Guest: **C-A-R-T-E-R.**
Clerk: Thank you!
店員：　フルネームを頂戴してもよいでしょうか。
ゲスト：マイケル・カーターです。
店員：　姓のスペルを教えていただけますか。
ゲスト：C-A-R-T-E-Rです。
店員：　ありがとうございます！

2　☑ VとB、NとMの聞き分けが苦手な人が多いので注意

Agent: May I know your name?
Customer: Yes, my name is Daniel **Evans**.
Agent: Could you spell your last name for me, just to make sure?
Customer: **E-V-A-N-S.**
Agent: OK, perfect!
係：　　お名前を教えていただけますか。
客：　　はい、ダニエル・エバンズです。
係：　　念のため、姓をスペルで教えていただけますか。
客：　　E-V-A-N-Sです。
係：　　はい、ありがとうございます！

3　☑ TTがdouble Tと発音されていることに注意

Receptionist: Can I take your name, please?
Guest: 　　　Yes, it's Jane **Watson**.
Receptionist: Is that W-A-T-T-S-O-N?
Guest: 　　　No, it's actually **W-A-T-S-O-N**, only one T.
Receptionist: Got it, thank you!
受付：　　　お名前をお伺いしてもよろしいですか。
宿泊客：　　はい、ジェーン・ワトソンです。
受付：　　　W-A-T-T-S-O-Nですか？
宿泊客：　　いいえ、W-A-T-S-O-Nです。Tは1つだけ。
受付：　　　承知しました、ありがとうございます！

Listening

'Listen & Write' ドリル

---

4 ☑ LL が double L と発音されていることに注意
Agent: What's your full name, please?
Customer: It's Jessica **Miller**.
Agent: Is that M-I-L-L-A-R?
Customer: No, it's **M-I-L-L-E-R**, with an E.
Agent: Thanks for correcting me.
係員：　　姓名を教えてもらえますか。
客：　　　ジェシカ・ミラーです。
係員：　　M-I-L-L-A-R ですか。
客：　　　いや、M-I-L-L-E-R、E ですね。
係員：　　ご訂正、ありがとうございます。

5

Receptionist: Can I have your name, please?
Guest: Yes, it's Benjamin **Collins**.
Receptionist: Is that C-O-L-I-N-S?
Guest: No, it's **C-O-L-L-I-N-S**, with double L.
Receptionist: Thanks for the clarification.
受付：　　　お名前をお伺いしてもよろしいですか。
宿泊客：　　はい、ベンジャミン・コリンズです。
受付：　　　C-O-L-I-N-S ですか？
宿泊客：　　いいえ、C-O-L-L-I-N-S です。L が 2 つですね。
受付：　　　ご説明ありがとうございます。

6

Receptionist: Could I have your name, if you don't mind?
Guest: Yes, it's Ayesha **Pathel**.
Receptionist: Is that P-A-T-E-L?
Guest: No, it's **P-A-T-H-E-L**, with a 'TH'.
Receptionist: Thanks for the confirmation.
受付：　　　お名前をお伺いしてもよろしいですか。
宿泊客：　　はい、アイーシャ・パテルです。
受付：　　　P-A-T-E-L ですか。
宿泊客：　　いいえ、P-A-T-H-E-L です。TH ですね。
受付：　　　ご説明ありがとうございます。

イギリス英語とアメリカ英語の違い

イギリス英語(British English)とアメリカ英語(American English)には、スペルや発音、語彙、文法などの違いがある。ここではスペルと語彙の違いを解説していこう。

①スペルの違い
イギリス英語とアメリカ英語では、同じ単語でもスペルが異なることがある。IELTS の Reading や Listening においてはイギリス式のスペルが採用されているものの、受験者がテスト中に記述する時には英米どちらのスペルでも問題ない。アメリカ英語のスペルで書くと減点になることはないので安心してほしい。

イギリス英語、アメリカ英語　スペルにおける主な違い

異なるポイント	意味	イギリス英語	アメリカ英語
-bour / -bor	色	colour	color
	お気に入りの	favourite	favorite
-se / -ze	～を組織する	organise	organize
〈母音＋語尾のl〉の綴りの動詞が、-ingや-edに変化する時	旅行する (-ing / -ed)	travelling travelled	traveling traveled
-tre / -ter	映画館	theatre	theater
	センター	centre	center

②語彙の違い
同じ意味でも、イギリス英語とアメリカ英語では異なる語彙を使うことがある。両者の語彙に慣れていないと Listening や Reading で戸惑うことがあるかもしれない。代表的なものをまとめたので頭に入れておこう。

イギリス英語、アメリカ英語　語彙が違う例

イギリス英語	アメリカ英語	意味
lift	elevator	エレベーター
flat	apartment	マンション
biscuit	cookie	クッキー
petrol	gasoline	ガソリン
public transport	public transportation	公共交通機関

SET 04　'Listen & Write' ドリル

番号とアルファベット

Part 1 対策：基礎

Questions 1-6　▶ track 04

次の6つの会話を聞き、空欄に適切な番号とアルファベットを書きなさい。なお、会話は一度のみ流れ、問題文は流れません。

☐ **1**　Licence number：　_____
☐

☐ **2**　Licence number：　_____
☐

☐ **3**　Customer number：　_____
☐

☐ **4**　ID number：　_____
☐

☐ **5**　Phone number：　_____
☐

☐ **6**　Phone number：　_____
☐

● 　　　注意！　特殊な読み方を確認　　　●

Part 1 では、会員番号など、アルファベットと数字が混ざった文字列の聞き取りが出題されることもある。0 は zero のほか、oh（「オゥ」に近い音）と読むこともあるので慣れておこう。

124

START　100　200　300　400　500問

―――解答とスクリプト

1 ☑ 表記の違いに注意。英「**licence**」米「**license**」　▶ track 04
※太字部分が解答

Receptionist: Can I have your licence number?
Guest:　　　Yes, <u>my number is **HZMW347120**</u>.
Receptionist: Just to confirm, is that EZNX, double three, four, one, two, zero?
Guest:　　　No, it's **HZMW, three, four, seven, one, two, zero**.
受付：　　　免許証番号を教えていただけますか。
客：　　　　はい、私の番号はHZMW347120です。
受付：　　　念のため確認しますが、EZNX334120ですか。
客：　　　　いいえ、HZMW347120です。

2 ☑ RVBは日本人にとって聞きづらい発音！ 44はdouble fourと読まれている

Receptionist: Can I have your licence number?
Guest:　　　Yes, <u>my number is **RVB344502**</u>.
Receptionist: Just to confirm, is that RBV, double four, five, zero, two?
Guest:　　　No, it's **RVB, three, double four, five, zero, two**.
受付：　　　免許証番号を教えていただけますか。
客：　　　　はい、私の番号はRVB344502です。
受付：　　　念のため確認しますが、RBV44502ですか。
客：　　　　いいえ、RVB344502です。

3

Receptionist: Let me know your customer number.
Guest:　　　Yes, <u>my number is **SVRN158295**</u>.
Receptionist: Is that FBRM, one, five, eight, two, nine, five?
Guest:　　　No, it's **SVRN, one, five, eight, two, nine, five**.
受付：　　　顧客番号を教えてください。
客：　　　　はい、私の番号はSVRN158295です。
受付：　　　FBRM158295ですか。
客：　　　　いいえ、SVRN158295です。

4 ☑ FとS、ZとGも聞き分けられるようにしよう

Receptionist: Could you tell me your ID number?
Guest:　　　Yes, <u>my ID number is **BDFZ399670**</u>.
Receptionist: Okay, your number is VDSG399670?
Guest:　　　No, it's **BDFZ, three, double nine, six, seven, oh**.
受付：　　　ID番号を教えていただけますか。
客：　　　　はい、私のID番号はBDFZ399670です。
受付：　　　では、VDSG399670ですね。
客：　　　　いいえ、BDFZ399670です。

125

SET 04 'Listen & Write' ドリル

5 ☑ last four digits ＝「下4桁」

Clerk: Could I have your phone number?
Customer: Sure. <u>My number is **103-4432-7502**</u>.
Clerk: Your number is 103-4432-7402, right?
Customer: I'm afraid <u>the last four digits are **seven, five, oh, two**</u>.
店員： お電話番号を教えていただけますか。
客： はい、103-4432-7502です。
店員： 103-4432-7402ですか。
客： 最後の4桁は7502ですね。

6 ☑ put down〜は「〜を書き留める」。Part 1の会話で出てくる表現

Clerk: Let me put down your phone number.
Customer: OK. <u>My number is **352-8722-0042**</u>.
Clerk: Your number is **three, five, two, eight, seven, double two, double oh, four, two**. I got it.
店員： お電話番号を控えさせてください。
客： はい。私の番号は 352-8722-0042 です。
店員： 352-8722-0042 ですね。承知しました。

辞書は「何を使うか」ではなく「どう使うか」

「おすすめの辞書は何ですか?」と聞かれることが多い。しかし、著者の考えでは、辞書は何を使ってもよい。ネット上の辞書サイトでもいいし、アプリでもいい。無料でも課金してもどちらでもよい。最近ではあまり見かけなくなったが、著者が学習者だった時に使っていたのは電子辞書である。
とにかく何でもいいのだが、大事なのは、「どう使うか」ということ。特に大きなポイントは2つ。

①意味だけではなく使い方も調べる
②一番上の意味だけではなく、2番目以降の意味も見るようにする

①意味だけではなく使い方も調べる

辞書には、意味だけではなくたくさんの情報が詰まっている。

・発音の音声、発音記号　　　　　　・複数形や過去形・過去分詞形
・何の品詞で使われるのか　　　　　・叙述用法か限定用法か
・他動詞か自動詞か　　　　　　　　・どんな状況で使うのか
・どのように使うのか（どの前置詞、that 節を取るなどなど）
・例文、イディオム、フレーズ

意味だけを覚えるのではなく、これらの情報を参照しておくと、実際に使えるようになるのに役立つ。「品詞やら、叙述用法やら、こんなものは覚えられない」という人は、とにかく辞書に載っている例文を色々と読んでみてイメージを付け、例文をまるごと覚えるようにすると効果的。

②一番上の意味だけではなく、2番目以降の意味も見るようにする

辞書では、普通は「多く使われる」品詞や意味が一番上に来ており、使われる順番に並んでいる。例えば、同じスペルでたくさんの用法がある単語である that を引いてみると、

・形容詞
・代名詞
・副詞
・接続詞
・関係代名詞

の順に並んでいる。こんなに色々出てきても困惑するし、とても全部の品詞の意味は覚えられない…となるかもしれないが、わからないからといって、自動的に1番上の意味だけ見て当てはめようとすると、単語の正しい使い方が身に付かない。とりあえずは、今回の文に出てきた使い方はどれなのかな?と考え、1番目がしっくりこなければ2番目以降の意味も確認する習慣を付けること。

SET 05 'Listen & Write' ドリル

時間と国籍

Part 1 対策：基礎

Questions 1-5 ▶ track 05

次の5つの会話を聞き、空欄に適切な単語を埋めなさい。
なお、会話は一度のみ流れ、問題文は流れません。

1　The play starts at _____ past three.

2　The advanced class starts at _____ past three.

3　The seminar will be held until _____ _____.

4　Customer's nationality：_____

5　Customer's nationality：_____

| START | 100 | 200 | 300 | 400 | 500 問 |

解説

次の例を参考に、国名と国籍の使い方を区別し、正しいスペルで書けるようにしておこう。

国名	Germany	Australia	Brazil	the Netherlands
国籍	German	Australian	Brazilian	Dutch

────────────────────────解答とスクリプト

1 ☑ 3:15がquarter past threeと読まれていることに注意 ▶ track 05

※太字部分が解答

A: What time does the play start?

B: It starts at 3:15. (**quarter** past three)

A: The venue is 30 minutes away, so that means we need to leave by 2:45.

A: 劇は何時に始まりますか。

B: 3時15分すぎに始まるよ。

A: 会場まで30分かかるから、3時15分前までに出発しないと。

2 ☑ 3:30がhalf past threeと読まれていることに注意

Student: What time does the trial yoga class start?

Trainer: The beginner class starts at 3:00, and the advanced class starts at 3:30. (**half** past three)

Student: I'll join the advanced class then.

Trainer: Okay, please arrive 10 minutes before it starts.

生徒: ヨガの体験クラスは何時からですか。

トレーナー: 初級クラスは午後3時、上級クラスは午後3時半に始まります。

生徒: では上級クラスに参加します。

トレーナー: はい、始まる10分前にお越しください。

3

Customer: Can I ask how long the seminar will take?

Clerk: I think the last speaker will finish his talk at **6 o'clock**.

Customer: OK, that means it will finish in about 50 minutes.

客: セミナーはどのくらいありますか。

係員: 最後の講演者は午後6時に話を終える予定です。

客: ということは、あと50分ほどで終わりますね。

Listening

129

SET 05	'Listen & Write' ドリル

---

4 ☑ 宅配業者に parcel（小包）を送るシーン

Clerk: First, let me confirm your information. Where would you like to send this parcel?

Customer: To my parents in Germany.

Clerk: OK, and what's your nationality?

Customer: I'm **German**.

店員： まず、お客様の情報を確認いたします。荷物はどちらにお送りしますか。

客： ドイツの両親へ送ります。

店員： 承知しました。国籍を教えていただけますか。

客： ドイツ人です。

---

5 ☑ オーストラリア、ロシア、エジプトなど、国名の綴りを書けるか確認しよう

Clerk: May I ask your nationality?

Customer: Sure. I'm **Australian**.

Clerk: OK, and do you currently live in Australia?

Customer: Yes.

店員： 国籍をお伺いしてもよろしいですか。

客： もちろん。オーストラリア人です。

店員： はい、現在もオーストラリアにお住まいですか。

客： はい。

「やることリスト」ではなく「やったことリスト」を作ろう

「こんなにやってるのに伸びない！」と感じることは、英語を学習しているとよく起きるし、実際にそういった相談を受けることが多い。がんばって学習を続けているのに、全然結果に表れない、スコアが上がらない、という状態になることは誰にでも起こるもので、まったく特別なことではない。英語力は綺麗な直線を描いて右肩上がりに伸びていくことは（多くの人の思い込みに反して）まずないからである。

学習計画を作るうえで「やることリスト」を作っている人は多いが、著者がすすめたいのは「やったことリスト」、つまり「学習記録」である。毎日、簡単で良いので今日やったことを記録しておくと、「こんなにやってるのに伸びない！」という焦りが生じた時に見返して冷静に振り返ることができる。

「意外にやってるな。私、えらいな」「もっとこれを変えよう」といったようにポジティブにもネガティブにも、客観的に見ることが可能になる。

学習記録を見て、ちゃんと学習を続けているな、量も十分だな、と感じるなら、これから必ず結果は出るので焦る必要はなく、続ければ良いし、もし意外にやってなかったな、量が減っていたな、と感じるなら、改善するのみ。頭で考えているだけだと、主観や思い込みが入ってしまい、冷静になるのが難しくなってしまう。

アナログ、デジタルなど形式は問わないので、一言で良いので毎日記録をつけていくようにすると、きっと将来、役立つはずだ。

SET 06 'Listen & Write' ドリル

住所と郵便番号

Part 1 対策：基礎

Questions 1–7 ▶ track 06

次の4つの会話を聞き、空欄に適切な住所や郵便番号を埋めなさい。——
の区切りで会話が分かれています。
なお、会話は一度のみ流れ、問題文は流れません。

☐ **1**　Customer's postcode：_____
☐

☐ **2**　Customer's address：_____ Lincoln Street, New York
☐

☐ **3**　Customer's zip code：_____
☐

☐ **4**　Address：7066 Maple _____, Vancouver
☐

☐ **5**　Postal code：_____
☐

☐ **6, 7**　Customer's address：4700 _____ Street, _____
☐

POINT　「郵便番号」を表す英語表現

郵便番号はアメリカ英語で zip code、イギリス英語で postcode という。また、カナダや国際便の書類などでは postal code を使うことが多い。

解説

郵便番号は国によって表記が異なり、イギリスやカナダの郵便番号は英数字の混合型で、アメリカは5桁の数字、オーストラリアの郵便番号は4桁の数字。

―解答とスクリプト

▶ track 06
※太字部分が解答

1　郵便番号　☑ 一般的に、欧米の住所は番地から書いていく

Clerk:　　　Could you please provide your address? You live in London, right?
Customer:　Yes, it's 5 Greenwich High Road.
Clerk:　　　Greenwich, got it. Could you also tell me your postcode?
Customer:　**SE10 8JL**.
Clerk:　　　Is that FE10 8KL?
Customer:　No, it's **SE10 8JL**.
店員：　　　ご住所を教えていただけますか。ロンドンにお住まいでしょうか。
客：　　　　はい、5 グリニッジ ハイロードです。
店員：　　　グリニッジですね。郵便番号も教えていただけますか。
客：　　　　SE10 8JLです。
店員：　　　FE10 8KLですか。
客：　　　　いいえ、SE10 8JLです。

2, 3　郵便番号　☑ 本問はアメリカの郵便番号

Clerk:　　　I need to write down your address. Could you please tell me?
Customer:　Sure, my address is **308** Lincoln Street, New York.
Clerk:　　　Did you say 306?
Customer:　No, it's **308**.
Clerk:　　　Got it. What's the zip code?
Customer:　It's **10001**.
Clerk:　　　**10001**. Got it.
店員：　　　ご住所を書き留める必要があります。教えていただけますか。
客：　　　　もちろん、私の住所は 308 リンカーン通り、ニューヨークです。
店員：　　　306 とおっしゃいましたか。
客：　　　　いいえ、308 です。
店員：　　　了解しました。郵便番号は？
客：　　　　10001です。
店員：　　　10001ですね。分かりました。

SET 06 'Listen & Write' ドリル

4, 5 通り名・郵便番号 ☑ 本問はカナダの郵便番号

Clerk: Where are you sending this parcel?
Customer: To 7066 Maple Street, Vancouver... No, wait, it's Maple **Avenue**.
Clerk: OK, and the postal code?
Customer: Let's see... It's **V6B 1A1**.
Clerk: Did you say B6V 1A1?
Customer: No, it's **V6B**. V as in Violin, 6, and B as in Bravo.

店員: こちらの小包はどちらにお送りしますか。
客: 7066 メープル通り、バンクーバーへ… 。いや、待ってください、メープル
　　アベニューでした。
店員: はい、郵便番号は？
客: ええと… 。V6B 1A1 です。
店員: B6V 1A1ですか。
客: いいえ、V6B です。VはヴァイオリンのV、Bはブラボーの B です。

解説 聞き取りが難しいアルファベットは、V as in Violin（バイオリンのV）のように
簡単な単語を例に説明することがある。

6, 7 通り名・都市 ☑ 国名の他に、主要都市名も正しく書けるようにしよう

Clerk: Could you tell me your new address? I need to update your data.
Customer: OK, let me take a look at my phone. I don't remember my new address.
Clerk: Take your time.
Customer: Now I've got it. It's 4700 **Keele** Street, **Seattle**.
Clerk: Is that K-E-A-L-E?
Customer: No, **K-E-E-L-E** with double E.

店員: 新しい住所を教えていただけますか。情報を更新する必要があります。
客: はい、ちょっとスマホを見させて。新しい住所を覚えていなくて…。
店員: ごゆっくりどうぞ。
客: 分かりました。4700 ケール通り、シアトルです。
店員: K-E-A-L-Eですか。
客: いいえ、K-E-E-L-Eです。Eが2つですね。

134

シャドーイングは簡単な素材を選ぶ！

英語の初心者（目安として IELTS の Listening スコアが 5.0〜5.5 くらいまで）の人が Listening 対策として取り入れたいのが、シャドーイング。シャドーイングは、もともと通訳者の学習法で、お手本の音声から 0.5 秒くらい遅れて音声の真似をしていくトレーニング。このトレーニングを実行する際の大きなポイントが 1 つある。それは「音声を完全にコピーする」ということである。

文や語の中でどこに強勢を置くか、消えたりリンキングしている（つながっている）音、イントネーション（音の上がり下がり）、息継ぎのタイミング、声量などを含む、すべてをコピーすることを最終形とするのである。物真似コンテストに出るイメージをするとよい。

しかし、このような最終形を目指す場合、自分にとって難しい素材を選んでしまうと陥ってしまう罠がある。

- 思考停止になってしまって、他のことを考えながらやってしまう
- 音声の内容を暗記してしまう

といった現象だ。

これをやってしまうと、時間ばかり費やして効果は出なくなってしまう。これを防ぐには、自分にとって易しい素材を選ぶのがポイント。易しい素材とは、音声を最初に聞いた時に、すべて聞き取れて意味もわかるくらいのものである。当然、IELTS の Listening 音声はほとんどの人にとって難しすぎるので、シャドーイング素材としては適していない。

また、「今回はイントネーションに気を付けよう」など、目標を設定して 1 回 1 回のトレーニングを行い、思考停止にならないことが大事である。

SET 07 メモを完成させる問題

料理教室の申し込み

Part 1 対策：実践

ここから Part 1 の実践問題です。本番の Part 1 よりも音声の長さが短いものの、本番と同形式の問題になっています。SET01～06の「基礎」で学習したディクテーションが定着しているか、チャレンジしましょう。

Questions 1-5 ▶ track 07

Complete the form below.
Write **ONE WORD AND/OR A NUMBER** for each answer.

Cooking Class Registration Form

- Class Types & Schedule:
    - **1** _____ Cuisine (Chinese & Japanese dishes)
    - Wednesdays at 4:30 p.m.
- Price:
    - $20 per session
    - 10-class ticket: $ **2** _____
- Registration Info:
    - Name: Emily **3** _____
    - Phone number: 1334-5279
- Payment:
    - Pay by credit card
- Sushi-making Session:
    - Date: February **4** _____
    - Instructor: A Japanese chef who trained in Tokyo
- First Class:
    - February **5** _____ on Wednesday

POINT 事前にメモを確認しよう

音声が流れる前に空欄を見て、入れるべき品詞はなにか、固有名詞が入るのか、数字が入るのかなど、チェックしておこう。

136

START 100 200 300 400 500問

解答

1 Asian　**2** 180　**3** Carter　**4** 26th　**5** 12th

解説

語数制限を守っていればスペルアウトしても（問4なら twenty-sixth など）問題ないが、
スペルミスを防ぐためには算用数字で書いたほうが安心。

スクリプトと訳

▶ track 07
Receptionist=R　Customer=C

R: Hi, welcome to our cooking class. How can I help you?

C: Hi, I'd like to join a cooking class. Could you tell me when the classes are held?

R: Sure! We offer different classes based on cuisine. For **1** <u>Asian cuisine, like Chinese and Japanese dishes</u>, classes are on Mondays at 10:30 a.m. and Wednesdays at 4:30 p.m. For Italian cuisine, classes are on Fridays at 6:20 p.m.

C: I see. I'm interested in the Asian cooking class.

R: Great, which day would you like to join?

C: Let's see… I'll take the Wednesday class because I have a book club on Mondays. How much is the class?

R: It's $20 per session, but if you buy **2** <u>a 10-class ticket, it's $180</u>.

C: Oh, I see. The 10-class ticket sounds like a better deal.

R: Yes, many people choose that option. Now, may I have your

こんにちは、料理教室へようこそ。何かお手伝いできることはありますか。

こんにちは、料理教室に参加したいのですが、いつ開催されていますか。

もちろんです！料理によりクラスを分けています。中国料理や日本料理などのアジア料理は月曜の午前10時30分からと水曜の午後4時30分から、イタリア料理は金曜日の午後6時20分からです。

なるほど。アジア料理のクラスに興味があるのですが。

いいですね、何曜日に参加されますか。

そうですね、月曜日は読書会があるので、水曜のクラスにします。おいくらですか。

1回20ドルですが、10回券をご購入いただくと180ドルです。
そうですか。10回券がお得ですね。

はい、多くの方がそちらを選ばれます。では、ご登録のためにお名前と電話番

137

SET 07 メモを完成させる問題

name and phone number to complete the registration?

C: Sure. **3** <u>My name is Emily **Carter**</u>, and my phone number is 1334-5279.

R: Emily Parker, right?

C: Oh, actually, **3** <u>it's **C-A-R-T-E-R**</u>.

R: Got it. OK, that will be $180 for a 10-class pass. You can choose to pay by credit card, debit card, or cash.

C: I'll pay by credit card, please. By the way, during the class, do you have a session for making sushi?

R: Let me check... **4** <u>Yes, we have a sushi-making session on February **26th**</u> as part of the Asian cuisine class. A Japanese chef who trained in Tokyo will teach you how to make sushi.

C: That sounds perfect. I'm excited to join the class. By the way, can I join the first class this coming Wednesday?

R: No problem at all! **5** <u>It's February **12th**</u>. We're looking forward to having you in class.

号をお伺いしてもよろしいでしょうか。

もちろんです。エミリー・カーターです。電話番号は1334-5279です。

エミリー・パーカーですね。

えっと、C-A-R-T-E-Rです。

承知しました。では、10回券で180ドルです。お支払いはクレジットカード、デビットカード、現金からお選びいただけます。

クレジットカードでお願いします。ところで、クラスでお寿司を作ることはありますか。

確認いたしますね。はい、2月26日にアジア料理クラスとして寿司作りのセッションがあります。東京で修行した日本人シェフがお寿司の作り方をお伝えします。

いいですね。参加するのが楽しみです。ところで、今度の水曜日に最初のクラスに参加できますか。

大丈夫です。2月12日です。お待ちしております。

問題文の訳

問1~5 以下のフォームを完成させなさい。各解答には、1つの単語または1つの数字、もしくはその両方を記入すること。

料理教室登録フォーム

・クラスの種類とスケジュール：
- **1** ＿＿アジア＿＿ 料理（中国料理や日本料理）
- 水曜日、午後4時30分

・料金：
- 1回20ドル
- 10回券：**2** ＿＿180＿＿ ドル

・登録情報：
- 名前：エミリー **3** ＿＿カーター＿＿
- 電話番号：1334-5279

・支払い方法：
- クレジットカード払い

・寿司作りセッション：
- 日時：2月**4** ＿＿26日＿＿
- 講師：東京で修業した日本人シェフ

・初授業：
- 2月**5** ＿＿12日＿＿（水）

SET 08 サインポスト・ランゲージ／'Listen & Write' ドリル

ガイドによる空港での指示

Part 1 & Part 2 対策：基礎

Questions 1-4 ▶ track 08

Part 2 で出題されるような音声が流れます（実際の IELTS の Part 2 よりは短い音声です）。次の問題に答えなさい。

☐ **Question 1**

スクリプトを見ながら音声を聞き、サインポスト・ランゲージがあれば、スクリプトに下線を引きなさい。

☐ **Questions 2-4**

もう一度音声が流れます。空欄部分を聞き取り、単語を書きなさい。

2 _____   3 _____   4 _____

You'll have some free time at this airport for the next hour. We'll meet back here at the fountain in one hour, at 10:15 (**2** _____ past ten), so be sure to return on time. Let me point out some key spots you might want to check out during this time.

First of all, if you'd like a coffee, head to the right from here and walk towards the back. You'll find the café there, offering a variety of drinks, sandwiches, and pastries. For a more substantial meal, walk to the left, where you'll find a large restaurant. It's the perfect place for a meal, and they even serve beer for those who want to enjoy some alcohol. If you're looking for gifts or something special to remind you of your trip, the **3** _____ shop is right next to the restaurant. You'll find a wide selection of local products, including local snacks and beautiful wood carvings by indigenous Canadian artists.

Before coming back here, be sure to stop by the washroom. Unfortunately, there are no washrooms on this floor, so please take the **4** _____ behind the fountain to the second floor. There, you'll find accessible toilets, a children's washroom, and diaper-changing facilities.

Don't forget that we'll meet back here at the fountain. Once everyone has gathered, we'll head together to the check-in counter.

解答

▶ track 08

1 音声で使われているサインポスト・ランゲージの例

サインポスト・ランゲージ	機能
Let me point out	話を導入する
First of all,	順序立てる
For (a more substantial meal)	「〜に関して」と、話を導入する
including	「〜を含めて」と、例を挙げる
Before	「〜の前に」と順序を明確にする

※サインポスト・ランゲージは話の進行をスムーズにする機能を果たす語句で、広義では上記以外の接続詞や副詞を含むこともあります

2 quarter　3 souvenir　4 escalator

解説

実際のIELTSでは、音声で使われている単語を抜き出して書く問題は、主にPart 1とPart 4で出題される。特に、本問で出題したような単語はPart 1で出題されるようなもの。音声に出てくる他の基本単語にも綴りミスしやすい単語があるので、書けるか確認しておこう（fountain / sandwiches / pastries / alcohol / facilitiesなど）。なお、単数／複数の形も正しく書き取れていないと正答にならないので、音声の細部まで注意して聞く必要がある。

スクリプトと訳

これから1時間、この空港で自由時間があります。1時間後の10時15分に、この噴水に集合するので時間通りにお戻りください。この機会にチェックするとよい見どころをいくつか挙げておきますね。

まずコーヒーが飲みたい方は、右に向かって奥にお進みください。そちらにカフェがあり、色々なドリンク、サンドウィッチ、ペストリーを提供しています。本格的な食事をしたい場合は、左に進むと大きなレストランがあります。食事に最適で、アルコールを楽しみたい方にはビールも提供します。お土産や旅の思い出に特別なものをお探しなら、レストランのすぐ隣にある土産物店をお勧めします。地元のお菓子、カナダ先住民の芸術家による美しい木彫りなど、特産品が揃っています。

こちらに戻ってくる前に、必ずお手洗いにお立ち寄りください。残念ながら当階にご用意がないので、噴水奥のエスカレーターで2階へお上がりください。そちらにバリアフリートイレ、子供用トイレ、おむつ替えのできる設備があります。

こちらの噴水にお戻りになるのをお忘れなく。集まったら、一緒にチェックインカウンターに行きます。

SET 09	サインポスト・ランゲージ／ 'Listen & Write' ドリル

遺産のガイド

Part 1 & Part 2 対策：基礎

Questions 1-4 ▶ track 09

Part 2.で出題されるような音声が流れます（実際の IELTS の Part 2 より
は短い音声です）。次の問題に答えなさい。

☐ Question 1

スクリプトを見ながら音声を聞き、サインポスト・ランゲージがあれば、
スクリプトに下線を引きなさい。

☐ Questions 2-4

もう一度音声が流れます。空欄部分を聞き取り、単語を書きなさい。

2 _____ _____   3 _____   4 _____

Welcome to Hampton Castle. My name is Sarah, and I'll be your guide today as we
explore the castle and its beautiful gardens.

To start, let me give you a little history. Hampton Castle was built in the
2 _____ _____and has been home to several generations of the
Hampton family. It was originally designed as a fortress, but over the years, it became
more of a residence. Today, it's known for its grand architecture and well-preserved
rooms, which you'll be able to visit shortly.

Now, let's talk about the layout. As we move through the castle, you'll notice the
stunning Great Hall, where **3** _____ were held. The high ceilings and
sophisticated tapestries on the walls are original, so you're really stepping back in
time. After the hall, we'll pass through the museum, which has over a thousand works
of art dating back hundreds of years.

Once we finish inside, we'll head out to the beautiful flower gardens. First, we'll walk
through the Maze Garden. It's a small maze, but it's fun to explore, particularly for
children. There is a small café behind the Maze Garden, and it's the perfect place for
grabbing a coffee.

Then, we'll visit the Lake Garden. It's a peaceful spot with benches and lovely views
of the castle from across the water. You may be tempted to swim here, but don't forget
that swimming is not allowed here.

Before we start, a few quick reminders. Please don't touch any of the art inside the
castle, and stay on the marked **4** _____ in the gardens to help protect the
plants. If you have any questions, feel free to ask as we go along.

解答

▶ track 09

1 音声で使われているサインポストの例

サインポスト・ランゲージ	機能
To start, let me give you	話を導入する
Now, let's talk about	話を展開する
After / Once Before	順序を明確にする
First / Then	順序立てる

※サインポスト・ランゲージは話の進行をスムーズにする機能を果たす語句で、広義では上記以外の接続詞や副詞を含むこともあります

2 13th century 3 banquets 4 paths

解説

音声に出てくる他の基本単語にも綴りミスしやすい単語があるので、書けるか確認しておこう（architecture / ceilings / tapestries / museum / thousand / hundreds / explore など）。なお、Part 1とPart 4でよく出る、音声のなかの単語を使ってメモを完成させる問題では、解答になる単語の品詞は圧倒的に名詞が多い。他、形容詞や動詞などの内容語が解答となることもある。

訳

ハンプトン城へようこそ。私の名前はサラです。今日は私がガイドを務め、城と美しい庭園を探検します。最初に歴史を少しご説明しましょう。ハンプトン城は13世紀に建てられ、何世代にもわたってハンプトン家が暮らしてきました。当初は要塞として設計されましたが、長い年月を経て住居としての性格が強くなりました。現在では、その壮大な建築と保存状態の良い部屋で知られており、すぐにご見学いただけます。さて、レイアウトについて話しましょう。城内を進むと、宴会が開催されていた見事な大広間が目に入ります。高い天井と壁の洗練されたタペストリーは現存のもので、まさにタイムスリップしたかのようです。大広間のあとは、数百年前にさかのぼる1,000点以上の美術品を所蔵する美術館を通り抜けます。館内を終えたら、美しい花園に向かいます。まずは迷路庭園を歩きます。小さな迷路ですが、特にお子様にとって探検するのは楽しいですよ。迷路庭園の奥には小さなカフェがあり、コーヒーを飲むのに最適です。その後、レイク・ガーデンを訪れます。ベンチのある静かな場所で、対岸から城の美しい景色を眺めることができます。ここで泳ぎたくなるかもしれないですが、ここは遊泳禁止なのでお忘れなく。始める前にいくつか注意事項があります。城の美術品には手を触れないように。また、植物保護のため、庭園内では標識のある道をお歩きください。質問があれば、進んでいくなかで遠慮なく聞いてください。

SET 10 「位置関係を表す語句」ドリル

位置関係

Part 2 対策：基礎

☐ **Questions 1–10** ▶ track 10
☐
今から 10 の文が読まれます。各施設や店の場所を示すアルファベットを書きなさい。なお、音声は一度しか流れません。

1	bus stop	_____	**2**	petrol station _____
3	playground	_____	**4**	Italian restaurant _____
5	gym	_____	**6**	coffee shop _____
7	bookshop	_____	**8**	museum _____
9	park	_____	**10**	riverbank _____

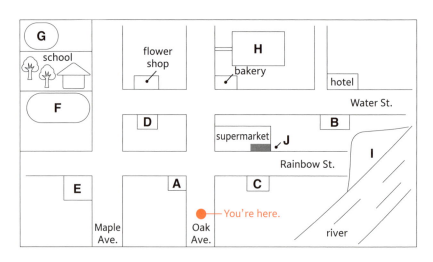

POINT 英米で異なるスペル

英米で違う単語を使うこともある。
・ガソリンスタンド　　　英 petrol station　　　米 gas station
・書店　　　　　　　　　英 bookshop　　　　　米 bookstore

144

解説

Part 2では、音声を聞いて図の空欄に入る語句を選択する問題が頻出。

―――――――――――――――――――――――解答とスクリプト

1　bus stop　J　　　　　　　　　　　　　　　▶ track 10
The bus stop <u>is located next to</u> the supermarket, <u>right by</u> the entrance.
訳 バス停はスーパーの隣、入口のすぐそばにある。

2　petrol station　C
You'll find a petrol station <u>opposite</u> the supermarket.
訳 スーパーの向かいにガソリンスタンドがある。

3　playground　G
There's a playground <u>behind</u> the school.　　訳 学校の裏に運動場がある。

4　Italian restaurant　A
<u>On the corner of</u> Rainbow Street and Oak Avenue, there's an Italian restaurant.
訳 レインボー通りとオーク通りの角にイタリア料理店がある。

5　gym　B
The gym is <u>across</u> the road from the hotel.　　訳 ジムはホテルの向かいにある。

6　coffee shop　D
The coffee shop is <u>right in front of</u> the flower shop on Water Street.
訳 喫茶店はウォーター通り沿いの花屋の目の前にある。

7　bookshop　E
The bookshop <u>is located at the intersection of</u> Rainbow Street and Maple Avenue.
訳 書店はレインボー通りとメープル通りの交差点にある。

8　museum　H
The large museum is <u>behind</u> the bakery, <u>off the road</u>.
訳 大きな博物館はパン屋の裏手、道路から離れたところにある。

9　park　F
Go north on Oak Avenue, take a left <u>at the second corner</u>, and you'll see the park <u>at the end of</u> the block.
訳 オーク通りを北上し、2つ目の角を左折すると、ブロックの端に公園が見えてくる。

10　riverbank　I
Go a little way down the street and turn right <u>at the first corner</u>. If you keep walking along the road, you'll reach the riverbank <u>at the end</u>.
訳 通りを少し進み、最初の角を右に曲がる。道なりに歩き続けると、突き当りの川岸にたどり着く。

SET 11 図を完成させる問題

図書館のフロア案内

Part 2 対策：実践

ここから Part 2 の「実践」が始まります。
本番の Part 2 よりも音声の長さが短いものの、本番と同形式の問題になっています。

☐ **Questions 1-5**　▶ track 11
☐

図書館の司書が館内を案内している音声を聞きながら、次の図にある各セクションの場所として該当するアルファベットを書きなさい。なお、音声は一度しか流れません。

1 Café　　　　＿＿＿＿＿＿　　**2** Study room　＿＿＿＿＿＿

3 Computer lab　＿＿＿＿＿＿　**4** Play area　　＿＿＿＿＿＿

5 Toilet　　　＿＿＿＿＿＿

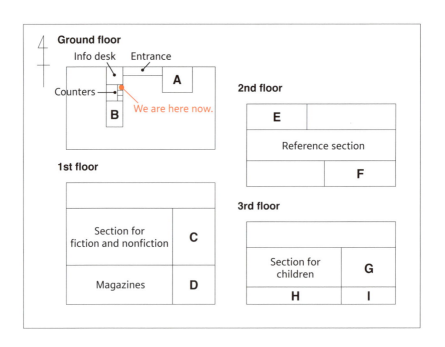

解答

1 Café　A	2 Study room　C	
3 Computer lab　E	4 Play area　G	5 Toilet　H

解説

英米で階数の表現が異なり、本問ではイギリス英語の表現が使われている。ただし、IELTSだからといってイギリスの表現だけが出題されるわけではない。双方の違いを理解しておこう。

階数	イギリス英語	アメリカ英語
1階	Ground floor	First floor
2階	First floor	Second floor
3階	Second floor	Third floor

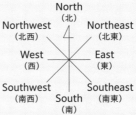

スクリプトの太字部分は、位置関係を表す語句で、このタイプの問題で大切なので確認しておこう。東西南北の方角も音声のなかで出てくることがある。例えば、To the northwest of ～（～の北西には）と聞こえてきたら、与えられている図の北西方向を反射的に見られるようにしておこう。

スクリプトと訳　▶ track 11

Welcome to our city library! I'm Lisa, the librarian, and I'll be giving you a brief overview of each floor so you know where to find your favourite sections.

On the ground floor, we have the main entrance, the information desk, and the borrowing and return counters where we are standing now. If you need any help, the staff at the information desk will be happy to assist you. **1 Opposite** the information desk, you'll find the café and lounge

ようこそ、市立図書館へ！ 司書のリサです。各階の概要を説明するので、お好きなコーナーがどこにあるか知っておいてください。

1階には、正面玄関、案内所、私たちが今いる貸出・返却カウンターがあります。お困りのことがあれば、案内所のスタッフがお手伝いいたします。案内所の向かい側には、カフェ＆ラウンジエリアがあり、コーヒーを飲んだり休憩したりするのに最適です。貸出手続きを済ませれば、こちらで本を読む

area, perfect for grabbing a coffee or taking a break. You can read books here as long as you've completed the borrowing process.

Moving up to the first floor, you'll find the largest section, which includes both fiction and nonfiction books. **2** We also have a study room **next to** this section, which can be reserved online. If you're looking for a quiet place to read or study, this is the perfect room for you.

On the second floor, we have the reference section, which includes encyclopaedias, dictionaries, and other resources that cannot be checked out. **3** To the northwest of the reference section is the computer lab, where you can use the computers for research or to access online databases. If you'd like to access our databases, please contact the staff at the information desk beforehand.

Finally, **the third floor** is our children's section. **4** There is a wide selection of books for everyone, from babies to young readers, as well as a play area located to the east of the children's book area. Special reading programs for kids are held here every Tuesday, and you can get more information on our website. **5** To the southwest of the play area, just **behind** the children's section, there is a restroom for everyone.

こともできます。

2階に上がると、フィクションとノンフィクションの両方が揃った一番大きなコーナーがあります。このコーナーの隣には自習室もあり、オンラインでご予約できます。静かな場所で読書や勉強をしたい方にはぴったりのお部屋です。

3階にはレファレンス・コーナーがあり、百科事典や辞書など、貸出不可の資料があります。 レファレンス・コーナーの北西にはコンピューター・ラボがあり、コンピューターを使って調べ物をしたり、オンライン・データベースにアクセスしたりすることができます。データベースの利用を希望される方は、事前に案内所のスタッフにお伝えください。

最後に、4階は児童書コーナーです。乳幼児から若い読者まで、幅広い品揃えの本があり、キッズコーナーの東側にはプレイエリアもあります。 毎週火曜には、子供向けの特別読書プログラムを開催しており、当館のウェブサイトで詳細をご確認いただけます。プレイエリアの南西、キッズコーナーのすぐ後ろに、「だれでもトイレ」があります。

Before you use our library, I'd like to remind you of a few things. Please try to keep quiet on all floors except in the kids' play area, and do not eat or drink unless you are in the café. If you have any questions, feel free to ask me. I'll be at the information desk **on the ground floor.**

当図書館のご利用前に、いくつかご注意いただきたいことがあります。キッズエリア以外のフロアではなるべくお静かに、カフェ以外での飲食はご遠慮ください。何か質問があれば、遠慮なく私に聞いてください。私は1階の案内所におります。

Vocabulary

librarian 名 司書
overview 名 概要
opposite 前 〜の反対に、向かい側に
grab a coffee コーヒーをさっと飲む
as long as S + V SV しさえすれば
encyclopaedia 名 百科事典 → 米 encyclopedia
to the northwest of 〜 〜の北西に
computer lab PCラボ lab = laboratory（実験室）の略
beforehand 副 事前に
to the southwest of 〜 〜の南西に
unless 接 〜でない限り

SET 12 複数の選択肢から選ぶ問題

オーストラリア
探検ツアー

Part 2 対策：実践

本問も本番の Part 2 よりも音声の長さが短いものの、本番と同形式の問題になっています。

Questions 1 and 2 ▶ track 12

Choose **TWO** letters, **A–E**, below.

Which **TWO** of the following statements are correct according to the wildlife tour guide's introduction?

A　Kangaroos are able to jump as high as three times their own height.

B　Koalas use their tails for balance when they move around.

C　Koalas sleep for more than half of the day.

D　Freshwater crocodiles can grow over 23 feet long.

E　The guide encourages guests to touch the wild animals carefully.

解答

1, 2 A, C （順不同）

解説

音声のcan sleep for up to 18 hours a dayが、選択肢Cでは抽象的にKoalas sleep for more than half of the day.にパラフレーズされている。音声で具体的に述べられていることが、選択肢では抽象的に言い換えられることはよくあるので注意しよう。
Dは、Saltwater crocodiles can grow over 23 feet long.なら正解となる。
あわせて、音声でどんなサインポスト・ランゲージが使われているかも確認しましょう (We'll start with / Additionally, / Following that, / Finally, など)。

スクリプトと訳

▶ track 12

Hello, everyone, and welcome to our Australian wildlife tour! I'm Phil, your guide, and I'm excited to introduce you to some of the amazing animals that make this country so special.

オーストラリアの野生動物ツアーへようこそ！ 私はガイドのフィルです。この国を特別なものにしている素晴らしい動物たちをご紹介することにワクワクしています。

We'll start with kangaroos, one of the most iconic symbols of this country. Did you know **A** kangaroos can jump up to three times their height? It's incredible! Additionally, you might also notice that they use their tails for balance when they move around.

まずはこの国を象徴する動物、カンガルーから始めましょう。カンガルーは体高の3倍もジャンプできるってご存知でしたか。信じられないですよね！ さらに、動き回る時に尻尾を使ってバランスをとっていることにも気づくかもしれません。

Following that, we'll make our way to visit the koalas. You may not know this, but they carry their babies in pouches like kangaroos. In fact, they spend most of their time resting in eucalyptus trees and **C** can sleep for up to 18 hours a day!

続いて、コアラを見に行きましょう。皆さんはご存知ないかもしれませんが、コアラはカンガルーと同じように赤ちゃんを袋に入れて運びます。実際、コアラはほとんどの時間をユーカリの木の上で休み、1日に18時間も眠ることができるのです！

| SET 12 | 複数の選択肢から選ぶ問題 |

Finally, we'll visit one of the most dangerous animals here: the saltwater crocodiles, the largest species in the world. Amazingly, they sometimes grow over 23 feet long! They are very aggressive and are considered dangerous to humans, so please stay behind the line around their area and observe them quietly.

Before we start the tour, I'd like to remind everyone to respect the animals and their natural habitat. During the tour, please don't touch the wild animals, as they are sensitive. Feel free to ask me any questions about the animals or the tour. I'm happy to share more interesting facts with you!

最後に、ここで最も危険な動物の1つ、世界最大の種である海水ワニを訪問しましょう。驚くことに、体長は23フィート（約8メートル）を超えることもあります！ 海水ワニはとても攻撃的で、人間にとって危険な動物なので、海水ワニのいるエリアを取り囲んでいる線より後ろで、静かに観察してください。

ツアーを始める前に、動物たちとその自然の生息環境を尊重するよう、皆さんにお伝えしておきます。野生動物は敏感なのでツアー中、触らないようにしてください。動物やツアーに関する質問は何でもどうぞ。もっと興味深い事実を共有させていただきます！

問題文の訳

問1〜2 次のＡ〜Ｅから2つ選びなさい。野生動物ツアーガイドの紹介によると、次の記述のうち正しい2つはどれか。

Ａ カンガルーは体高の3倍もの高さまでジャンプできる。

Ｂ コアラは動き回る時、尻尾を使ってバランスをとる。

Ｃ コアラは1日の半分以上眠っている。

Ｄ 淡水ワニは体長が23フィート以上になることもある。

Ｅ ガイドは、野生動物に注意深く触れるようゲストに勧めている。

全部を聞き取ろうとしない！

「問題を解いた後で、スクリプトを見たら完全に理解できるし、正解もできる。でも、問題を解くとなると、不正解になってしまう…」このような悩みを持つ学習者は多い。

これを「英語の聞き取り能力」が原因だと解釈し、ディクテーション（書き取り）などを必死でやる人も居る。しかし、英語の聞き取り能力というのは、50％くらいの原因で、あとの50％は、「すべてを聞き取ろうとしていること」である。

例えば、日本語のラジオで天気予報などを聞く時に、キャスターの挨拶やその他のいらない情報はあまり聞き取らず、自分の地方の天気だけが耳に入ってくる、あるいは聞き取ろうとする、ということを自然にやっているのではないだろうか。

それと同じようなことを IELTS のリスニングでもやる必要があるということ。Part 1 は正解数が高い、という人は、たぶん、今すでにこれを実行しているはず。それを他の Part でも、できるようにする、ということ。

また、6.0 や 6.5 くらいで伸び悩むという人は、詳細にフォーカスしすぎて全体像の把握が足りていないということが多い。先読み（音声が流れる前に設問文を読んでおくこと）の際に、タイトルやサブタイトルの力も借りて、何となくのストーリーを描いておくことが大事。詳細にフォーカスしすぎると、全体像を見失ってしまい、「どんなストーリーなのか？」ということがわからなくなってしまう。詳細にフォーカスしすぎることによって、トラップに引っかかってしまうような問題も IELTS には多い。わからない単語にまどわされすぎず、前後から推測したり無視するなどして、全体的な視点を失わないように。

Vocabulary

incredible 形 信じられない、驚くべき
additionally 副 加えて
following that 続いて
spend（時間）-ing （時間）を〜して過ごす
observe 動 〜を観察する
remind 〜 to ... （人）に…するように思い出させる
natural habitat 自然生息地
sensitive 形 敏感な、繊細な

SET 13 短文4択ドリル 5 mins

大学関連の用語

Part 3 対策：基礎

本問は、Part 3 によく出てくる語彙にフォーカスした問題です。キャンパス内の生活や研究で学生が使うような語彙を習得しておくと、Part 3 で大きな力となります。

Questions 1-5 ▶ track 13 ※問題を解く際には音声は必要ありません。音声は参考としてお使いください。

次の英語を読み、____に入る適切な語をアルファベットで答えなさい。

1. No _____ is allowed when writing essays or theses.

   A plagiarism　B citation　C references　D hypothesis

2. The company I'm applying to as an intern needs my university _____.

   A transcript　B reputation　C degree　D certification

3. Our college decided to adopt a _____ system, which means we begin our terms in September, January, and May.

   A semester　B trimester　C quarter　D quartered

4. Many _____ in the field of Geography will come back to our campus to listen to our research presentations.

   A alumni　B alumnus　C graduate student
   D undergraduate student

5. We have to take a _____ test if we want to skip the introductory course.

   A make-up　B placement　C mid-term　D mock

154

――解答とスクリプト――

1 A（plagiarism 名盗作） ▶ track 13

No **plagiarism** is allowed when writing essays or theses.

訳▶ 論文を書く際には、**盗作**は一切認められない。

解説▶ B citation（名引用）、C references（名「引用、参照、推薦状」の複数形）、D hypothesis（名仮説）

2 A（transcript 名成績証明書）

The company I'm applying to as an intern needs my university **transcript**.

訳▶ 私がインターン生として応募する企業は、大学の**成績証明書**を必要としている。

解説▶ B reputation（名評判）、C degree（名学位）、D certification（名資格）

3 B（trimester 名3学期制）

Our college decided to adopt a **trimester** system, which means we begin our terms in September, January, and May.

訳▶ 大学で**3学期制**を導入することになり、9月、1月、5月に学期が始まることになった。

解説▶ Aのsemesterは、2学期制における半期、1学期。se-は「半分」を意味する。C quarter（名4学期制における1学期）。D quartered（形四分された）。

4 A（alumni 名「卒業生」の複数形）→単数形はBのalumnus

Many **alumni** in the field of Geography will come back to our campus to listen to our research presentations.

訳▶ 地理学分野の多くの**卒業生**が、私たちの研究発表を聞きにキャンパスに戻って来る。

解説▶ C graduate student（名大学院生）、D undergraduate student（名学部生）

5 B（placement 名クラス分け）→placement test＝「クラス分けテスト」

We have to take a **placement** test if we want to skip the introductory course.

訳▶ 入門コースを飛ばしたい場合は、**クラス分け**テストを受けなければならない。

解説▶ 他の選択肢は、それぞれmake-up test（追試）、mid-term test（中間テスト）、mock exam（模試）のように使う。模試はpractice testともいう。

POINT Part3で頻出のシーン

Part 3では大学における複数人（2人～4人）の会話が出題される。

例

・学生同士の会話（授業やプレゼンの準備など）
・教授と学生の会話（研究やプレゼンの指導など）
・チューターと学生の会話（留学やインターンの相談など）

Part 3 対策：基礎

Questions 1-5 ▶ track 14 ※問題を解く際には音声は必要ありません。音声は参考としてお使いください。

次の英語を読み、＿＿＿ に入る適切な語をアルファベットで答えなさい。

1. I need to choose elective courses from the course catalogue after the ＿＿＿＿＿＿ course hours have been set.

   A supplementary　**B** requiring　**C** mandatory　**D** supplement

2. If my GPA falls below 2.5 this academic year, I think I will be put on academic ＿＿＿＿＿＿.

   A assessment　**B** probation　**C** interval　**D** conditional offer

3. Those who want to major in ＿＿＿＿＿＿ are required to take a foundational course on human evolution in their first year.

   A Political Science　**B** Anthropology　**C** Geography　**D** Astronomy

4. The students majoring in ＿＿＿＿＿＿ successfully replicated the mechanism of deep-focus earthquakes in the laboratory.

   A Geology　**B** Biology　**C** Physics　**D** Meteorology

5. I'm pursuing a master's degree and working on the ＿＿＿＿＿＿ I must submit by the end of next month.

   A defence　**B** reference　**C** methodology　**D** dissertation

| START | 100 | 200 | 300 | 400 | 500 問 |

――――――――――――――――解答とスクリプト

1 C（**mandatory** 形 義務の）→ 類 **required course**
▶ track 14

I need to choose elective courses from the course catalogue after the **mandatory** course hours have been set.

訳 **必須の**コース時間が設定された後に、シラバスで選択科目を選ぶ必要がある。

解説 **A** supplementary（形 補助の）、**B** requiring（require（動 〜を必要とする）の現在分詞形）、**D** supplement（名 補足）。関連語 elective（選択科目）、core course（基礎科目）、prerequisite（履修前に必要となる科目）、minor course（副専攻科目）、supplementary course（補助科目）

2 B（**probation** 名 執行猶予）→ **academic probation** =「仮及第期間」

If my GPA falls below 2.5 this academic year, I think I will be put on academic **probation**.

訳 今年の成績平均点が2.5を下回ったら、**学業保留処分**にされるはず。

解説 GPAは Grade Point Average。academic probationの期間に成績が悪いと退学の恐れがある。**A** assessment（名 査定）、**C** interval（名 間隔）
Dの conditional offer は「条件付き合格」で provisional offer と同義。

3 B（**Anthropology** 名 人類学）

Those who want to major in **Anthropology** are required to take a foundational course on human evolution in their first year.

訳 **人類学**を専攻したい学生は、1年次に人類進化基礎コースを受講する必要がある。

解説 human evolution から**B**を選ぶ。
A Political Science（名 政治学）、**C** Geography（名 地理学）、**D** Astronomy（名 天文学）

4 A（**Geology** 名 地質学）

The students majoring in **Geology** successfully replicated the mechanism of deep-focus earthquakes in the laboratory.

訳 **地質学**専攻の学生たちは、深発地震の仕組みを実験室で再現するのに成功した。

解説 Seismology（地震学）が選択肢にないので、与えられたなかで文脈に合うのは Geology。
B Biology（名 生物学）、**C** Physics（名 物理学）、**D** Meteorology（名 気象学）

5 D（**dissertation** 名 論文）

I'm pursuing a master's degree and working on the **dissertation** I must submit by the end of next month.

訳 修士号取得を目指しており、来月末締切の**論文**に取り組んでいる。

解説 thesis と dissertation は、長文の研究論文。イギリスでは博士号取得のために thesis、修士号と学士号取得のために dissertation を書くが、非公式の場では同等に使われることもある。
A defence（名 答弁）、**B** reference（名 参考文献）、**C** methodology（名 方法論）。
関連語 dissertation defense / thesis defense（口頭試問）、article（学術雑誌に掲載されるような論文）、paper（広く「論文」を表す。研究報告書やプレゼン資料を指すことも）
関連語 PhD = Doctor of Philosophy / Doctoral Degree（博士号）、Master's Degree（修士号）、Bachelor's Degree（学士号）

SET 15 賛成／反対を判断するドリル

Part 3 対策：基礎

Questions 1–3 ▶ track 15

A, B の短い会話を 3 つ聞いて、A の考えに B が賛成しているか、反対しているか、適切なほうに○をつけなさい。また、B が良いと考えている案を簡単に日本語で書きなさい。なお、音声は一度しか流れません。

☐ **1**　賛成　　反対
☐
　　B が良いと考えている案
　　（_____）。

☐ **2**　賛成　　反対
☐
　　B が良いと考えている案
　　（_____）。

☐ **3**　賛成　　反対
☐
　　B が良いと考えている案
　　（_____）。

> **POINT　反対意見の表し方**
>
> Part 3 では複数人が議論するので、「誰が、何に対して賛成／反対しているか」を把握しておかないと、会話の流れについていけなくなる。
> 「英語＝日本語に比べて直接的に表現する」といったイメージがあるかもしれないが、意見を否定する際は、英語でも最初から NO! と突きつけない。I like your idea, but ... のように、最初は相手の意見に理解を示したあとで自分の意見を展開するのが定石。

―――解答とスクリプト

☑ 問1は、学生同士または学生とチューター/教授との会話、 ▶ track 15
問2と問3は学生同士の会話

1 反対（量よりも質に重点を置いて、課題の数を減らす）

解説 but以下で反対している。I'm afraid ... と柔らかく伝える型は覚えておこう。

スクリプトと訳

A：I think it would be helpful to assign more homework to reinforce what students learn in class.

B：That sounds good, but I'm afraid it might put too much pressure on them. Probably we could focus on quality rather than quantity, giving them fewer but more targeted assignments.

A：授業での学びを定着させるために、宿題を増やすのはいいと思います。

B：いい案ですが、重圧にならないか心配です。量よりも質に重点を置いて、課題の数を減らすと、的を絞ったものにできるでしょう。

2 反対（成績優秀な学生だけでなく、成績が向上した学生も表彰する制度を作る）

解説 but以下で反対意見を柔らかく伝えている。控えめに提案をするとき、couldは便利。

スクリプトと訳

A：How about creating a new rewards system for students with higher grades?

B：I like the idea, but I'm concerned it could make the other students feel left out. Maybe we could design a program that recognises improvement as well as high grades.

A：優秀な学生向けに、新しい表彰制度を設けるのはどうですか。

B：いい考えですが、他の学生が疎外感を抱くのではと心配です。優秀な学生だけでなく、成績が向上した学生も表彰する制度を作れるかもしれません。

3 賛成（まずトピックを明確に紹介すべき。興味深い事実や考えさせる質問で始める）

解説 〈Probably ... S＋could ...〉は提案するときの定番表現。ここではAの案を肯定的に受けて、その案を発展させる提案をしている。

スクリプトと訳

A：For our presentation next week, we should begin by introducing the topic clearly. It's important to make the audience interested from the start.

B：I agree with you. Probably we could start with an interesting fact or a thought-provoking question.

A：来週のプレゼンでは、まずトピックを明確に提示すべきです。最初に聴衆の興味を引くのが重要です。

B：賛成。興味深い事実や考えさせる質問で始めるのがいいよね。

SET 16 賛成／反対を判断するドリル

Part 3 対策：基礎

Questions 1-3　▶ track 16

A, Bの短い会話を3つ聞いて、Aの考えにBが賛成しているか、反対しているか、適切なほうに○をつけなさい。また、Bが良いと考えている案を簡単に日本語で書きなさい。なお、音声は一度しか流れません。

☐ **1**　賛成　　反対
☐
　　Bが良いと考えている案
　　（_____）。

☐ **2**　賛成　　反対
☐
　　Bが良いと考えている案
　　（_____）。

☐ **3**　賛成　　反対
☐
　　Bが良いと考えている案
　　（_____）。

―― 解答と解説

☑ 3問とも、学生とチューター/教授との会話　　▶ track 16

1　反対（無給のインターンにも応募を検討すべき）

スクリプトと訳

A : I'm thinking of only applying for paid internships this summer because I need to earn some money. It's hard to join an unpaid position when I have bills to pay.

B : <u>I understand, but I think you should</u> also consider applying for unpaid internships. They might not pay, but they could offer valuable experience and can help build your career for the future.

A : 稼ぐ必要があるので、この夏は有給インターンだけに応募しようと思っています。色々な支払いがあるのに、無給の職に参加するのは難しいです。

B : 理解できるけど、無給インターンにも応募を検討すべきだと思う。無給かもしれないけど、貴重な経験を得られるし、将来のキャリア形成にも役立つかもしれないよ。

2　賛成（アプリを作ればきちんとリサイクルできるようになる。アプリなら学生を正しい場所に導くことができるし、意識も高まる。誰がアプリを開発するのかを考える必要がある）

解説 OKだけだと曖昧なので、Bの発言全体を把握して解く必要がある。

スクリプトと訳

A : I think it would be helpful if we make an app that shows where the recycling spots are on campus. It'll make it easier for everyone to recycle properly.

B : <u>OK, an app could</u> guide students to the right spots and raise awareness about recycling. You need to consider who can develop an app for this.

A : 学内リサイクル所を案内するアプリを作れば役立つと思います。全員がちゃんとリサイクルできるようになります。

B : そうですね、アプリなら学生を正しい場所に誘導できるし、リサイクルの意識も高まるでしょう。誰がアプリを開発するのかを考える必要がありますね。

3　反対（北米に焦点を当てるほうがいい）

解説 相手の発言を受けて反対するときに、actuallyやin factなどで文を始めることがある。

スクリプトと訳

A : Are you planning to limit your presentation to North America for your study on environmental destruction? I think it might be better to include the entire Americas for a broader perspective.

B : <u>Umm, actually it would probably be better to</u> focus on North America. By narrowing it down, I think I can conduct a more in-depth study.

A : 環境破壊の研究では、発表を北米に限定するつもりですか。より広い視点を得るために、南北アメリカ全体を含めるほうがいいと思います。

B : えっと、実際、北米に焦点を当てるほうがいいのではないでしょうか。範囲を絞ると、より深い研究ができると思います。

SET 17　制限内の語数で答える問題

SNS

Part 3 対策：実践

ここから Part 3 の「実践」です。本番よりも音声が短いものの、本番と同様の形式の問題になるので、スコアアップに直結します。挑戦してみましょう。

Questions 1-3 ▶ track 17

Answer the questions below.
Write **NO MORE THAN TWO WORDS** for each answer.

☐ **1** Who of the three said they could not stop looking at their smartphone?

_____

☐ **2** What property of a smartphone's display makes using it at night harmful to one's mood the next day?

_____

☐ **3** In which country was the research on the negative impact of social media on girls' mental health conducted?

_____

POINT　3人以上の会話を攻略

制限内の語数で答える問題は、音声で流れる詳細を聞き取る必要がある。問題文の文頭の疑問詞（本問では Who / What / which）を事前に確認し、何が問われているのか明らかにした上で音声を聞こう。
Part 3 では 2 ～ 4 人が議論している会話が出題されるが、本問の問題文（Who of the three）をチェックすると、3人による会話だと分かる。3人以上の会話だと、What do you think of it, Emily?（エミリーはそれについてどう思う？）など、次の発言者を特定するヒントが音声中にちりばめられている。それらをヒントに話者の立場や名前を把握していこう。

START 100 200 300 400 500 問

解答

1 Mike **2** blue light **3** Australia

解説

3人の会話で複雑だが、この議論ではJessicaがWhat do you think, Mike?などとファシリテーターとして、次の発言者を決めている部分が見られる。他にも人名が出てくる箇所は、前後の発言者を特定しやすい（スクリプトの太字部分を参照）。

1 問1の問題文（Who of the three said they could not stop looking at their smartphone?）のthey, theirは、性別が特定できない時に人を指す代名詞として使われている。したがって求められている答えは複数形ではなく、1人の個人名であることに注意。

スクリプトと訳

▶ track 17
Jessica=J Mike=M Phil=P

J: Today, we need to organise our presentation on the negative effects of social media on teenagers. I think we should start with how it affects academic performance. **What do you think, Mike?**

M: According to an article I read, spending too much time on social media makes it harder for teenagers to concentrate on their studies. They get easily distracted by notifications and lose focus when they should be studying.

J: You're right. **Any suggestions, Phil?**

P: Basically, **I agree with Mike.** Furthermore, I'd say that if their concentration drops, their grades could drop too, like a chain reaction. Have you noticed how some people can't even go a few minutes without checking their smartphones?

M: Yeah, I've seen that. **1** And to be honest, I feel like I can't stop checking my smartphone either. It's like I'm addicted to social media. We could mention in our presentation that social media can be as addictive as video games. That's why

今日はSNSが10代の若者に与える悪影響について、プレゼンをまとめる必要があるよね。まず学業成績にどんな影響があるかから。マイクはどう思う？

僕が読んだ記事によると、SNSに多くの時間を費やすと、若者は勉強に集中できなくなるらしいよ。通知に気を取られて、勉強すべき時に集中力を失ってしまうんだ。

そうだね。何か提案はある、フィル？
基本的にマイクに賛成だよ。さらにいうと、集中力が落ちると、連鎖反応のように成績も下がる可能性がある。スマホから離れて数分ももたない人がいると思わない？

ああ、そうだよね。正直なところ、僕もスマホをチェックするのをやめられなくて。SNS中毒って感じ。僕たちはプレゼンで、SNSはビデオゲームと同じくらい中毒性があると言っていいかも。だから生徒たちは、宿題を終わらせることよりスマホを優先し

Listening

163

students often prioritise checking their smartphones over finishing their homework.

J: Good point. Now, let's talk about the physical effects, like eye problems. **What do you think about that, Phil?**

P: I think looking at a screen for hours can really hurt your eyes. People often complain about eye strain, blurred vision, and even headaches after using social media for too long.

J: Right. And most teenagers use their smartphones in the dark or right before bed, which makes it worse. They don't even realise how much damage they're doing to their eyes every day. **Do you have anything to add, Mike?**

M: **2** <u>Yes, we should also mention blue light. It affects sleep, which can make us feel tired and cranky the next day.</u>

P: You're right. It might be a good idea to get a comment from an eye doctor. That would make our presentation more persuasive.

J: Sounds good. Let me contact my doctor. OK, now for the most serious part—mental health. Many articles say social media has a huge impact on how teenagers feel about themselves.

P: Yeah, I read that many teenagers, particularly young girls, compare themselves to influencers and celebrities online. They see these 'perfect' images and start to feel bad about themselves.

J: That's a good point to add. But do you have any evidence that social media particularly affects young girls' mental health?

P: I think I've read an article about the relationship between social media and

てしまうことが多いわけで。

いい指摘だね。では、目の問題みたいな身体的影響について話そう。フィルはどう思う？
画面を何時間も見ていると、目が本当に痛くなるよね。SNSを長時間使っていると、眼精疲労や目のかすみ、さらには頭痛を訴える人も多いよね。

うん。若者の多くは、暗い場所や寝る直前にスマホを使うから、さらにひどくなる。毎日、目にどれだけの害を与えているのかすらも、気づいていないし。マイク、何か補足はある？

そうだね、ブルーライトにも触れておこう。ブルーライトは睡眠に影響を与えて、翌日に疲れを感じたり不機嫌になったりする。
その通り。眼科医からコメントをもらうのもいいかも。そうすれば、プレゼンの説得力が増すと思う。

いいね、私、主治医に連絡してみる。次は最も深刻な部分、メンタルヘルス。多くの記事によると、SNSは若者が自分についてどう感じるかに、かなり影響を与えるということだよ。
ああ、多くの若者、特に女子は、ネットでインフルエンサーや有名人と自分を比べていると読んだよ。そういう「完璧な」姿を見て、自分を悪く思い始めるんだ。

それはいい指摘だね。でもSNSが特に女子のメンタルヘルスに影響を与えるという根拠はある？

SNSと女子の関係についての記事を読んだことがあったような。SNSが彼女たちにど

START 100 200 300 400 500 問

young girls. There was some research on how social media influences them.

J: Really? That's interesting. Was the research done in the U.S.?

P: I don't think so. **3** <u>I believe it was from **Australia**</u>. I'll look for the article and share it with you later.

J: Thank you. So, to summarise, our presentation will cover three main points. First, social media lowers concentration, which affects academic performance. Second, it causes eye strain and other health issues. And third, it makes teenagers mentally unstable, especially by making them compare themselves to others.

M: OK, so I think we've got an effective outline for our presentation. How about this—I'll work on a rough draft of the slides over the weekend, and we can go over them together on Monday morning.

P: Yeah, that sounds like a plan. **Thanks for taking the lead on the slides, Mike!**

M: No problem. It'll just be a rough version—like a first draft. We can review it together and make any changes.

のような影響を与えるかについての研究があったよ。

へえ。面白いね。その研究はアメリカで行われたの？

違うはず。オーストラリアの研究だと思う。記事を探して、あとで教えるよ。

ありがとう。要約すると、私たちのプレゼンでは3点を取り上げるってことになるね。第一に、SNSは集中力を低下させ、学業成績に影響する。第二に、眼精疲労などの健康問題を引き起こす。3つ目は、特に他人と自分を比較させることによって、若者を精神的に不安定にさせる。

うん、プレゼンの効果的な概要ができたね。週末にスライドの下書きを作っておくから月曜の朝に一緒に確認しよう。

いい案だね。スライド作り、ありがとう、マイク！

構わないよ。叩き台を作るから一緒に見直して変更していこう。

※teenagerは正確には「13歳から19歳の若者」を意味しますが、訳では便宜的に「若者」としています

Listening

問題文の訳

問1〜3 次の問題に答えなさい。各解答として、2つ以内の単語を書くこと。

1 スマホを見るのをやめられないと発言したのは3人のうち誰か。　　　<u>マイク</u>

2 スマホのディスプレイのどのような性質が、夜間に使うことで翌日の気分に悪影響を与えるのか。　　　<u>ブルーライト</u>

3 SNSが女子のメンタルヘルスに与える悪影響に関する調査は、どの国で行われたか。　　　<u>オーストラリア</u>

165

SET 18 組み合わせる問題

自然科学（火山）

Part 3 対策：実践

本問も Part 3 の「実践」です。本番よりも音声が短いですが、本番と同様の形式の問題になります。Part 3 でよく出る「組み合わせる問題」は、高度で IELTS らしい問題なので、ここで慣れておきましょう。

Questions 1-5 ▶ track 18

Which description does the professor or the student provide for each of the volcanoes below?

Choose **FIVE** letters from the box and write the correct letter, **A–H**, next to the correct number 1–5 below.

Descriptions

A　It made many planes cancel.
B　It caused the 'Year Without a Summer'.
C　It caused a lowering of global temperatures for several years.
D　It created beautiful sunsets.
E　Its eruption lasted for over a year.
F　It released gas, causing acid rain and crop failures.
G　Its mountain lost its entire north side; there was a destructive landslide.
H　It caused a large earthquake before the eruption.

Volcanos

1　Laki　　　　　　　　_____
2　Mount Tambora　　　_____
3　Krakatoa　　　　　　_____
4　Mount St. Helens　　_____
5　Mount Pinatubo　　　_____

166

解答

1 F 2 B 3 D 4 G 5 C

解説

「組み合わせる問題」では、本問のようにリスト中にダミーの記述が混ざっている場合もある。問題文に挙げられている火山名は、スクリプト中で □ で囲んでいるので参考にしよう。
選択肢Aは、議論の最後に出てくるエイヤフィヤトラヨークトルの噴火の内容なので引っかからないように注意。

スクリプトと訳

▶ track 18
Professor = P　Student = S

P: Hello. Before we begin, let me ask you — for this presentation, are you focusing only on eruptions in the U.S., or are you planning to cover global eruptions?

S: I'd like to cover major eruptions worldwide. Some of the most destructive eruptions happened outside the U.S., so I think it's important to include them. However, since there are so many, I'll focus on major eruptions from the 18th century onward.

P: OK, that makes sense. Honestly, I'd prefer if you included some earlier eruptions as well, but I understand that would make the list too long. Let's save that for another time. Now, can you tell me about the major eruptions you'll cover during the presentation in chronological order?

S: Sure. I'll start with **the Laki eruption** in Iceland. It happened in 1783. **1** The eruption released a massive amount of gas, which led to acid rain and crop failures across Europe. Some even say this disaster contributed to the French Revolution.

P: Exactly. The sulfuric gas even spread across the Northern Hemisphere, leading to severe climate changes. In Iceland alone, a

こんにちは。始める前に確認したいのですが、今回のプレゼンテーションでは、アメリカ国内の噴火だけに焦点を当てるのですか、それとも世界的なものも取り上げる予定ですか。

世界の主要な噴火を取り上げたいと思っています。最も破壊的な噴火のいくつかは国外で起きたものなので、それを含めることは重要だと思います。ただ数が多いので、18世紀以降の大噴火に焦点を当てたいと思います。

なるほど。正直なところ、それ以前の噴火も含めてほしいですが、そうすると長くなりすぎるのは理解できます。それはまた別の機会にしましょう。では、プレゼンで取り上げる主な噴火について時系列で教えてもらえますか。

もちろんです。まずはアイスランドの **ラキ噴火** から。1783年に起こりました。この噴火によって大量のガスが放出され、ヨーロッパ全土に酸性雨と不作をもたらしました。この災害がフランス革命を引き起こしたとも言われています。

その通りです。硫黄ガスは北半球にまで広がり、深刻な気候変動をもたらしました。アイスランドだけで、人口の5分の1が命

SET 18 組み合わせる問題

fifth of the population died. OK, what's next?

S: Next is **Mount Tambora** in Indonesia, in 1815. It's known as the largest volcanic eruption in recorded history. **2** The eruption released so much ash and gas that 1816 became the 'Year Without a Summer'. There were crop failures, and people in Europe and North America suffered from famine.

P: Yes, it's true that the eruption had an impact on the global climate. You could include that it even inspired literature — Mary Shelley's Frankenstein was written during that gloomy summer.

S: Then there's **Krakatoa** in Indonesia, which erupted in 1883. It is said that the explosion was so loud that people heard it from 5,000 kilometres away. It caused a catastrophic tsunami, killing around 36,000 people.

P: That's right. **3** The eruption also caused beautiful sunsets worldwide because of the volcanic particles in the atmosphere.

S: The fourth one is **Mount St. Helens** in the U.S., which erupted in 1980. It was the most destructive eruption in U.S. history. **4** Surprisingly, the mountain lost its entire north side, and a massive landslide followed.

P: It was a reminder that even dormant volcanoes can become active.

S: Lastly, there's **Mount Pinatubo** in the Philippines, in 1991. **5** It released so much ash and gas that it lowered the global temperature for several years.

P: Correct. And don't forget to add that the eruption forced the closure of a U.S. military base. Is that everything?

S: Yes, that's all, I think.

P: You're not including the Eyjafjallajökull

を奪われました。さて、次は何でしょうか。

次は1815年のインドネシアの **タンボラ山** です。観測史上最大の火山噴火として知られています。噴火によって大量の火山灰とガスが放出され、1816年は「夏のない年」となりました。作物が不作になり、ヨーロッパや北米の人々は飢饉に苦しみました。

確かに噴火は気候に世界的な影響を与えました。それは文学的着想までも与えたことに言及してもいいかもしれません。メアリー・シェリーの『フランケンシュタイン』は、この陰鬱な夏に書かれました。

次は1883年に噴火したインドネシアの **クラカトア** 。その爆発音は非常に大きかったため、5,000km離れた場所からも聞こえたそうです。大津波を引き起こし、約36,000人が亡くなりました。

その通りです。この噴火は、大気中の火山性微粒子のために、世界中で美しい夕日をもたらしました。

4つ目は、1980年に噴火したアメリカの **セント・ヘレンズ山** です。アメリカ史上最も破壊的な噴火でした。驚いたことに、山は北側全体を失い、大規模な地滑りが発生しました。

休火山でも活動する可能性があることを思い知らされましたね。

最後に、1991年のフィリピンの **ピナツボ山** です。火山灰とガスを大量に放出し、数年間地球の気温を下げました。

その通り。この噴火によって米軍基地が閉鎖されたことも忘れないでください。これですべてですか。

はい。すべてだと思います。

アイスランドのエイヤフィヤトラヨークト

eruption in Iceland? That volcano erupted in 2010 and had a huge impact on the aviation industry. There were almost no direct casualties, but the ash cloud spread across Europe, causing airlines to cancel flights for over a week.

S: I wanted to include it, but considering the time limit for my presentation, I decided to leave it out this time.

P: OK, I understand. Once you've finished your presentation slides, would you let me take a look? And do you remember the advice I gave you last time?

S: Yes, you told me to avoid putting too much text on the slides and to use pictures effectively.

P: That's right. Also, when you give your presentation, start with a question that grabs the audience's attention. One last thing — remember to speak slowly.

S: I'll keep that in mind. Thank you so much.

ルの噴火には言及しないのですか。あの火山は2010年に噴火し、航空業界に大きな影響を与えました。直接的な死傷者はほとんど出ませんでしたが、火山灰雲がヨーロッパ全土に広がり、航空会社は1週間以上フライトをキャンセルしました。

本当は入れたかったのですが、プレゼンの時間制限を考えて、今回は割愛しました。

分かりました。プレゼンのスライドが完成したら、見せてもらえますか。それと、前回のアドバイスは覚えていますか。

はい、スライドに文字を入れすぎないようにすることと、写真を効果的に使うことですね。

その通り。あとプレゼンをするときは、聴衆の注意を引くような質問から始めること。最後にもう1つ、ゆっくり話すことを忘れないで。

覚えておきます。ありがとうございました。

問題文の訳

問1〜5 どの記述が、A〜Hが教授か学生が話している火山に該当するか。リストから5つの答えを選び、正しい答えを書くこと。

記述

A 多くの飛行機が欠航した。

B 「夏のない年」を引き起こした。

C 数年にわたる地球の気温低下を引き起こした。

D 美しい夕日をもたらした。

E 噴火は1年以上続いた。

F その噴火はガスを放出し、酸性雨と農作物の不作を引き起こした。

G その山は北側全体を失い、破壊的な地滑りを引き起こした。

H 噴火前に大きな地震を引き起こした。

火山

1 ラキ山		F
2 タンボラ山		B
3 クラカトア火山		D
4 セント・ヘレンズ山		G
5 ピナツボ山		C

SET 19 'Listen & Write' ドリル

Part 4 対策：基礎

Questions 1-8 ▶ track 19

音声を聞き、空欄に入る単語を埋めなさい。
なお、音声は1回しか流れません。

☐ **1** 環境

_____ _____ contributes to the rise in temperature as a greenhouse gas.

☐ **2** 自然

_____ carve through mountain ranges and continents over the centuries, shaping the landscape.

☐ **3** 産業

_____ have revolutionised industries by increasing efficiency and allowing for mass production.

☐ **4** 歴史

The _____ _____ in Europe lasted from the 5th to the 15th century.

☐ **5** 環境

Renewable _____ _____, such as wind power, are essential for a sustainable future.

☐ **6** 環境

Sustainable _____ concentrates on minimising the environmental impact of travel while supporting local communities and preserving cultural heritage.

☐ **7** 文学

Poetry often uses vivid imagery and _____ to evoke emotions and convey complex ideas.

☐ **8** コミュニティ

The activity was originally supported by _____, who have played an important role in its success.

―解答と解説

1 Carbon dioxide contributes to the rise in temperature as a greenhouse gas.   ▶ track 19
訳 **二酸化炭素**は、温室効果ガスとして気温上昇に寄与している。

2 Glaciers carve through mountain ranges and continents over the centuries, shaping the landscape.
訳 **氷河**は数世紀にわたり山岳地帯や大陸を削り、景観を形成する。

3 Machines have revolutionised industries by increasing efficiency and allowing for mass production.
訳 **機械**は効率を高め、大量生産を可能にし、産業革命をもたらした。

4 The **medieval period** in Europe lasted from the 5th to the 15th century.
訳 **中世**ヨーロッパは5世紀から15世紀まで続いた。

5 Renewable **energy sources**, such as wind power, are essential for a sustainable future.
訳 風力発電のような再生可能**エネルギー源**は、持続可能な未来に不可欠だ。

6 Sustainable **tourism** concentrates on minimising the environmental impact of travel while supporting local communities and preserving cultural heritage.
訳 持続可能な**観光**は、旅行の環境への影響を最小限に抑えつつ、地域社会を支援し、文化遺産を守ることに重点を置く。

7 Poetry often uses vivid imagery and **rhythm** to evoke emotions and convey complex ideas.
訳 詩は鮮やかなイメージや**リズム**をよく使い、感情を呼び起こし、複雑な思考を伝える。

8 The activity was originally supported by **volunteers**, who have played an important role in its success.
訳 その活動はもともと**ボランティア**によって支えられ、活動の成功に重要な役割を果たしてきた。
解説 副詞形の voluntarily（自発的に）、involuntarily（不本意ながら、無自覚のまま）は Reading など他のセクションでも役立つので覚えておこう。

SET 20 'Listen & Write' ドリル

Part 4 対策：基礎

Questions 1-8 ▶ track 20

音声を聞き、空欄に入る単語を埋めなさい。
なお、音声は1回しか流れません。

☐ **1**　政治

Universal suffrage is important because it ensures _____ by letting everyone take part in government decisions.

☐ **2**　医療

_____ play a key role in healthcare, and pharmacists need to understand how different drugs work to support patients safely.

☐ **3**　生物

Chimpanzees are considered one of the closest _____ to humans in the animal kingdom.

☐ **4**　歴史

Ancient civilisations developed various _____, such as the Mayan one, to track time and coordinate their activities with celestial events.

☐ **5**　歴史

Over the centuries, _____ has had a major political and cultural influence on Europe, particularly during the time of the _____ Empire and the Soviet Union.

☐ **6**　技術

_____ skills, such as programming and data analysis, are increasingly important in today's rapidly changing job market.

☐ **7**　環境

Deforestation is leading to the destruction of _____, resulting in the loss of living spaces for wildlife.

☐ **8**　医療

The mutation in that gene led to the development of a _____ _____, disrupting the normal functioning of the human body in unexpected ways.

解答と解説

1 Universal suffrage is important because it ensures **equality** by letting everyone take part in government decisions.
　▶ track 20
訳 普通選挙は、全員が政府の意思決定に参加できるようにし、**平等**を保証するので重要だ。

2 **Medicines** play a key role in healthcare, and pharmacists need to understand how different drugs work to support patients safely.
訳 **薬**は医療で重要な役割を果たしており、薬剤師はさまざまな薬がどのように作用するかを理解し、安全に患者を手助けする必要がある。

3 Chimpanzees are considered one of the closest **relatives** to humans in the animal kingdom.
訳 動物界でチンパンジーは人間に最も**近縁**の1種と考えられている。

4 Ancient civilisations developed various **calendars**, such as the Mayan one, to track time and coordinate their activities with celestial events.
訳 古代文明はマヤ**暦**のような色々な暦を開発し、時間を追跡し、天体現象と活動を一致させた。

5 Over the centuries, **Russia** has had a major political and cultural influence on Europe, particularly during the time of the **Russian** Empire and the Soviet Union.
訳 何世紀にもわたって、**ロシア**は特に**ロシア**帝国とソビエト連邦の時代に、ヨーロッパに対して政治的、文化的に大きな影響を与えてきた。
解説 国名はPart 1でもよく出題される。主要国のスペルの名詞形、形容詞形は書けるように。

6 **Technical** skills, such as programming and data analysis, are increasingly important in today's rapidly changing job market.
訳 プログラミングやデータ分析などの**技術的**技能は、今日の急速に変化する雇用市場でより重要になっている。

7 Deforestation is leading to the destruction of **habitats**, resulting in the loss of living spaces for wildlife.
訳 森林伐採は**生息地**を破壊し、野生動物の生活空間喪失を招いている。

8 The mutation in that gene led to the development of a **rare disease**, disrupting the normal functioning of the human body in unexpected ways.
訳 その遺伝子の突然変異は、**珍しい病気**の発症を引き起こし、予期しない形で人間の体の正常機能を妨害した。

173

'Listen & Write' ドリル

Part 4 対策：基礎

Questions 1-8 ▶ track 21

音声を聞き、空欄に入る単語を埋めなさい。
なお、音声は１回しか流れません。

1 地学

_____ are geological formations where molten rock, gas, and ash are released from beneath the Earth's surface during eruptions.

2 環境

Reducing our _____ _____ is essential for tackling climate change and protecting the environment for children.

3 天文

_____ is responsible for the movement of planets around the Sun, as it keeps them moving in their orbits.

4 教育

Online learning platforms are _____ for people who need to balance their studies with part-time jobs or other commitments.

5 デザイン

The _____ of fashion design has evolved through history, reflecting changes in culture, technology, and societal values.

6 医療

Treatment to correct cognitive distortions was provided in order to change the patient's _____.

7 気象

Currents in the _____ _____ play a vital role in regulating global climate patterns.

8 デザイン

_____ _____ design focuses on functionality and simplicity, using sustainable materials.

174

解答と解説

1. **Volcanoes** are geological formations where molten rock, gas, and ash are released from beneath the Earth's surface during eruptions.
   訳 **火山**は、噴火の際に地下から溶けた岩やガス、灰が排出される地質構造である。

2. Reducing our **carbon footprint** is essential for tackling climate change and protecting the environment for children.
   訳 **カーボンフットプリント**を減らすことは、気候変動と戦い、子供たちのために環境を守る上で不可欠だ。

3. **Gravity** is responsible for the movement of planets around the Sun, as it keeps them moving in their orbits.
   訳 **重力**は惑星が太陽の周りを回る要因で、それらが軌道上で動くのを保っている。

4. Online learning platforms are **convenient** for people who need to balance their studies with part-time jobs or other commitments.
   訳 オンライン学習プラットフォームは、勉強とアルバイトや他の活動を両立させる必要がある人々にとって**便利**になっている。

5. The **profession** of fashion design has evolved through history, reflecting changes in culture, technology, and societal values.
   訳 服飾デザインの**職業**は、歴史を通じて進化し、文化、技術、社会的価値の変化を反映している。

6. Treatment to correct cognitive distortions was provided in order to change the patient's **behaviour**.
   訳 患者の**行動**を変えるために、認知の歪みを修正する治療が行われた。
   米 behavior

7. Currents in the **Pacific Ocean** play a vital role in regulating global climate patterns.
   訳 **太平洋**海流は、地球規模の気候パターンを調整する上で重要な役割を果たしている。
   解説 他に、the Atlantic Ocean（大西洋）、the Arctic（北極）、Antarctica（南極大陸）もミスなく書けるようにしておきたい。

8. **Modern furniture** design focuses on functionality and simplicity, using sustainable materials.
   訳 現代の**家具**デザインは、機能性と簡潔さに重点を置き、持続可能な材料を使用している。

175

SET 22 メモを完成させる問題

生物

Part 4 対策:実践

ここからは Part 4 の「実践」です。Part 4 で頻出の「メモを完成させる問題」に挑戦しましょう。本番の Part 4 よりも音声の長さが短いものの、本番と同形式の問題になっています。

Questions 1–3 ▶ track 22

Complete the notes below. Write **ONE WORD ONLY** for each answer.

Spiders and Intelligence

- **Traditional View:** Intelligence is associated with the brain.
- **New Discovery:** Spiders may 'think' using their webs.

Example: Orb-Weaver Spider

- The web functions as an **1** _____ of its sensory system.
- Silk transmits vibrations, helping detect prey's size, type, and distance.
- Challenges the idea that intelligence is brain-limited.

Connection to Memory

- Web acts as an '**2** _____ memory system'.
- Spiders recall prey locations and repair needs by sensing web conditions.

Implications

- Intelligence extends beyond the boundaries of the brain to include the environment.
- Encourages new **3** _____ to study animal cognition.

参考文献 https://www.newscientist.com/article/mg24532680-900-spiders-think-with-their-webs-challenging-our-ideas-of-intelligence/

解答

1 extension **2** external **3** possibilities

解説

空欄1と2の前にanがある。1には母音の発音から始まる単数名詞が、2には母音から始まる形容詞が入るだろうと判断できる。

モノローグ形式のPart 4ではサインポスト・ランゲージが話の展開を追う上で助けになるので、確認しておこう（Today, I'll share / First, let's take 〜 as an example. / Now, let's explore 〜 / For instance, など）。

1 音声のit actually serves as an **extension** of its sensory system. がThe web functions as an **1 extension** of its sensory system. に言い換えられている。

スクリプトと訳

▶ track 22

Today, I'll share a fascinating discovery about spiders and their intelligence. Traditionally, intelligence has been thought of as something connected to the brain. However, recent studies have suggested that spiders might actually 'think' with their webs.

First, let's take the orb-weaver spider as an example. Its web isn't just a trap for prey— **1** it actually serves as an **extension** of its sensory system. The web's silk transmits vibrations, which allows the spider to detect the size, type, and even distance of its prey. This ability to process information through the web challenges the idea that intelligence is limited to the brain.

Now, let's explore the connection between the web and memory. What's really fascinating is that the web may also assist in memory. Some researchers believe that when a spider builds a web, **2** it's creating an **external** memory system. For instance, by sensing the condition of the web, the spider can recall where prey was caught and where repairs are needed. This discovery has broader implications, including

今日は、クモとその知能についての興味深い発見について話します。従来、知性とは脳に限定されたものと考えられてきました。しかし最近の研究によると、クモは実際に巣で「思考」している可能性があるといいます。

まず、オーブ・ウィーバー・クモを例にとってみましょう。クモの巣は獲物を捕らえるための罠というだけでなく、クモの感覚システムの延長として機能しています。網の絹が振動を伝えることで、クモは獲物の大きさや種類、距離までも察知することができます。網を通して情報を処理するこの能力は、知能が脳だけに限定されるという考え方に疑問を投げかけるものです。

では、網と記憶の関係に迫りましょう。さらに興味をそそられるのは、クモの巣が記憶を助ける可能性があることです。研究者のなかには、クモが巣を作るとき、外部記憶システムを作っていると考える者もいます。例えば、巣の状態を感知することで、クモは獲物が捕らえられた場所や修理が必要な場所を思い出すことができるのです。この発見はより広い意味を持っています。知性は脳の大きさに

177

that intelligence isn't restricted to brain size but can extend into the environment. This questions our traditional views and **3** <u>opens up</u> new **possibilities** for studying cognition in other animals …	限定されるものではなく、環境にまで及ぶ可能性があることを示唆しています。これは従来の見解に挑戦するものであり、他の動物の認知を研究するための新たな可能性を開くものです。

問題文の訳

問1~3 次のメモを完成させなさい。各解答は1つの単語のみを書くこと。

クモと知性

- **従来の見解**：知能は脳と関連している。
- **新発見**：　クモは巣を使って「考える」かもしれない。

例：オーブ・ウィーバー・クモ
- クモの巣は感覚システムの**1** <u>延長</u> として機能する。
- 絹は振動を伝え、獲物の大きさ、種類、距離を探知するのに役立つ。
- 知能は脳によって制限されるという考えに挑戦している。

記憶とのつながり
- クモの巣は「**2** <u>外部</u> 記憶システム」として機能する。
- クモは網の状態を感知することで、獲物の位置や修理の必要性を思い出す。

意味合い
- 知能は脳の枠を超え、環境をも含む。
- 動物の認知を研究する新たな**3** <u>可能性</u> を促す。

Vocabulary

intelligence 名 知能、知性

prey 名 獲物

extension 名 拡張

sensory 形 感覚の

transmit 動 ~を伝える

vibration 名 振動

allow ~ to … （人・モノ）が…するのを可能にする

detect 動 ~を感知する、検出する

external 形 外部の

implication 名 含意、暗示

cognition 名 認知

POINT 基本単語のスペルをチェック

Part 4 では、講義が流れ、音声にある語句を使ってメモを埋めていく問題が頻出。内容は学術的でも、出題される問題は、専門用語ではなく基本単語ばかり。ただし、基本的な単語でもスペルミスしやすいものも多いもの。ここで出題しているレベルの単語はミスなく書けるように、日頃から意識しよう。また、単数・複数の区別は空欄前後から文法も考えて判断しよう。

SET 23 メモを完成させる問題

デザイン（住居）

Part 4 対策：実践

いよいよ Listening 最後の実践問題です。SET22 と同様に、Part 4 で頻出の問題を用意しています。仕上げとして、解いていきましょう。

Questions 1–3 ▶ track 23

Complete the notes below. Write **ONE WORD ONLY** for each answer.

Changes in American Home Design

- **Early 20th Century:**
    - Homes were small and functional.
    - Compact kitchens, separate dining rooms, modest living spaces
    - Large families shared bedrooms.
- **Post-WWII Era:**
    - **1** _____ expansion influenced housing
    - Open-plan layouts integrated kitchen, dining, and living areas
    - Supported family interaction during the baby boom
- **Late 20th Century:**
    - Homes grew larger and more luxurious.
    - Features like open kitchens with **2** _____ and master suites with private bathrooms became popular.
- **21st Century:**
    - Focus on eco-consciousness and technology
    - Energy-efficient designs, smart devices, and indoor-outdoor **3** _____
    - Post-Covid: Remote work led to dedicated work-from-home spaces.

解答

1 Suburban　　**2 islands**　　**3 connections**

解説

メモのEarly 20th Century: / Post-WWII Era: / Late 20th Century: / 21st Century: を見れば、「話者が時系列に住宅の歴史を紹介していくだろう」と予想がつく。この4つが話の転換点になるので、音声ではこれらの話題が始まるフレーズ（サインポスト・ランゲージ）を聞き逃さないように気をつけよう。

メモの表現	音声の表現
Early 20th Century:	**First of all**, in the early 20th century,
Post-WWII Era:	**OK, let's talk about** what happened after World War II.
Late 20th Century:	**Moving into** the late 20th century,
21st Century:	**I guess you know** how home design has evolved in the early 21st century.

スクリプトと訳

▶ track 23

Good morning, everyone. Today, we'll explore how American home design has changed from the 20th century to today, reflecting shifts in lifestyle and society.

First of all, in the early 20th century, homes were small and highly functional. Kitchens were relatively compact, dining rooms were separate, and living spaces were modest. These designs suited large families, where multiple members often shared bedrooms.

OK, let's talk about what happened after World War II. During this period, **1 <u>suburban expansion transformed housing</u>**. Open-plan layouts became common, integrating kitchens, dining areas, and living rooms into one space, which allowed families to cook and socialise together. This change supported the growing emphasis on family interaction during the baby boom era.

皆さん、おはようございます。今日は、ライフスタイルや社会の移り変わりを反映して、20世紀から今日までアメリカの住宅デザインがどのように変化してきたかを探ってみましょう。

まず、20世紀初頭の住宅は小さく、機能性に優れていました。キッチンは比較的コンパクトで、ダイニングルームは独立し、リビングスペースは控えめでした。こうしたデザインは大家族に適しており、複数人が寝室を共有することが多かったのです。

では、第二次世界大戦後の話をしましょう。この時期、郊外の拡大が住宅を一変させました。オープンプランのレイアウトが一般的になり、キッチン、ダイニングエリア、リビングルームが1つの空間に統合され、家族が一緒に料理し、団らんできるようになりました。このような変化は、ベビーブームの時代に家族の交流が重視されるようになったことを

SET 23 メモを完成させる問題

Moving into the late 20th century, homes grew larger, and designs became more luxurious. **2** Open kitchens with **islands** became central to family life, while features like master suites with private bathrooms and walk-in closets gained popularity.

I guess you know how home design has evolved in the early 21st century. Most importantly, eco-consciousness and changes in technology started influencing homes. **3** Energy-efficient designs, smart devices, and **connections** between indoor and outdoor spaces have become priorities. Recent changes in how people work have also had a profound impact on our homes: following Covid-19, remote work became more common. Work-from-home spaces are found now in more and more homes.

裏付けています。

20世紀後半になると、住宅は大型化し、デザインも豪華になりました。アイランドのあるオープンキッチンが家族の生活の中心になり、専用バスルームやウォークインクローゼットを備えたマスタースイートのような機能が人気を集めました。

21世紀初頭、住宅デザインがどのように進化したかは分かりますよね。最も重要なのは、エコ意識とテクノロジーの変化が住宅に影響を与え始めたことです。エネルギー効率の高いデザイン、スマートデバイス、屋内と屋外の空間のつながりが優先されるようになりました。最近の働き方の変化も、住宅に大きな影響を与えています：Covid-19以降、リモートワークが一般的になりました。今では在宅勤務スペースがより多くの住宅に見られるようになりました。

問題文の訳

問1〜3 次のメモを完成させなさい。各解答は1つの単語だけで書くこと。

アメリカ住宅デザインの変遷

・**20世紀初頭：**
- 住宅は小さく機能的だった。
- コンパクトなキッチン、独立したダイニングルーム、ささやかなリビングスペース
- 大家族は寝室を共有した。

・**第二次世界大戦後の時代：**
- **1** 郊外 への拡大が住宅に影響
- キッチン、ダイニング、リビングが一体化したオープンプランのレイアウト
- ベビーブーム時の家族の交流をサポート

・**20世紀後半：**
- 住宅はより大きく、より豪華になった。
- **2** アイランド 付きのオープンキッチンや、専用バスルーム付きのマスタースイートのような機能が普及した。

・**21世紀：**
- 環境意識とテクノロジーに焦点が当てられる
- 省エネ設計、スマートデバイス、屋内と屋外の**3** つながり
- Covid以降：リモートワークが在宅勤務専用スペースにつながった。

182

POINT 様々な出題テーマ

SET22 のように生物や動物の生態を解説した講義は頻出だが、一方で、「住宅デザインの変遷」のように、軽めのトピックで、その変遷を解説する問題も出題される（「自転車の歴史」、「カフェの変遷」など、より身近なトピック）。どんなトピックであっても、空欄になるのは基本的な単語。ただし基本単語でもスペルミスしやすいものはたくさんあるので注意しよう。

Vocabulary

reflect 動 〜を反映する
separate 動 〜を分ける
multiple 形 複数の
expansion 名 拡大、拡張
socialise 動 交流する → 米 socialize
era 名 時代
luxurious 形 豪華な、贅沢な
energy-efficient 形 エネルギー効率の高い
become priorities 優先事項になる
have a profound impact on 〜 〜に深い影響を与える
remote work 在宅勤務

relatively 副 比較的
modest 形 控えめな、適度な
suburban 形 郊外の

moving into 〜 〜に移ると
influence 動 〜に影響を与える

work-from-home 形 在宅勤務の

Chapter 3

Writing

Reading

Listening

Writing

Speaking

▌ Writing Section の概要

　IELTS の Writing は、Task 1, Task 2の2つの Task から成ります。各 Task ごとに書くべき内容が異なり、個別に対策する必要があります。まずは次の表で概要を把握しましょう。

Task	語数指定	出題内容	時間配分目安
1	150語以上	グラフや図を分析し、数値の変化や特徴を客観的に描写する。主観的な意見は一切挟まない。	20分
2	250語以上	問題文の指示に従って、自分の意見を論理的に書く。出題されるテーマは、社会的なトピック（環境、科学技術、倫理）など様々。	40分

評価基準　各Task独自の基準／Task 1, Task 2共通の基準

	Task 1　〈課題の達成度〉	Task 2　〈課題への回答〉
1	● 指示に従い、グラフや図の情報を読み取り、要約を提示し、的確に説明できているか ● 具体的な数値を挙げたり、項目を比較したりして、客観的に描写できているか	● 課題に対して、自分の意見を明確に表現し、論理的な議論ができているか ● 課題として要求していることに、すべて言及しているか ● 課題に沿った主旨を示しているか ● 主旨をサポートする具体的な理由や例、詳細を述べられているか
	Task 1, Task 2　共通の基準	
2	一貫性とまとまり	● 段落構成が適切で、エッセイにまとまりがあるか ● 接続表現（cohesive devices）を適切に使い、論理的なエッセイになっているか
3	語彙力	● 幅広い語彙やコロケーションを適切に使えているか ● スペルミスがないか
4	文法知識正確さ	● 幅広い構文を正しく使えているか ● 文に応じた文法を正しく使えているか

※Task 1, 2ともに4つの評価基準は0.5刻みで1.0〜9.0で採点され、その平均がバンドスコアとなります

Task 1　5つの問題タイプ

本書では、Task 1で出題される問題を大きく5つのグループにわけました。Task 1では以下のようなグラフや図が与えられ、それらの数値や変化、過程などを客観的にエッセイにする力が求められます。

Group 1

時系列の変化を表したグラフ（折れ線）
>>SET21, 26, 31

- 折れ線グラフ＝横軸の項目におけるデータの推移を折れ線で表したもの。エッセイでは「数値の増減」を中心に書く。
- 横軸に時期を配置したグラフが多く、その場合、時系列による変化を書く。例えば、横軸に年月（1月、2月など）が配列されていたら、基本的に横軸の全項目の数値に言及する。
- 横軸の項目数が多すぎて言及しきれないなら、最低限、最初（左端）と最後（右端）の項目と数値に言及する。加えて特徴的な変化や数を示す項目があれば、その数値には必ず言及する。

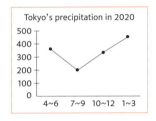

Group 2

数値の比較をするグラフ（棒、円）
>>SET13, 20, 22, 26, 32

- 棒グラフ＝横軸の項目におけるデータを棒の高低で表したもの。エッセイでは「数値の比較」にフォーカスする。
- 円グラフ＝項目別の構成比をまとめたもの。エッセイでは項目ごとの割合を比較する。

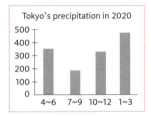 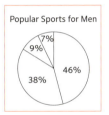

Group 3

表の問題
>>SET25

- 表のタイトルと、行と列の内容を確認し、「表をグラフにするとしたら、どのグラフが適切か」を考え、そのグラフと同じ手法でエッセイを書く。

「時系列の降水量」なので
Group 1と同じ手法でエッセイを書く

「性別ごとの人気スポーツの比率」なので、Group 2と同じ手法で書く

Tokyo's precipitationin 2020

Month	Tokyo	London
4~6	365	370
7~9	220	400
10~12	281	200
1~3	442	280

Popular Sports by Gender (%)

	Jogging	Swimming	Yoga	Others
Women	42	25	22	14
Men	46	38	9	7

他、これらのグラフと表が2種類与えられる問題もある。その場合、各グラフと表につき、1パラグラフずつ割りあてて書くと整理しやすい。

Group 4

地図の問題
>>SET14, 24

- 典型的な問題は、ある地区の特定の年数における地図が2つ与えられ、変化を描写するタイプ（例：ある村の1985年と2000年における地図の比較）。
- 数値の変化ではなく、地図上の変化と変化していない点に言及する。

変化の例：「公園が狭くなって、住宅地になった」「池がなくなり工場が建てられた」
変化していない例：「駅と線路はそのままである」

高スコアを目指すなら、「すべての変化した点・変化していない点」に言及しよう。

Group 5

工程の問題
>>SET15, 23

- 例えば、オレンジジュースの作り方（収穫から工場で過程、小売店に出荷されるまで）など、製品の製造過程や、機械の使用手順などを示したフローチャートが与えられる。その図を読み取り、順序立てて、工程を説明する。
- このタイプは語数が短くなりがちなので、指定の150語を満たすように、全工程に漏れなく言及する必要がある。

▌Task 2　よく出題される質問の例

　Task 2では、社会的なテーマで様々な問題が出題されます。実際のIELTSでは、タイプごとに出題されるわけではなく、異なるタイプが組み合わされて出題されることもあります。

　典型的な問題例を読み、出題されるテーマ例も把握しておきましょう。

Type	問題の内容	問題例
1	原因と解決策を述べる問題 >>SET40	The average standard of educational equality is likely to decline in the future compared to now. Why is this? What could be done to improve educational standards? →原因は何か。解決策として、何を提案できるか。
2	賛成か反対かを述べる問題 >>SET38	The average standard of educational equality is likely to decline in the future compared to the present. To what extent do you agree or disagree with this statement? →この意見に対して、どの程度、賛成もしくは反対するか。
3	長所と短所を比較する問題 >>SET41	AI advancements have the potential to significantly improve work efficiency in the future compared to now. However, they might also take away people's jobs. Do the advantages of these advancements outweigh the disadvantages? →進歩の長所は短所を上回るか。
4	対立する2つの見解を論じ、自分の意見を述べる問題 >>SET39, 43, 44	Some people believe that global weather crises will be detrimental in the future, while others think advancements in green energy will lead to a better environment. Discuss both views and give your own opinion. →両者の意見を論じて、あなた自身の意見はどちら側か示す。
5	肯定的か否定的かを答える問題 >>SET42	In many countries, wealthy parents spend a lot of money to provide their children with better education, while poorer families cannot afford it. Why is this the case? Is this a positive or negative trend? →それはなぜか。これは肯定的もしくは否定的な傾向か。

▌パラグラフ構成の基本

　Task 1、2にわけて、典型的なパラグラフ構成をご紹介します。著者が推奨するのは、Task 1、2ともに4パラグラフ構成で、おおまかに下記のような内容を書きます。

Task 1のフォーマット

パラグラフ1　導入
・問題文の言い換え

パラグラフ2　まとめ
・グラフや図の「まとめ」となる概要

> 問題で与えられるグラフや図の数値を客観的にエッセイにする。主観的意見は不要！

パラグラフ3　本論
・グラフや図の詳細

パラグラフ4　本論
・グラフや図の詳細

> 「本論」の数は2つにすると、まとまりがよい。150語をクリアすればいいので、多くても3つと考えるとよい。

Task 2のフォーマット

パラグラフ1　導入
・問題文の言い換え
・自分の意見

パラグラフ2　本論
・1文目：トピックセンテンス（パラグラフの主旨）
・2文目以降：詳細、理由、具体例

> 「導入」は2文、「結論」は1文程度で簡単にまとめ、「本論」のパラグラフに労力や時間を割くようにする。「本論」には必ず数字や具体的なエピソードを含む具体例を入れるようにする。

パラグラフ3　本論
・1文目：トピックセンテンス（パラグラフの主旨）
・2文目以降：詳細、理由、具体例

パラグラフ4　結論
・自分の意見

> Task 2では、「結論」でエッセイをまとめる必要がある。

多読は「何を読むか」がカギ

4技能に効果があるけど、特にライティングに絶大な効果を発揮するのが「多読」つまりたくさん英文を読むこと。ただし、一朝一夕に効果が出るものではなく、最初に自分で効果を実感するまでには最低でも1日30分〜1時間 × 3カ月くらいはかかる。

効果を実感する前に挫折しないためには、自分が楽しめる素材を真剣に選ぶことが大事。ここでいう「楽しむ」とは、ハマってしまって時間を忘れるくらい読んでしまうという意味。
IELTSのスコアを上げたいから！ということでReadingのパッセージや、あまり興味がない科学分野の本やサイトをがんばって読む人も居るが、これでは続かない、もしくは苦しいためにどうしても1日あたりの時間が少なくなってしまう。

ライティングの力を伸ばすためには、多読のテーマは関係ない。私がIELTSを学習し始めた人におすすめしたいのがシドニー・シェルダンの「Master of the Game」（邦題：ゲームの達人）という小説で、平易な英語で書かれているがストーリーが抜群に面白い。私の受講生も次々にハマり、深夜まで読んでしまったという声が続出しているので、ぜひ多読の最初の本として試してみてほしい。

SET 01 接続詞

 10 mins

スコアに直結！ 文法の要点

IELTSのWritingでは、2つの節で構成される文（2文節の文）を書くとポイントアップにつながります。カジュアルな文章とは異なり、アカデミック・ライティングでは、**節と節をつなぐ接続詞のルールや正しい使い方をしっかり理解しておく**ことが大切です。

> ### 節とは
> - **2語以上の意味のかたまりをなすもの**
> - **少なくとも「主語と動詞」は必ず入っていなければいけない**

節は1つだけでも文になりますが、1つの文に2つ以上の節を使うこともできます。そのときに登場するのが接続詞です。

接続詞を使って節と節をつなぐことができますが、接続詞の種類によって2つのパターンに分けられます。

① 等位接続詞：節と節を「対等の関係でつなぐ」
② 従属接続詞：メインの節とサブの節の関係になる

①等位接続詞：対等の関係

2つの節や単語を対等の関係でつなぎます。

① Garry arrived.
（ゲイリーは到着した）

② We started the game.
（我々はゲームを始めた）

↓

Garry arrived **and** we started the game.
（ゲイリーが到着して、我々はゲームを始めた）

andをつけることで2文節の文になる！

| START | 100 | 200 | 300 | 400 | 500 問 |

②従属接続詞：意味を加える

メインの内容である主節と、補助的な内容の従属節の2つの節をつなぎます。

① He was watching TV.
（彼はテレビを見ていた）

② I came back.
（私が帰って来た）

When I came back, he was watching TV.
　　従属節　　　　　カンマ　　　　　　主節
（私が帰って来た時、彼はテレビを見ていた）

従属節＝whenなど、接続詞が含まれる節。
主節＝従属節とは別の、メインの内容を伝える節。従属節が文頭に来る場合は、従属節と主節の間にカンマを入れる。

He was watching TV **when** I came back.
　　主節　　　　　（カンマなし！）　従属節
（私が帰って来た時、彼はテレビを見ていた）

〈主節＋従属節〉の順に書くときは、カンマを入れずに、そのまま続けて書く。

Writing

主な接続詞

等位接続詞		従属接続詞	
and	だから／そして	because / since / as	理由（～だから）
so	だから	unless	条件（～ではない限り）
or	～のどちらか	if	条件（もし）
but	しかし／でも	although / though	譲歩（～だけれども）
yet	しかし／でも	when	時（～時に）
		after	時（～の後に）
		before	時（～の前に）
		until	時（～まで）
		while / whereas	対比（一方で）
		so that	目的（～するために）
		whether	選択肢（～かどうか）

※ここに掲載した以外の、他の意味を持つ語もありますが、ここでは接続詞として使われる場合の意味を載せています

193

SET 01 接続詞

攻略ドリル

Questions 1-3

空欄に入る適切な接続詞を選択肢から選んで入れなさい。

1 経済

Urban population growth strains resources _____ it drives economic development.

A whether　**B** because　**C** while　**D** if

2 教育

Education empowers individuals _____ contributes to societal progress.

A but　**B** or　**C** and　**D** so

3 環境

Renewable energy is sustainable _____ initial implementation costs are high.

A because　**B** though　**C** unless　**D** whether

Questions 4 and 5

日本語を参照し、適切な接続詞を使って英文を書きなさい。

4 社会

都会では様々な文化的活動ができるのに対し、田舎での生活は穏やかな環境をもたらしてくれる。

_____

5 ビジネス

従業員がパフォーマンス目標を達成しない限り、ボーナスは支給されない。

_____

Vocabulary

strain 動 ～を圧迫する、損なう

empower 動 ～に力を与える、力づける

implementation 名 導入、実施

drive 動 ～を促進する、推進する

individual 名 個人
→通常、社会的集団（国家など）と対比させて使われる

194

―解答と解説

1 C (while)

訳 ▶ 都市の人口増加は、経済発展の原動力となる一方で、資源を圧迫する。

解説 ▶ 「人口の増加」と「経済発展」という、対比的な2つの影響を示している。whileの他に、asも選択肢にあれば正解となる。

2 C (and)

訳 ▶ 教育は個人に力を与え、社会の進歩に貢献する。

解説 ▶ 教育の2つの関連する効果を結びつけている。andには、「AとBどちらも」という意味のほか、「AだからB」という意味もあるため、IELTSのWritingでは非常に便利に使える。

3 B (though)

訳 ▶ 再生可能エネルギーは持続可能だが、初期導入コストは高い。

解説 ▶ 再生可能エネルギーの利点と欠点を対比している。選択肢にbut, althoughがあれば、それらも正解になる。

4 例 **Whereas cities provide various cultural activities, living in the countryside offers a peaceful environment.**

解説 ▶ whereasやwhileといった「対比」を表す接続詞を使うのがここでは適切。逆接の意味になってしまい、少しニュアンスは異なるが、although / thoughなどの語も使用可能。

バリエーション

都会	urban areas / metropolitan areas / big cities
文化的活動	cultural opportunities / arts and entertainment options / cultural experiences
田舎	rural areas / small towns / villages
穏やかな環境	tranquility / a serene atmosphere

5 例 **Employees will not receive bonuses unless they meet their performance targets.**

解説 ▶ 「～しない限り」という「条件」を表すunlessを使うのが、ここでは適切。

バリエーション

従業員	staff members / workers / team members
パフォーマンス目標	goals / objectives / key performance indicators (KPIs)
達成する	achieve / fulfil / reach
ボーナス	incentives / financial rewards / extra pay

SET 02 接続詞と接続副詞

スコアに直結！ 文法の要点

アカデミック・ライティングでは、**似ているけれど用法が違う単語を正しく書き分けられると、採点基準のうち「文法」項目のポイントアップにつながります**。その代表的なものが however と but です。

- however ＝「しかしながら」
- but ＝「でも」

このように、ちょっとした意味上のニュアンスの違いと認識している人が多いです。でも、実は、はっきりとした文法上の違いがあります。

---

howeverとbutの文法上の違い

however ＝副詞（接続詞的に使える副詞）　**but ＝接続詞**

※逆接の意味で使う場合

---

however は文頭に使い、文と文をつなぎます。結果として2つの文になります。直後にカンマを置きます。

---

however（副詞）

◯ Exercise is good for health. **However,** it requires time and effort.
　文（ピリオドで終わる）　　　　　However（大文字）＋カンマ … ＝2つの文

✕ **Exercise is good for health, however,** it requires time and effort.
→ however は副詞なので、節と節をつなげることはできない

196

　butは文の途中に使い、節と節をつなぎます。結果として1つの文になります。直前にカンマを置き、直後にはカンマを置きません。

---

but（接続詞）

○ Exercise is good for health, **but** it requires time and effort.
　節（語のかたまり）　+　カンマ + but（小文字）+ 節　= 1つの文

× Exercise is good for health. **But,** it requires time and effort.
　→**but**は接続詞なので、文と文をつなげることはできない

　こういった違いは、話し言葉やカジュアルなシチュエーションでは、あまり気にしなくてもよいですが、**IELTSのWritingでは、きちんと使い分けましょう。**

howeverとbutの用法　まとめ

単語	however	but
文頭	○	×
節同士をつなぐ	×	○

　moreover（副詞）とand（接続詞）なども同じような違いです。

　howeverを文中に使うパターンやセミコロンを使うパターンなど、例外も存在しますが、まずはここに書いている基礎の使い方を知っていれば十分です。

SET 02 接続詞と接続副詞

攻略ドリル

Questions 1 and 2

空欄に but か however を入れなさい。大文字・小文字にも注意すること。

☐ **1** 　環境　 International travel is popular, _____ the environmental impact is serious.

☐ **2** 　社会　 New businesses grow in rural areas. _____, funding is limited compared to cities.

Questions 3 and 4

次の文の間違いを指摘し、正しく直しなさい。カンマの使用や位置、大文字・小文字にも注意し、正しい文を 2 つ書くこと。

> 例 The government plans to increase taxes**, however** public services will improve. → however は接続詞として使えないので誤り。
>
> 正しい文
>
> ① The government plans to increase taxes. However, public services will improve.
>
> ② The government plans to increase taxes, but public services will improve.

☐ **3** 　テクノロジー　 Many people use smartphones daily. However they can be distracting.

_____

☐ **4** 　環境　 Cars are fast and convenient, however, they pollute the air.

_____

Questions 5 and 6

日本語を参照し、but もしくは however を使って、英文を書きなさい。

☐ **5** 　テクノロジー　 人々は新しい技術を歓迎するが、一部の人々はそれが雇用に悪影響を与えると懸念している。

_____

☐ **6** 　テクノロジー　 技術の進歩は便利さをもたらしたが、個人のプライバシーが失われるリスクも増大させた。

_____

―――解答と解説

1 but

International travel is popular, **but** the environmental impact is serious.

訳 海外旅行は人気だが、環境への影響は深刻だ。

解説 空欄の直前にカンマがあり、節と節をつなぐためにbutを選択。butの後にはカンマをつけない。

2 However

New businesses grow in rural areas. **However**, funding is limited compared to cities.

訳 地方では新しいビジネスが成長する。しかし、都市部に比べて資金が限られている。

解説 空欄は文頭にあるので、Howeverを文頭で使用し、2文をつなぐ。

3

① Many people use smartphones daily. **However,** they can be distracting.
② Many people use smartphones daily, **but** they can be distracting.

訳 多くの人がスマートフォンを毎日使っている。しかし、スマートフォンは気が散ることがある。

解説 Howeverの後にカンマがないので、誤り。

4

① Cars are fast and convenient. **However,** they pollute the air.
② Cars are fast and convenient, **but** they pollute the air.

訳 自動車は速くて便利だが、空気を汚染する。

解説 howeverは、カンマで区切られた節をつなぐ接続詞として使うことはできない。

5 例

① **People welcome new technologies, but some are concerned that they may negatively impact employment.**
② **People welcome new technologies. However, some are concerned that they may negatively impact employment.**

バリエーション

人々	individuals / the public
新しい技術	technological advancements / innovations / emerging technology / modern tech
歓迎する	embrace / celebrate / appreciate
一部の人々	certain individuals / a segment of the population / others
懸念している	worry / fear / express concerns
雇用	job opportunities / work availability / the labor market
悪影響を与える	harm / jeopardise / threaten / disrupt

接続詞と接続副詞

6 例

① Advances in technology have brought convenience, but they have also increased the risk of losing personal privacy.
② Advances in technology have brought convenience. However, they have also increased the risk of losing personal privacy.

バリエーション

技術の進歩	technological advancements / progress in technology / technological innovation / development of technology
便利さをもたらした	provided ease / delivered comfort / offered practicality / ensured efficiency
個人のプライバシー	individual privacy / people's privacy / private information / personal data
失われるリスク	threat to / danger of compromising / vulnerability of losing / potential loss of
増大させた	heightened / amplified / exacerbated / escalated

Vocabulary

funding 名 資金   distracting 形 気をそらせる
pollute 動 ～を汚染する

Writing 添削の使い方

IELTS の Writing 対策としては、添削を何らかの形で利用することがほとんどの学習者には必要となってくる。ここでは添削の使い方・向き合い方についてポイントを解説しておく。

添削に出すのは週 1 回くらい
本番形式で時間を測って、ライティングの問題に取り組んで解答用紙を作り、添削してもらう、という作業は、週 1 回くらいにとどめるのがベスト。毎日やったとしても、スコアは変わらず、例えるなら、スポーツで練習試合を毎日やるようなもの。練習試合を毎日やれば上達すると考える人が居ないように、Writing 対策でも毎日解答用紙を作るべきではない。試合と試合の間に自主練を重ねることで、次の試合で前回よりも少し良い結果を残すことができる、というイメージである。

自分で見直ししてから提出する
誰かに添削してもらう、となると、どうしても見直しが甘くなってしまう人も多い。しかし、練習ライティングの見直しは、書くこと自体よりも大事とさえ言える。

パターン①②のうち、どちらがより強く記憶に定着するだろうか？

> **パターン①**
> 見直しはあんまりせずに、講師に添削を依頼
> ↓
> 直してもらい、あーそっかー、確かにこれは知ってたよ。なんで間違ったんだろ？

> **パターン②**
> 見直しをしっかり時間をかけて、あれこれ試行錯誤。これがいいかな？やっぱりこの言い回しのほうがいいかも？先生に聞いてみよっと
> ↓
> あー、こっちだったんだ。今度は間違わないようにしよ。

パターン②のほうが記憶に定着するのは明らかだ。

SET 03 現在完了形

 10 mins

スコアに直結！ 文法の要点

英語の時制のなかでも、学習者がWritingでよくつまづくのが「現在完了形」です。

現在完了形と過去形の大きな違いは、現在完了形は**「現在にフォーカスが当たっている」**ということ。現在完了形には、3つの意味があります。

現在完了形　3つの意味

① 完了 「〜し終えた」
過去に作業を終わったことで、現在は「すでに終わっている」という状況になっています。
She has already finished the report.（彼女はレポートをすでに終えた）
過去にレポートを終わったことで「今はやらなくてもいい」「今は、他のことをやる時間がある」というニュアンスがあります。

② 経験 「〜したことがある」
I have been to London.（私はロンドンに行ったことがある）
「ロンドンに行ったことがある」という経験が「今の自分」に影響を与えているニュアンスです。例えば、「ロンドンについて話せる」「ロンドンを訪れた人としての視点を持っている」など、現在の自分の知識や背景に影響を与えていると考えられます。

③ 継続 「〜している」「ずっと〜し続けている」
現在完了の継続は、2つの形で表すことができます。
継続A 「〜している」
I have known him since we were kids.（私は彼を子供の頃から知っている）
状態動詞を使って、過去から現在までその状況が続いていることを表します。
継続B 「ずっと〜し続けている」have been -ing
She has been working here since 2020.（彼女は2020年からここで働いている）
継続Aで使った状態動詞以外の動詞（動作動詞）を使って、**過去から現在までその動作をし続けていることを表します。** have been -ingの形は、現在完了進行形と呼ばれます。

このように、現在完了形は「現在にスポットが当たっている」ことが特徴。そのため、現在完了形の文に last year、in 2020、from 2010 to 2020 のような具体的に過去を表す言葉はつけることができません。

> **注意！　現在完了形ではなく過去形にすべき文**
>
> 「その都市の人口は 2010 年から 2020 年までずっと増加した」と書きたい場合
>
> × **The population of the city has increased from 2010 to 2020.**
>
> ○ **The population of the city increased from 2010 to 2020.**
>
> 特に Task 1 で犯しがちな間違い。**「継続」だからといって自動的に現在完了形を使わないように！**

現在完了形と一緒に使う主な表現

期間を表す	・for two weeks（2週間）　・for a long time（長い間） ・since 2010（2010年から）　・since last summer（昨年の夏から）
漠然とした時間を表す	・already（すでに）　・yet（まだ〜ない / もう〜したか） ・recently / lately（最近）　・so far（これまでのところ） ※recently / lately は過去形と使うこともできる
継続を示す	・up to now / until now（今まで）　・over the past decade（過去10年間で） ・over the past few months（ここ数か月間で）

過去形と一緒に使う主な表現

特定の時点を表す	・yesterday（昨日）　・last week（先週） ・in 2010（2010年に）　・on Monday（月曜日に） ・at 3 p.m.（午後3時に） ・from 2010 to 2020（2010年から2020年まで） ・between 2010 and 2020（2010年と2020年の間）
出来事のタイミングを表す	・when ＋ 過去の文　・then（その時）　・at that time（その時点で）

SET 03 現在完了形

攻略ドリル

Questions 1–3

以下の文を完成させるために、ボックス内の語句を選びなさい。それぞれの文が正しくなるように、時制と表現に注意して選ぶこと。ボックス内の語句は、一度ずつしか使えない。

☐
☐ **1** **教育**

The number of students enrolling in online courses has dramatically increased _____ in developing countries.

☐
☐ **2** **Task 1**

The population of the city reached its peak _____, with 1.2 million residents.

☐
☐ **3** **Task 1**

The trends in both categories were similar _____, showing a gradual increase over time.

ago / for / in 2016 / over / from 2010 to 2020 / so far / when / since 2010

Questions 4 and 5

日本語を参照し、適切な時制を使って英文を書きなさい。

☐
☐ **4** **Task 1** 失業率は 5 年間安定しており、4% のままである。

_____

☐
☐ **5** **ビジネス** 多くの人が COVID-19 のパンデミックが始まった時から在宅勤務を始めた。

_____

Vocabulary

enroll 動 登録する、入学する

―――― 解答と解説

選択肢を分類するとこのようになる。

現在完了形とともに使う語句	since 2010 / for / over / so far
過去形とともに使う語句	ago / in 2016 / from 2010 to 2020 / when

1 since 2010
訳 発展途上国では、オンラインコースに登録する学生数が2010年以降、劇的に増加している。
解説 文が現在完了形であり、空欄後には年号や期間を表す数字がないため、入るのはsince 2010のみ。for 10 years / over the 10 yearsであればOK。

2 in 2016
訳 その都市の人口は2016年にピークに達し、120万人の住民がいた。
解説 文が過去形であり、空欄前はpeakという名詞、空欄後はカンマでいったん区切れているため、空欄に入るのはin 2016 / from 2010 to 2020のどちらかになるが、「ピークに達する」という一時点を表したいので、1つの時点を表すin 2016を選ぶ。

3 from 2010 to 2020
訳 両カテゴリーの傾向は2010年から2020年にかけて類似しており、時間とともに徐々に増加していた。
解説 文が過去形であり、空欄前はsimilarという形容詞、空欄の後はカンマでいったん区切れているため、空欄にはin 2016 / from 2010 to 2020のどちらかが入るが、問2の答えがin 2016しか入らないので、ここではfrom 2010 to 2020を選ぶ。継続を表す文だが、(試験を受けている)現在は含まない、「過去の」継続であるため、現在に焦点があたる現在完了形は不可。

4 例 The unemployment rate has remained stable for five years, staying at 4%.
解説 過去〜現在で続いている状況を表したいので、〈for＋期間〉とともに現在完了形を使う。

バリエーション

失業率	jobless rate / rate of unemployment / percentage of unemployment
安定しており	has been steady / has shown stability / has been consistent / has stayed unchanged
4%のまま	at 4% / at a steady 4% / remaining at 4% / holding steady at 4% / fixed at 4%

5 例 Many people started working from home when the COVID-19 pandemic began.
解説 特定の出来事が起きたタイミングの話なので、whenとともに過去形を使う。リモートワークは現在も続いていると読み取れるため、現在完了形を使いたくなるが、started (開始した)のは過去の一時点の話なので、過去形を使う。

バリエーション

多くの人	a large number of individuals / numerous people / countless individuals / a significant portion of the population

SET 04 仮定法

 10 mins

スコアに直結！ 文法の要点

仮定法は型を覚えて当てはめるだけなので、実は英文法のなかでも攻略しやすいですし、特にTask 2で正確に使えると文法ポイントのアップが期待できます。

現実とは違うことについて話す（仮定法） 3つの用法

①仮定法過去 「もし〜なら、〜だろうに」
　　>>> 〈if＋主語＋動詞の過去形, 主語＋would＋動詞の原形〉
現在の事実と違うありえないことを表すには、ifのあとの動詞を過去形にします。形は過去形ですが、現在のことを表しているので注意！
仮定法過去は、カンマを使った〈if節, 主節〉、もしくは〈主節 if節〉で表現します。

　　If I were rich, I would buy a big house. （もし私が裕福だったら、大きな家を買うのに）
　　※節やカンマの入れ方については、Writing SET01参照

②仮定法過去完了 「もし〜だったら、〜だっただろうに」
　　>>> 〈if＋主語＋had＋過去分詞形, 主語＋would＋have＋過去分詞〉
過去の事実と違うことを表すには、ifのあとの動詞を過去完了形〈had＋過去分詞形〉にします。形は過去完了形ですが、過去のことを表しているので注意！
IELTSのWritingでは、Task 2の主張や具体例で使えます。

　　If I had studied harder, I would have passed the exam.
　　（もっと一生懸命勉強していたら、試験に合格していただろうに）

③過去と現在のミックス 「もしあのとき〜なら、今…だろうに」
　　>>> 〈if＋主語＋had＋過去分詞形, 主語＋would/might/could＋動詞の原形〉
「過去の事実と違うこと＋現在どうなっているかという仮定」を表すには、動詞をミックスさせます。

　　If I had taken the job offer, I would be working abroad now.
　　　過去の事実と違うこと　　　　　現在どうなっているかという仮定
　　（あの仕事のオファーを受けていたら、今ごろ海外で働いているだろうに）

START	100	200	300	400	500問

「現実に起こりうること」についても if を使いますが、厳密にはこれは仮定法ではなく、接続詞です（Writing SET01参照）。

---

ifの使い方

①現実のこと（現実に起こりうること）について話す

If it rains tomorrow, I will stay home.
（もし明日雨が降ったら、家にいるつもりだ）

②現実とは違うことについて話す（仮定法）

If I were you, I would accept the offer.
（もし私があなたなら、その申し出を受けるだろう）

---

ifの使い方　まとめ

文法	if 節の動詞	主節の動詞
現在 ※仮定法ではない	現在形	will / can / may ＋現在形 （もしくは、動詞の現在形のみ）
仮定法過去 （現在の事実とは違う）	過去形 （be動詞の場合は were）	would / could / might ＋ 動詞の原形
仮定法過去完了 （過去の事実とは違う）	had ＋過去分詞	would / could / might ＋ have ＋動詞の過去分詞
ミックス （過去の事実とは違うこと＋現在 はどうなっているかという仮定）	had ＋過去分詞	would / could / might ＋ 動詞の原形

Writing

SET 04 仮定法

攻略ドリル

Questions 1-3

日本語訳を参考に、空欄に当てはまる語を書きなさい。

1 〔教育〕

もし全ての子どもが無料で教育を受けられたら、世界の識字率は大幅に向上するだろう。

If all children could access free education, the global literacy rate _____ _____ _____.

2 〔健康〕

もしアメリカの成人の30%が過去20年間で健康的な生活を送ることを選んでいたら、現在の医療費は25%削減されていただろう。

If 30% of adults in the US had chosen to live healthy lifestyles over the last 20 years, healthcare costs _____ _____ 25% lower than they are now.

3 〔教育〕

もし大学が新しい奨学金制度を導入すれば、多くの学生が恩恵を受けるだろう。

If the university introduces a new scholarship program, many students _____ _____ from it.

Questions 4 and 5

日本語を参考に、仮定法を適切に使って英文を書きなさい。

4 〔テクノロジー〕 もし企業がAI研究に50%多く投資していたら、より多くのイノベーションが生まれていただろう。

_____

5 〔経済〕 もし中国がグローバル化を受け入れていなかったら、現在のGDPは20%低かっただろう。

_____

Vocabulary

literacy rate 〔名〕識字率　　　　scholarship program 〔名〕奨学金制度

208

―解答と解説

1 If all children could access free education, the global literacy rate **would increase significantly.**

解説 仮定法過去　could accessは仮定法過去で「無料教育を受けられることができたら」。実際には全ての子どもが教育を受けられる状況にはないため、仮定法過去で表現している。

2 If 30% of adults in the US had chosen to live healthy lifestyles over the last 20 years, healthcare costs **would be** 25% lower than they are now.

解説 ミックス　had chosenは過去の仮定（過去完了形）を示し、would beは現在の結果を仮定している。過去の行動が現在の状況に影響を与えているケース。

3 If the university introduces a new scholarship program, many students **will benefit** from it.

解説 現在　〈if＋現在形〉を使うことで、未来の現実に起こりうる条件を表現している（現実的な条件）。これは仮定法ではないが、間違いがちなので気をつけよう。

4 例 **If companies had invested 50% more in AI research, more innovations would have been created.**

解説 仮定法過去完了　「もし過去にもっと投資していたら」と、過去の事実とは異なる仮定を表現するために、仮定法過去完了にする。その過去の仮定の結果がどうなっていたかを述べるため、〈would have＋過去分詞形〉を使う。

バリエーション

企業	corporations / businesses / firms / enterprises ※このように、数えられる名詞を一般的な意味合いで使う場合は、無冠詞複数形が基本
AI研究	research in AI / research into artificial intelligence / studies on AI
50%多く投資していたら	had increased their investment by 50% in / had put 50% more funds in / had allocated 50% more resources to / had spent 50% more on
より多くのイノベーション	greater innovation / additional innovation / further breakthroughs / more technological advancements
生まれていただろう	might have emerged / could have been generated / would likely have resulted / might have occurred

5 例 **If China had not embraced globalization, its current GDP would be 20% lower now.**

解説 ミックス　「もし過去に受け入れていなかったら、現在は～」と、過去の事実とは異なる仮定、それに伴う現在の結果を述べるために、ミックスにする。had not embracedは過去の仮定（過去完了形）を示し、would beは現在の結果を仮定している。

バリエーション

受け入れ	accepted / opened up to the global market
20%低かっただろう	might be 20% less / could be reduced by 20% / would likely be 20% smaller

SET 05 関係代名詞

スコアに直結！ 文法の要点

関係代名詞には、主格、所有格、目的格の3種類があります。

3種類の関係代名詞

①主格 >>> that と who

関係代名詞が主語の役割をするとき、主格と呼ばれます。
They adopted a dog that loved to play in the garden.
（彼らは庭で遊ぶのが好きな犬を飼った）

この場合、that が loved という動詞に対して主語の役割をしています。that 以下は a dog の修飾をしているわけですが、修飾される側の a dog のほうを「先行詞」と呼びます。先行詞が人の場合は、that の代わりに who を使うことができます。

②所有格 >>> whose

関係代名詞が名詞や代名詞の所有格の役割をするとき、所有格と呼ばれます。
She has a colleague whose advice is always helpful.
（彼女にはいつも役立つアドバイスをくれる同僚がいる）

この場合、whose が advice に対する所有の関係（誰のアドバイスなのか）になっています。

> **注意！ 所有格は必ず whose を使う**
>
> 先行詞が人でも物でも、所有格は必ず whose を使う。
>
> **This is a book whose pages are filled with beautiful illustrations.**
> （これは美しいイラストで満たされた本だ）

③目的格 >>> that と whom

関係代名詞が目的語の役割をするとき、目的格と呼ばれます。
I'm using a laptop that I bought last year. (私は去年買ったノートパソコンを使っている)

この場合、using の目的語である a laptop を that 以下が修飾しているので、目的語の役割となっています。先行詞が人の場合は、that の代わりに whom を使うことができます。

> **注意！ 人の目的格は whom にしよう**
>
> 口語では whom の代わりに who が使われることも多いが、IELTS の Writing では whom を使っておくべき。
>
> **The teacher whom I consulted yesterday gave me great advice.**
> （昨日相談した先生が素晴らしいアドバイスをくれた）

関係代名詞まとめ

先行詞	主格	所有格	目的格
人	who	whose	whom
人以外（動物/物）	that	whose	that

　この表のうちthatのところは、「which / thatのどちらを使ってもよい」と習うことが多いですが、実際に使われている英語では、基本的に、**限定用法ではthat、非制限用法ではwhichやwhoを使います**。

限定用法と非制限用法

今まで説明をしてきた関係代名詞は「限定用法」と呼ばれるものですが、関係代名詞には、「非制限用法」と呼ばれる使い方もあります。

①限定用法
関係代名詞以下の情報が、文の意味を成立させるために必要不可欠。カンマはなしで使います。

> Books that inspire young readers are often bestsellers.
> （若い読者を感化する本は、しばしばベストセラーになる）

that inspire young readersの箇所が不可欠。**どの本でもよいわけではなく、「若い読者を感化するような本（のみ）」と限定**しています。

②非制限用法
関係代名詞以下の情報はあくまでも追加情報であり、なくても、文の意味が成立します。カンマと一緒に使います。関係代名詞は、which / whose / whoのいずれかを使い、**thatは使えません**。

> The university, which was founded in 1850, has a strong reputation worldwide.
> （その大学は1850年に設立され、世界的に高い評判を得ている）

which was founded in 1850のところは追加情報で、**カンマで囲まれた部分を抜いても文の意味は成立**します。

SET 05 関係代名詞

攻略ドリル

Questions 1 and 2

下記の2つの文を関係代名詞を使って1つの文にしなさい。

> 例　環境　This is a policy. It promotes sustainable energy.
> → This is a policy that promotes sustainable energy.

1　教育　The organisation focuses on education.
It provides scholarships to underprivileged students.
→ _____

2　テクノロジー　The research highlights new technologies.
Scientists have developed them recently.
→ _____

Questions 3 and 4 日本語を参考にして、文の続きを書きなさい。ボックス内にある表現を選んで使うこと。

> **allow ... to / make it easy for ~ to... / mean that... / prevent ~ from...**
> 関係代名詞の非制限用法と一緒に使いやすい表現なので覚えておこう！
> 通常、三単現の -s をつけて使う。

3　テクノロジー　技術の進歩はコミュニケーションを革命的に変え、リモートワークを可能にしている。
Technological advancements have revolutionized communication, _____.

4　教育　教育はより良い仕事を見つけやすくし、社会で重要な役割を果たしている。
Education, _____, plays a crucial role in society.

Question 5

日本語を参考にして、適切な関係代名詞を使い、英文を書きなさい。

5　Task 1　2020年に公共交通機関を利用する人の数が増え、それは前年と比較して35%増加した。

_____

―解答と解説

1 **The organisation that provides scholarships to underprivileged students focuses on education.**

訳 貧しい学生に奨学金を提供するその組織は、教育に焦点を当てている。

解説 2文目の主語 It を関係代名詞 that に置き換えて1文にする（which を使っても文法的には間違いではないが、that のほうが自然）。

---

2 **The research highlights new technologies that scientists have developed recently.**

訳 科学者が最近開発した新しい技術を、その研究は強調している。

解説 2文目の目的語 them を関係代名詞 that に置き換える。この that は目的格なので省略可。

---

3 例 Technological advancements have revolutionised communication, **which allows people to work from home.**

解説 「〜を可能にする」という意味で選択肢の中で当てはまるのが allow 〜 to ... という表現。〜 communication and people can now work from home. と書いても間違いではないが、前者のほうがもう少し高いポイントを狙える。関係代名詞の非制限用法と、この allow の使い方は相性がよいので覚えておこう。

---

4 例 Education, **which makes it easy for people to find better jobs,** plays a crucial role in society.

解説 「（何かを）しやすくする」という意味で選択肢の中で当てはまるのが make it easy for 〜 to ... という表現。Education makes it easy for people to find better jobs, and it plays a crucial role in society. と書いても間違いではないが、もう少し高いポイントを狙える。

---

5 例 **The number of people using public transport increased in 2020, which was 35% higher compared to the previous year.**

解説
・このように Task 1 でさらに詳しく数字を説明したいときに、関係代名詞の非制限用法は便利。非制限用法では that は使えないので、which / who / whose を使う。
・「前年」は last year としないように注意。last year は、現在を起点として見た「去年」という意味。

バリエーション

公共交通機関	public transportation
公共交通機関を利用する人の数が増え	there was an increase in the number of people using public transport / [2020] saw a rise in the number of people using public transport / more people began relying on public transit

SET 06 関係副詞 10 mins

> スコアに直結！ 文法の要点

　関係代名詞は、名詞の代わりになるのに対して、関係副詞は、副詞としての役割をすることができます。関係副詞には、場所を表すwhere、時を表すwhen、理由を表すwhy、方法や程度を表すhowがあります。

関係副詞と関係代名詞の比較

　関係副詞は、〈前置詞＋関係代名詞〉の言い換えとも言えます。〈前置詞＋関係代名詞〉の表現は、現代英語ではあまり使われません。IELTSのWritingやSpeakingでも、関係副詞を使うようにしましょう。

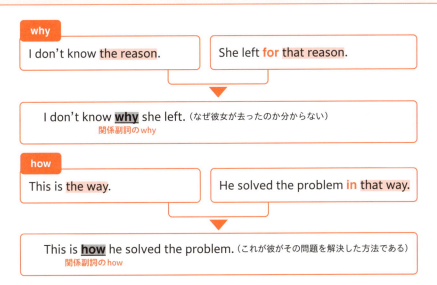

関係副詞＝〈前置詞＋関係代名詞〉のまとめ

	関係副詞	前置詞
場所／状況／条件	where	in / at / on / to
時	when	in / at / on
理由	why	for
方法	how	with / by

関係副詞と関係代名詞、どちらを使うのか？

　場所を表すからといって、自動的にwhere（関係副詞）になるわけではないので注意。次の2文を比べてみましょう。

① This is the library ＿＿＿＿＿ I often read books.
　　（ここは私がよく本を読む図書館だ）
② This is the café ＿＿＿＿＿ serves the best coffee in town.
　　（ここは街で一番おいしいコーヒーを出すカフェだ）

　①には、関係副詞の**where**が入ります。なぜなら、元の文は This is the library. / I often read books **at** the library. と、前置詞が入っているはずだから。
　②には、関係代名詞の**that**が入ります。なぜなら、元の文は This is the cafe. / It serves the best coffee in town. となり、the cafe に対する前置詞は存在しないから。このように、元の文に前置詞が入っているかどうかで判断します。

SET 06 関係副詞

攻略ドリル

Questions 1-3

下記の2つの文を関係代名詞、または関係副詞を使って1つの文にしなさい。その後、日本語に訳しなさい。

1 　環境　 This is the city.

The government implemented a recycling program in the city.

→_____

訳 _____

2 　教育　 2010 was the year.

The school introduced its first online courses in that year.

→_____

訳 _____

3 　文化　 I visited a museum.

The museum displays a wide range of historical artifacts.

→_____

訳 _____

Questions 4 and 5

日本語を参考にして、適切な関係代名詞を使い、英文を書きなさい。

4 　都市　 都市計画は、人々が簡単に移動できる都市を作ることを目指している。

_____

5 　テクノロジー　 私は、新しい技術が導入された空港を訪れた。

_____

START　　100　　200　　300　　400　　500 問

―――解答と解説

1　This is <u>the city</u> <u>where</u> the government implemented a recycling program.
　　　　　　　　先行詞　　関係副詞

訳▶ これは政府がリサイクルプログラムを実施した都市だ。

解説▶ 場所を表すcityが先行詞となるため、関係副詞のwhereを使う。元の文にinという前置詞があるため、関係代名詞ではなく関係副詞が必要。

2　2010 was <u>the year</u> <u>when</u> the school introduced its first online courses.
　　　　　　　　　　先行詞　　関係副詞

訳▶ 2010年はその学校が初めてオンラインコースを導入した年だった。

解説▶ 時を表すthe yearが先行詞となるため、関係副詞のwhenを使う。元の文にinという前置詞があるため、関係代名詞ではなく関係副詞が必要。

3　I visited <u>a museum</u> <u>that</u> displays a wide range of historical artifacts.
　　　　　　　　　先行詞　　関係代名詞（主格）

訳▶ 私は、幅広い歴史的工芸品を展示している博物館を訪れた。

解説▶ 先行詞はa museumだが、これは場所を表す語であるものの、元の文に前置詞は存在しないため（in the museumなど）、関係副詞ではなく関係代名詞を使う。

4　例 Urban planning aims to create <u>cities</u> <u>where</u> people can move around easily.
　　　　　　　　　　　　　　　　　　　　　　　　先行詞　関係副詞

解説▶ 場所を表すcitiesが先行詞となるため、関係副詞のwhereを使う。元の文にinという前置詞があると思われるため、関係代名詞ではなく関係副詞が必要。

バリエーション

目指している	seeks to / strives to
作る	develop / build / design / establish
簡単に移動できる	navigate easily

5　例 I visited <u>an airport</u> <u>that</u> has adopted new technologies.
　　　　　　　　　　先行詞　　関係代名詞（主格）

解説▶ 先行詞はan airportだが、これは場所を表す語であるものの、元の文に前置詞は存在しないため（in the airportなど）、関係副詞ではなく関係代名詞を使う。

バリエーション

導入された	implemented / integrated

Writing

SET 07 比較級

スコアに直結！ 文法の要点

比較級は、厳密には「比較級」「原級」「最上級」の3つに分かれます。このなかでも IELTS の Writing で学習者が特に苦労するのが「原級」です。

原級を使った比較表現

①形容詞の原級 〈as＋形容詞＋as〉

形容詞の場合、叙述用法（主語を修飾する）では形容詞のみを、限定用法（直後の名詞を修飾する）では形容詞＋名詞を2つの as の間に挟んで表現します。

叙述用法
The new library is as **useful** as the old one for academic research.
（新しい図書館は学術研究において、以前の図書館と同じくらい役に立つ）

限定用法
The university provides as **many resources** as the top institutions in the country.
（その大学は国内トップの機関と同じくらい多くのリソースを提供している）

②副詞の原級 〈as＋副詞＋as〉

副詞の場合、通常は動詞の直後に〈as＋副詞＋as〉で表現します。
Students who study online can learn as **effectively** as those who attend classes in person.
（オンラインで学ぶ学生は、対面授業を受ける学生と同じくらい効果的に学べる）

③倍数表現

２つのもの（人）を比べて、「AがBのX倍」というときは、〈as ～ as〉の前に倍数を置いて表します。
The population of City A is **twice** as **large** as that of City B.
（A市の人口はB市の2倍の大きさだ）
The sales of smartphones were **three times** as **high** as those of tablets in 2022.
（2022年におけるスマートフォンの売上はタブレットの3倍だった）

④分数表現

２つのもの(人)を比べて、「AがBのX分のY」であるときは、〈as ～ as〉の前に分数を置いて表します。
The average salary in Region A is **half** as **high** as that in Region B.
（A地域の平均給与はB地域の半分だ）
The production of coal was **one-third** as **high** as that of natural gas in 2021.
（2021年の石炭生産量は天然ガスの3分の1だった）

特に、倍数や分数を正確に表すことができれば文法のポイントがアップします。

倍数／分数表現まとめ

2倍	twice
3倍以降	three times / four times など
1.5倍	one and a half times（1.5 times）
半分	half
3分の1	one-third
3分の2	two-thirds

〈the same 〜 as〉

　same という形容詞に関しては、〈as 〜 as〉で挟むのではなく、〈the same 〜 as〉で挟むルールがあるので注意。

　This solar panel has **the same** efficiency **as** that one.
　（この太陽光パネルはあれと同じ効率です）

原級比較まとめ

基本形（叙述形容詞・副詞）	as ＋形容詞＋as / as ＋副詞＋as
基本形（限定形容詞）	as ＋形容詞＋名詞＋as
倍数表現	倍数＋as ＋形容詞＋名詞＋ as / 倍数＋as ＋副詞＋as
分数表現	分数＋as ＋形容詞＋名詞＋ as / 分数＋as ＋副詞＋as
the same 〜 as	the same ＋名詞＋as
3分の2	two-thirds

Writing

Questions 1-3

日本語を参照し、以下の単語を並び替えて、文を完成させなさい。

1 Task 1

2020年には、2010年の増加と同じくらい大きな増加が見られた。
[that / significant / increase / as / in / was / in / an / as / seen / 2010 / 2020].

2 Task 1

A市の人口はB市の2倍の大きさである。
[population / large / City A / twice / as / of / as / that / of / City B / the / is].

3 環境

曇りの日には、太陽光パネルは晴れの日の3分の1のエネルギーを生成する。
[energy / sunny / as / one-third / panels / on / much / as / they / cloudy / days, / days / on / solar / generate / do].

Questions 4 and 5

日本語を参考にして、英文を書きなさい。

4 Task 1

B市のエネルギー消費量は、A市の半分である。

5 Task 1

2020年の売上は、2019年と同じだった。

―解答と解説

1 <u>As</u> <u>significant</u> <u>an increase</u> <u>as</u> <u>that</u> in 2010 was seen in 2020.
　　〈as＋形容詞＋名詞＋as〉　　　that＝an increase

解説 「大きな（形容詞）＋増加（名詞）」を比較したいので、〈as＋形容詞＋a/an＋名詞＋as〉の順番になっている。このように、原級においては、冠詞は形容詞の「後に」置く。
thatはincreaseを指している。ここでは「2020年の増加」を意味する。

2 The population of City A is <u>twice</u> <u>as large as</u> <u>that</u> of City B.
　　　　　　　　　　　　　　〈倍数＋as＋形容詞＋as〉　that＝the population

解説 「2倍」は、〈twice (two times) as ～ as〉と表現する。

3 On cloudy days, solar panels generate <u>one-third</u> <u>as much energy as they do</u> on sunny days.　　　　〈分数＋as＋形容詞＋名詞＋as ...〉

解説 「3分の1」は、〈one-third as ～ as〉と表現する。

4 例 The energy consumption of City B is <u>half</u> <u>as much as</u> <u>that</u> of City A.
　　　　　　　　　　　　　　　　　　〈half＋as ～ as〉　that＝the energy consumption

解説 「半分」は、〈half as ～ as〉と表現する。

5 例 The sales in 2020 were <u>the same as</u> <u>those</u> in 2019.
　　　　　　　　　　salesが省略されている　　those＝the sales

解説 「同じ」は〈the same ～ as〉と表現する。theをつけ忘れたり、theの代わりにasにしてしまうミスが多いので注意！

SET 08 他動詞と自動詞

 10 mins

スコアに直結！ 文法の要点

　目的語をとる動詞を他動詞といい、目的語をとらない動詞を自動詞といいます。ほとんどの動詞は他動詞としても自動詞としても使われるので「○○という単語は他動詞」などと、分類できるわけではありません。辞書で調べたときに、上に出てくるほうが、より一般的な使われ方と考えてください。

他動詞の例：
Many people consider education a key to success.
（多くの人々が教育を成功への鍵と考えている）
→ consider のあとに education（目的語）が続いている。

自動詞の例：
The number of tourists increased significantly last year.
（昨年、観光客の数が大幅に増加した）
→ increased のあとに目的語はなく、significantly（副詞）が補足的に続いている。

自動詞に目的語をつけてしまう、あるいは逆に、他動詞なのに目的語をつけていないといった間違いがあるので注意しましょう。

注意！ 自動詞と間違えやすい他動詞

日本語で「〜と」「〜について」「〜に」という言い方をする動詞の場合、with や about といった前置詞をつけたくなるが、他動詞の場合は、直後に目的語（名詞）を持ってこなければいけないので、前置詞はつけられない。

In some cultures, people often marry spouses who have been chosen by their parents.
　　　　　　　　　　　× marry with
（文化によっては、親に選ばれた配偶者と結婚することもよくある）

The government should discuss the impact of climate change on public health.
　　　　　　　　　　× discuss about
（政府は、気候変動が公衆衛生に与える影響について議論すべきだ）

Last year, I visited a historical site that significantly influenced
　　　　× visit to, visit in
my understanding of history.
（昨年、私は歴史を理解する大きなきっかけとなった歴史的遺跡を訪れた）

注意！ 自動詞は受動態にできない

「自動詞なのに受動態にしてしまう」という間違いも多い。受動態は、本来の能動態の文における目的語が主語になるものなので、**目的語がない自動詞は、受動態にすることができない。**

2020年に学生の数が大幅に増加した。
- ○ The number of students increased significantly in 2020.
- × The number of students was increased significantly in 2020.
  - → increase は目的語を持たない自動詞として使うのが基本なので、受動態にできない。その他、rise, grow, drop といった、Task 1 でよく出る「増減を表す語」は自動詞であることが多いので気をつけよう。

受動態にしてしまいがちな他の動詞

増減に限らず、日本語が干渉して、自動詞なのに受動態にしてしまいがちな動詞がある。

その事故は真夜中に起こった。
- ○ The accident happened at midnight.
- × The accident was happened at midnight.
  - → happen は目的語を持たない自動詞なので、受動態にはできない。

注意すべき主な自動詞

exist (存在する)	look / appear (見える)	happen (起こる)	seem (見える)
occur (起こる)	rise (昇る、上がる)	remain (〜のままである、残る)	result (〜の結果になる)
take place (行われる)	proceed (進行する)	arrive (到着する)	matter (重要である)

SET 03 他動詞と自動詞

攻略ドリル

Questions 1-3

下記の各文に1箇所ずつある間違いを修正しなさい。

☐ **1** 環境

The government discussed about the advantages of renewable energy during the meeting.

_____

☐ **2** 経済

The unemployment rate was dropped dramatically in the last quarter because of new government policies.

_____

☐ **3** 教育

The students approached to the teacher for advice on their assignments.

_____

Questions 4 and 5

日本語を参照し、(　　　)内の語を必要に応じて活用させながら英文を書きなさい。

☐ **4** 経済

昨年、失業率は政府の政策によって大幅に減少した。(decrease)

_____

☐ **5** 経済 この政策は、経済の安定につながった。(result)

_____

Vocabulary

assignment 名 課題、宿題

―解答と解説

1 discussed about ▶ discussed
The government **discussed** the advantages of renewable energy during the meeting.
訳 政府は会議中に再生可能エネルギーの利点について議論した。
解説 discussの後にaboutは必要ない。この意味でのdiscussは他動詞として直後に目的語を置く。

2 was dropped ▶ dropped
The unemployment rate **dropped** dramatically in the last quarter because of new government policies.
訳 失業率は政府の新政策により、前四半期で大幅に低下した。
解説 dropはこの意味では自動詞として使うため、受動態にできない。補足として、dropを他動詞として使う場合、意味が「（誰かが何かを）落とす」に変わる。その場合は受動態を使うことが可能。
例 The glass was dropped by the child.（そのグラスは子どもによって落とされた）
ただ、IELTSのWritingで「減る」を表す場合のdropは自動詞と考えてよい。

3 approached to ▶ approached
The students **approached** the teacher for advice on their assignments.
訳 学生たちは、課題の助言を求めるため先生に近づいた。
解説 approachの後にtoは必要ない。この意味でのapproachは他動詞として直後に目的語を置く。

4 例 **The unemployment rate decreased significantly last year due to government policies**.
解説 decreaseはこの意味では自動詞として使うので、受動態にしないように注意。
バリエーション

大幅に	dramatically / sharply / substantially / considerably / markedly
理由	because of ～ / owing to ～ / as a result of ～
政策	initiatives / strategies / measures / interventions

5 例 **This policy resulted in economic stability**.
解説 result in ～（～の結果になる）は自動詞として使うので、受動態にしないように注意。
バリエーション

経済の安定	economic balance / economic security / financial stability / economic equilibrium / economic sustainability

225

SET 09 分詞構文

スコアに直結！ 文法の要点

分詞構文を使うと、becauseなどの接続詞の代わりに、独立した形で文頭や文末で情報を補足することができます。特にTask 2で**分詞構文をうまく使えるとポイントにつながります**。

現在分詞（能動態）の分詞構文
Living near the station, they go to work easily.
= Because they live near the station, they go to work easily.
（彼らは駅の近くに住んでいるので、通勤は楽だ）

過去分詞（受動態）の分詞構文
Surprised by the question, he didn't know how to answer.
= Because he was surprised by the question, he didn't know how to answer.
（その質問に驚いて、彼はどう答えるべきか分からなかった）

次のような接続詞の代わりに分詞構文を使ってみよう

「時」を表す	〜しながら、〜しているときに	while / when / until / before / after など
「理由」を表す	〜だから	because など
「場合」を表す	もし〜なら、〜だけれども	if / although / though / unless など

分詞構文の作り方

能動態の文→現在分詞を使った分詞構文の文

Step 1：接続詞を取る
Because he had no money, he couldn't buy the ticket.
（彼はお金がなかったので、チケットが買えなかった）
→ He had no money, he couldn't buy the ticket.

> Becauseを取る！

Step 2：主節と従属節の主語が同じ場合、従属節の主語を省略する
He had no money, he couldn't buy the ticket.
→ Had no money, he couldn't buy the ticket.

> Heを取る！

Step 3：最初の動詞を -ing にする（他は何も変えない）
Had no money, he couldn't buy the ticket.
→ Having no money, he couldn't buy the ticket.
※ing形ですが、進行形（〜している）の意味はありません！

> Havingに変える！

受動態の文→過去分詞を使った分詞構文の文

Step 1：接続詞を取る

<u>Because</u> it was written in a foreign language, the book is hard to understand.
（外国語で書かれているので、その本は理解しにくい）
→ It was written in a foreign language, the book is hard to understand.

Becauseを取る！

Step 2：主節と従属節の主語が同じ場合、従属節の主語を省略する

<u>It</u> was written in a foreign language, the book is hard to understand.
→ Was written in a foreign language, the book is hard to understand.

Itを取る！

Step 3：最初のbe動詞を取る（他は何も変えない）

<u>Was</u> written in a foreign language, the book is hard to understand.
→ Written in a foreign language, the book is hard to understand.
※過去分詞形と過去形が同じ形になる動詞もありますが、過去形（〜した）の意味はないので注意！

Wasを取る！

注意！ 接続詞が残る場合、残らない場合

- while, when, though, until, unless, if, before, after などの接続詞は、分詞構文の前に残ることもある。

  While reading a book in the park, Lisa found a lost wallet.
  （公園で本を読んでいるとき、リサは落とし物の財布を見つけた）

  Though written over 200 years ago, the novel continues to inspire readers.
  （200年以上前に書かれたにもかかわらず、その小説は今でも読者を感動させている）

- Because は分詞構文の前に残せない。

  × Because written in a foreign language, the book is hard to understand.
  （外国語で書かれているので、理解するのが難しい）

SET 09 分詞構文

攻略ドリル

Questions 1 and 2

文の中で現在分詞と過去分詞のどちらを入れるのが正しいか、A, B で答えなさい。

☐ **1** 　都市

While _____ in the countryside, many people find it easier to relax and reflect on their lives.

A walking 　　**B** walked

☐ **2** 　文化

Though _____ in a different language, the article was widely understood by readers worldwide.

A writing 　　**B** written

Questions 3-5

日本語を参照し、分詞構文を適切に使って英語を書きなさい。

☐ **3** 　文化

その建物を見た時、彼はその建築家の名前を思い出した。

_____

☐ **4** 　テクノロジー

その製品は高品質の材料で作られており、非常に耐久性があると証明されている。

_____

☐ **5** 　ビジネス

空港に到着した時、彼はパスポートを家に忘れたことに気づいた。

_____

Vocabulary

reflect on 〜　〜を振り返る

―――解答と解説

1　A（現在分詞 walking）

While **walking** in the countryside, <u>many people</u> find it easier to relax and reflect on their

　　　　many people walk＝能動（多くの人々が歩く）→ walking（現在分詞）

lives.

🔸訳　田舎を歩いていると、多くの人がリラックスして自分の人生を振り返ることができる。

🔸解説　many peopleが主語であり、people walk（人々が歩く）という能動態の関係が成り立つため、現在分詞を使う。

2　B（過去分詞 written）

Though **written** in a different language, <u>the article</u> was widely understood by readers

　　　　　the article was written＝受動（記事が書かれる）→ written（過去分詞）

worldwide.

🔸訳　異なる言語で書かれた記事だが、世界中の読者に広く理解された。

🔸解説　the article（記事）が主語で、the article was written（記事は書かれる）と受動態の関係性が成り立つため、過去分詞を使う。

3　例　**Seeing** the building, he remembered the architect's name.

　　　　he sees the building＝能動（彼が建物を見る）→ Seeing（現在分詞）

🔸解説　「建物を見た時」は「自分が見る」という能動の動作を表しているため、現在分詞Seeingを使うのが正解。過去形と間違えてSeen（受動態）としないように注意が必要。

4　例　**Made** of high-quality materials, the product has proven to be very durable.

　　　　the product was made of ...＝受動（製品が…作られる）→ Made（過去分詞）

🔸解説　「高品質の材料で作られている」は「製品が作られる」という受動の動作を表しているため、過去分詞Madeを使うのが正解。

5　例　**Arriving** at the airport, he realized he had left his passport at home.

　　　　he arrived at the airport＝能動（彼が空港に到着する）→ Arriving（現在分詞）

🔸解説　「空港に到着した時」は「自分が到着する」という能動の動作を表しているため、現在分詞Arrivingを使うのが正解。過去形と間違えてArrived（受動態）とすると、「到着させられた」という不自然な意味になってしまう。

SET 10 可算名詞・不可算名詞

スコアに直結！ 文法の要点

「冠詞はaをつけるのか？ theをつけるのか？」と悩む人は多いですが、それ以前に大事なのが、可算名詞・不可算名詞の区別です。これを完璧でなくとも9割方正しく使い分けられるだけで、IELTSのWritingで難なく7.0を取ることができます。

可算名詞

可算名詞には、基本的にa(an), theもしくは複数形の-sをつけます。

①普通名詞
　一般的な物事の名前を表し、同じ種類に属するものを広く指すことのできる名詞。
　　普通名詞の例：table / chair / house / book / pencil など
　　　例 I bought a new table for my dining room.
　　　（私はダイニングルーム用に新しいテーブルを買った）

②集合名詞
　人や物の集合をひと固まりとして指す語。集合名詞は、集合体と考える時には単数、その集合体の構成要素を考える時には複数扱い、つまり「前後の文脈しだい」という特殊な扱いとなります。
　　集合名詞の例：family / class / team / staff など
　　　例 The family lives in a small house near the beach.
　　　（その家族は海辺の小さな家に住んでいる）

- アメリカ英語とイギリス英語で集合名詞の扱いが異なる場合があり、イギリス英語では集合名詞に複数形の名詞が使われることがあります。
- 同じ名詞であっても、可算になったり不可算になったりするので、間違えたくない時には、辞書で調べる必要があります。

不可算名詞

不可算名詞は、基本的に無冠詞単数（冠詞も複数形の-sもつけない）ですが、the/代名詞/所有格はつけることができます。

①物質名詞
分割しても数えることができないもの。一部分だけを取り出しても、基本的な性質は変化しないもの。素材、気体、液体など。
　　例 coffee / sugar / milk / gold / air など

②抽象名詞
- 形のない抽象的なこと。概念。
　　例 happiness / love / peace / joy / information / advice / traffic / knowledge / freedom / respect / news / attention など
- カテゴリーを指すもの。→１つひとつではなく、カテゴリーを指すので数えられない（具体的なものではないから抽象的）
　　例 furniture / luggage / equipment / clothing / jewelry / stationery など

③固有名詞
１つひとつに与えられる特有の名称。人名、地名、国名、団体名、商品名など。
　　例 London / Tokyo Dome / John / January / Earth / Christmas など

注意！　可算・不可算名詞の落とし穴

①可算名詞を具体例以外で使う場合は、無冠詞複数形が基本
　Cars are becoming more environmentally friendly these days.
　（最近では車がますます環境に優しくなっている）

②不可算名詞に複数形の -s をつけない
　He gave me two pieces of advice.
　（彼は私に２つのアドバイスをくれた）

③ little と few の間違いに注意。特に比較級になった時
　× There are less chairs in the room than before.
　○ There are fewer chairs in the room than before.
　（以前より部屋にある椅子の数が減っている）

可算名詞・不可算名詞

スコアに直結！ 文法の要点

不可算名詞の数量を表す方法

①some - 漠然とした量を表す

不可算名詞の前にsomeを使う場合、「数個の」という意味ではなく、漠然とした「いくらかの」という意味になり、訳し出さないことが多く、someがあってもなくても同じ意味になることが多いです。

　　Can you give me some advice about my project?
　　（私のプロジェクトについてアドバイスをいただけますか）

②much / a lot of -「多い」を表す

不可算名詞の「多い」を表す形容詞は、much / a lot of を使います。
　　肯定文→ a lot of
　　否定文・疑問文→ a lot of / much

厳密には、**肯定文でmuchを使っても間違いではありませんが一般的ではないため、IELTSのWritingでは避けましょう。**

　　△ She has much money and donates to charity regularly.
　　　（彼女はたくさんのお金を持っていて、定期的に慈善活動に寄付している）
　　○ He spent a lot of money on his dream vacation to Europe.
　　　（彼はヨーロッパへの夢の旅行にたくさんのお金を使った）

- how, too, as, so などとともに使われる時は、肯定文でも much を使えます。
- 慣れてきたら、a lot of の代わりに色々と言い換えてみましょう（Writing SET29参照）。

③little -「少ない」を表す

不可算名詞の「少ない」を表す時には、littleを使います。
　　She has little time to finish the project.
　　（彼女にはそのプロジェクトを終える時間がほとんどない）

- many, several, few などは可算名詞を修飾する時しか使うことができません。
- few の比較級は fewer、最上級は fewest。little の比較級は less、最上級は least。

232

START　100　200　300　400　500 問

攻略ドリル

Question 1

次の文を完成させるのに最も適切な単語を選びなさい。

☐☐ **1** 　**環境**　 There is little _____ about how to mitigate the long-term effects of climate change.

　　A informations　**B** knowledge　**C** advices　**D** opinions

Question 2

次の文には文法の誤りが1箇所あります。それを修正して正しい英文にしなさい。

☐☐ **2** 　**Task 1**　 The fewest amount of water was consumed in 2020, according to the chart.

_____

Questions 3-5

日本語を参照し、可算名詞と不可算名詞に注意しながら英語を書きなさい。

☐☐ **3** 　**ビジネス**　 うちの会社の多くのスタッフはリモートワークの方が効率的だと感じている。

_____

☐☐ **4** 　**環境**　 学生は、環境問題についての知識を深める必要がある。

_____

☐☐ **5** 　**テクノロジー**　 政府は、この研究にどれだけ多くの装置 (equipment) が必要かを理解していなかった。

_____

Writing

Vocabulary

mitigate 　動 ～を緩和する

SET 10　可算名詞・不可算名詞

—解答と解説

1　B（knowledge　名 情報、知識）

There is little **knowledge** about how to mitigate the long-term effects of climate change.

〈little + 不可算名詞〉

訳 気候変動の長期的な影響を緩和する方法については、**ほとんど知られていない**。

解説 knowledgeは抽象名詞で不可算名詞のため、適切な語彙となる。informationも抽象名詞だが、不可算形のinformationで使わなければいけない。

2　fewest ▶ least

The least amount of water was consumed in 2020, according to the chart.

〈The least + 不可算名詞〉

訳 このグラフによると、2020年の水の消費量が最も少なかった。

解説 amountは不可算名詞のため、fewestの代わりにlittleの最上級であるleastを使う必要がある。

3　例 Many staff members at work feel that working from home is more efficient.

staffにmembersをつけると可算名詞扱いにできる

解説 不可算名詞のstaffにmanyをつけたい場合は、このようにmember(s)をつけると算名詞として扱うことができる。また、日本語では「スタッフ」でも、staffという語を使わず、employeeやworkerといった可算名詞を使うと間違いにくくなる。

バリエーション

多くのスタッフ	a large number of employees / a significant portion of our company's workforce / numerous members of our team / the majority of our employees
リモートワーク	working remotely
より効率的だ	increases productivity / is more effective / is more productive

4　例 Students need to improve their knowledge of environmental issues.

不可算名詞　× knowledges

解説 knowledgeは不可算名詞のため、複数形の-sや冠詞をつけない。

バリエーション

環境問題	environmental problems / concerns about the environment / challenges related to the environment / ecological concerns
知識を深める	deepen their understanding / enhance their awareness / improve their comprehension / broaden their knowledge
必要がある	should / are required to / must / it is essential for students to

5 例 **The government did not realize how much <u>equipment</u> was needed for this research.**

不可算名詞　× equipments

解説 equipmentは「機械」のカテゴリーを表す不可算名詞のため、複数形の-sや冠詞をつけない。また、単数扱いのためbe動詞もisやwasを使用し、形容詞もmanyは使えずmuch, a lot ofなどを使用する。
muchは肯定文では通常使えないが、このようにhowと一緒に使うことはできる。

バリエーション

政府	authorities / the administration / government officials
理解していなかった	did not understand / failed to grasp / was unaware of / had little understanding of / did not fully comprehend
研究	study / project / investigation

増減を表す表現

Task 1 対策

Questions 1–6

次の文の日本語と空欄にある頭文字をヒントに、空欄に入る適切な1語を書きなさい。

☐ **1** 売上は、2023年の5,000万ドルから2024年の8,000万ドルに増加した。

Sales **r**_____ from $50 million in 2023 to $80 million in 2024.

☐ **2** 2023年には売上が大幅な増加を示し、100万ドルから600万ドルに上昇した。

In 2023, there was a **si**_____ increase in sales, climbing from $1 million to $6 million.

☐ **3** その会社の売上は2022年の100万ドルから2024年には900万ドルに急増した。

The company's revenue **s**_____ to $9 million in 2024, up from $1 million in 2022.

☐ **4** 売上数は2020年の2,000台から2022年の5,300台に跳ね上がった。

Sales figures **j**_____ sharply from 2,000 units in 2020 to 5,300 units in 2022.

☐ **5** 2023年を通じて利益は順調に伸び、2022年の45万ドルと対照的に、50万ドルに達した。

Throughout 2023, profits grew **st**_____, reaching $500,000 by the end of the year, compared to $450,000 in 2022.

☐ **6** 2024年、売上数は2023年の6,500台から4,000台に減少した。

In 2024, sales numbers **f**_____ to 4,000 units from 6,500 units in 2023.

―――――――――――――――――――――――――――解答と解説

1 rose

Sales **rose** from $50 million in 2023 to $80 million in 2024.

解説 自動詞 rise の活用は rise-rose-risen。他動詞（〜を上げる）と混同しないように。他動詞 raise の活用は raise-raised-raised。

---

2 significant

In 2023, there was a **significant** increase in sales, climbing from $1 million to $6 million.

解説 significant の部分を dramatic にしても同じ意味になる。
　言い換え In 2023, there was a significant <u>rise</u> in sales.
　反対の意味 In 2023, there was a significant <u>drop</u> in sales. (decrease / decline / fall も可)

---

3 soared / skyrocketed

The company's revenue **soared / skyrocketed** to $9 million in 2024, up from 1 million in 2022.
　　　　　　　　　　　　　　　〈soar to ＋数値〉

解説 〈soar to ＋数値〉、〈skyrocket to ＋数値〉で数値が急上昇していることを表せる。

---

4 jumped

Sales figures **jumped** sharply from 2,000 units in 2020 to 5,300 units in 2022.

解説 jump には自動詞で「急上昇する、跳ね上がる」という意味がある。

---

5 steadily

Throughout 2023, profits grew **steadily**, reaching $500,000 by the end of the year, compared to $450,000 in 2022.

解説 steadily の同義語に、consistently や gradually がある。同じ単語を繰り返し使うと単調になるので、同義語も使えるように。

---

6 fell

In 2024, sales numbers **fell** to 4,000 units from 6,500 units in 2023.

解説 fall には、動詞と名詞の用法がある。本問は動詞 fall を使ったシンプルな表現で、活用は fall-fell-fallen。

Writing

237

SET 12 短文穴埋めドリル 6 mins

増減を表す表現

Task 1 対策

Questions 1-6

次の文の日本語と空欄にある頭文字をヒントに、空欄に入る適切な1語を書きなさい。

☐ **1** 2022年の120万ドルから2023年の90万ドルに、収益の減少が見られた。

There was a **de**_____ in revenue from $1.2 million in 2022 to $900,000 in 2023.

☐ **2** 総売上数は2022年の15,000台から2023年には7,000台に急落した。

The total sales number **pl**_____ from 15,000 units in 2022 to 7,000 units in 2023.

☐ **3** 利益は2022年の80万ドルから2024年には40万ドルへと大幅に減少した。

Profits **dr**_____ significantly from $800,000 in 2022 to $400,000 in 2024.

☐ **4** ホリデーシーズン後に売上が急落したので、その会社は販促戦略を変更することになった。

Sales **sl**_____ after the holiday season, prompting the company to change its marketing strategy.

☐ **5** 2020年から2021年を通じて、2020年の10,000台が最高値、2021年の5,000台が最低値となり、売上は5,000台から10,000台の間で変動した。

Throughout the years 2020 to 2021, sales figures **f**_____ between 5,000 and 10,000 units, with a peak in 2020 at 10,000 units and a low of 5,000 in 2021.

☐ **6** 2021年と2022年の売上数はほぼ同じで、2021年は15,000台、2022年は14,800台の売上であった。

The sales figures for 2021 and 2022 **r**_____ almost the same, with 15,000 units sold in 2021 and 14,800 units sold in 2022.

238

———————————————————————————解答と解説

1　decline / decrease

There was a **decline / decrease** in revenue from $1.2 million in 2022 to $900,000 in 2023.

解説 減少を表す単語には drop / fall もある。反義語で「増加」を表す increase / rise とともに Task 1 の必須語。

2　plummeted / plunged

The total sales number **plummeted / plunged** from 15,000 units in 2022 to 7,000 units in 2023.
= fall suddenly

解説 plummet は fall suddenly を意味する。株や価格の急落に関する文脈でよく使う。

3　dropped

Profits **dropped** significantly from $800,000 in 2022 to $400,000 in 2024.

解説 significantly（大幅に）の代わりで入れられる副詞の語彙も増やしておこう。
類 sharply（急激に、大幅に）/ substantially（かなり、大幅に）/ considerably（相当、大いに）

4　slumped

Sales **slumped** after the holiday season, prompting the company to change its marketing strategy.

解説 slump は「急落する」「暴落する」。意味が変わってくるが、slide（（徐々に）下がる）の過去形 slid、slip（少し下がる）の過去形 slipped でも、文法的にはおかしくない。

5　fluctuated

Throughout the years 2020 to 2021, sales figures **fluctuated** between 5,000 and 10,000 units, with a peak in 2020 at 10,000 units and a low of 5,000 in 2021.

解説 fluctuate は、数値などが不規則に変動する様子を表す動詞。

6　remained

The sales figures for 2021 and 2022 **remained** almost the same, with 15,000 units sold in 2021 and 14,800 units sold in 2022.

解説 remain the same =「同じ状態のままである」
remained almost the same の部分を remained almost unchanged にしても同じ意味になる。

SET 13 短文穴埋めドリル

6 mins

円グラフの問題

Task 1 対策

Questions 1-6

次の円グラフ、文空欄の頭文字をヒントに、空欄に入る適切な1語を書きなさい。

1. Swimming **a**_____ for 26% of physical activities practiced by girls in 2023.

2. A **h**_____ percentage of girls, 7%, participated in ballet, **c**_____ to only 2% of boys who took part in the same activity.

3. The proportion of boys who practiced martial arts was 14%, **w**_____ was almost twice as **l**_____ as that of girls.

4. Approximately a **q**_____ of girls attended swimming school; in **c**_____, just 18% of boys did.

5. About a third of boys participated in other sports, **w**_____ their female counterparts **m**_____ up only 16%.

6. Gymnastics was the second most popular sport for both sexes, **w**_____ 16% of boys and 19% of girls participating, **r**_____.

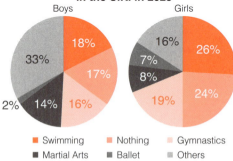

Types of Sports Played by 10-year-old Boys and Girls in a School in a City in the U.K. in 2023

本番の試験で円グラフが出たら、項目のOthersやNothingを含めたすべての男女の数字に触れることで高得点が期待できる。Task 1で主観を挟むのはNG。例えば、The percentage of boys who played other sports is 33%, which is surprisingly higher than that of girls (16%). This difference is likely because more boys tend to enjoy playing sports like baseball and football. などと、グラフから読み取れない情報を加えると減点につながる。

Vocabulary

counterpart 名 相当（対応）するもの

240

―解答と解説

1　accounted

Swimming **accounted** for 26% of physical activities practiced by girls in 2023.
　　　　　account for ～（～を占める）

訳▶ 2023年には、女子の身体活動の26％を水泳が占めた。

解説▶ 2023年のデータなので、過去形で表す。

2　higher, compared

A **higher** percentage of girls, 7%, participated in ballet, **compared** to only 2% of boys who took part in the same activity.

訳▶ より高い割合、7％の女子がバレエに参加していたのに対して、同活動に参加した男子生徒の割合はわずか2％だった。

解説▶ compared to ～は compared with ～でも可。

3　which, large

The proportion of boys who practiced martial arts was 14%, **which** was almost twice as **large** as that of girls.

訳▶ 武道を習っている男子の割合は14％で、女子のほとんど2倍だった。

解説▶ twice as large[high] as ... で表す。〈, which ...〉は非制限用法で付加的に情報を述べる表現として、Task 1, 2両方で使える。

4　quarter, contrast

Approximately a **quarter** of girls attended swimming school; in **contrast**, just 18% of boys did.
　　　　　　　　　4分の1の～　　　　　　　　　　　　　　　　　対照的に

訳▶ 約4分の1の女子が水泳教室に通っていた。対照的に、男子の約18％しか参加していなかった。

解説▶ グラフの数字を流用せずに分数にすると高度な表現になる→ one[a] third ＝ 3分の1、just less than a third（3分の1弱）、more than half（半数以上）など。

5　whereas / while, made

About a third of boys participated in other sports, **whereas / while** their female counterparts **made** up only 16%.

訳▶ 約3分の1の男子が他のスポーツに参加したが、対して女子の割合はわずか16％だった。

解説▶ whereas と while は対比を表す接続詞で、whereas のほうがフォーマル。make up ～は account for ～と同じく、「～を占める」。

6　with, respectively

Gymnastics was the second most popular sport for both sexes, **with** 16% of boys and 19% of girls participating, **respectively**.
　　　　　　　　　　　　　　　　　　　　　　　　　　　　前置詞

訳▶ 体操は男子の16％、女子の19％が参加した、ともに2番目に人気の運動だった。

解説▶ 空欄以降に〈S ＋ V〉が続かずに句になっているので、接続詞 while ではなく with を入れる。A and B, respectively(A, B それぞれ)は Task 1 で数値を1文でまとめて挙げるときに便利。

SET 14 短文穴埋めドリル 地図の問題

Task 1 対策

Task 1で出題される「地図の問題」では、特定の年に描かれた2つの地図を比べて、150語以上のエッセイを書く問題が出題されることがあります。次の各文は、下記の地図をもとに書いたエッセイの一部です。

Questions 1-8

地図と日本語訳、空欄の頭文字を参考に、空欄にふさわしい単語を書きなさい。

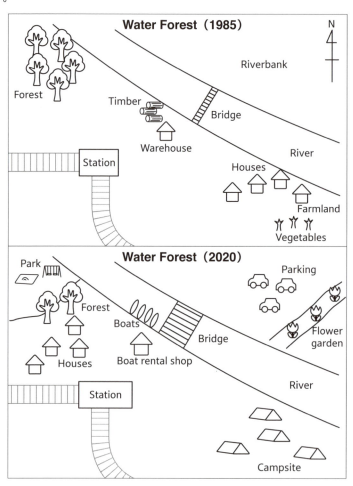

☐ 1　2つの地図は、1985年から2020年にかけてのウォーターフォレストエリアの変化を示している。
The two maps **il**_____ the changes that took place in the Water Forest Area between 1985 and 2020.

☐ 2　北西部では、2020年に森林エリアが1985年と比べて小さくなり、大部分が子ども用の遊び場がある公園に変わった。
In the northwest, the forest area was smaller in 2020 compared to 1985, as a large section was **conv**_____ into a park with a playground for children.

☐ 3　北東部では、川岸が駐車場に開発され、その近くに花壇が設置された。
To the northeast, the riverbank was **de**_____ into a parking area, with a flower garden nearby.

☐ 4　川の中央にあった狭い橋は改装されて、広くなった。
The narrow bridge in the middle of the river was **ren**_____ and **w**_____.

☐ 5　以前は川沿いにあった材木や倉庫は2020年までに撤去され、ボートレンタルショップが建てられ、川にはいくつかのボートが見られる。
The timber and warehouse that were previously by the river **h**_____ been **re**_____ by 2020, and a boat rental shop had been built, with several boats visible on the river.

☐ 6　南東部では、1985年に野菜栽培と住居に使われていた場所にキャンプ場が建設された。
In the southeast, a campsite was **c**_____ in the area that had been used for vegetable cultivation and residences in 1985.

☐ 7　2020年、鉄道と駅の場所は変わらなかったが、駅自体は拡張された。
The location of the railroad and station **r**_____ **u**_____ in 2020; however, the station itself was **exp**_____.

☐ 8　川と農地の間にあった住宅は駅の近くのエリアに移動された。
The houses that were situated between the river and farmland were **rel**_____ to an area near the station.

SET 14	短文穴埋めドリル

―――解答と解説

1　illustrate

The two maps **illustrate** the changes that took place in the Water Forest Area between 1985 and 2020.

解説 「地図の問題」では、何についての図であるかを説明する文を冒頭に入れる。

類 show / display

2　converted

In the northwest, the forest area was smaller in 2020 compared to 1985, as a large section was **converted** into a park with a playground for children.

〈be converted into ＋場所〉＝「～に変えられる」

解説 〈主語＋be converted into ＋場所〉で「（主語）が（場所）に変えられる」。

3　developed

To the northeast, the riverbank was **developed** into a parking area, with a flower garden nearby.　　　　　　　　　〈be developed into ＋場所〉＝「～に開発される」

解説 〈主語＋be developed into ＋場所〉（（主語）が（場所）に開発される）はよく使う表現。

類 be redeveloped into ＋場所（（主語）が（場所）に再開発される）

4　renovated, widened

The narrow bridge in the middle of the river was **renovated,** and **widened**.

解説 widen の類語として、broaden（広くする）も覚えておこう。他、伸縮を表す動詞として、shorten（短くする）、lengthen（長くする）もある。

5　had, removed

The timber and warehouse that were previously by the river **had** been **removed** by 2020, and a boat rental shop had been built, with several boats visible on the river.

解説 過去における変化なので、現在完了形ではなく過去完了形にするのが適切。

6　constructed

In the southeast, a campsite was **constructed** in the area that had been used for

〈be constructed in ＋場所〉＝「～に建設される」　関係代名詞（主格）

vegetable cultivation and residences in 1985.

解説 〈主語＋be constructed in ＋場所〉で「（主語）が（場所）に建設される」。

7　remained unchanged, expanded

The location of the railroad and station **remained unchanged,** in 2020; however, the station itself was **expanded**.

解説 類 remain the same

8 relocated

The houses <u>that</u> were situated between the river and farmland <u>were **relocated** to an area</u>
　　　　　関係代名詞（主格）　　　　　　　　　　　〈be relocated to ＋場所〉＝「〜に移動される」
near the station.

解説 〈主語＋be relocated to ＋場所〉で「（主語）が（場所）に移動される」。

Vocabulary

| visible 形 目に見える | cultivation 名 栽培 |

SET 15 短文穴埋めドリル　6 mins

工程の問題

Task 1 対策

Task 1で出題される「工程の問題」では、商品の製造プロセスなど、工程を表す図が与えられ、150語以上のエッセイを書くことが求められます。次の各文は、この工程を表す図をもとに書いたエッセイの一部です。

Questions 1-6

図と日本語訳、空欄の頭文字を参考に、空欄にふさわしい単語を書きなさい。

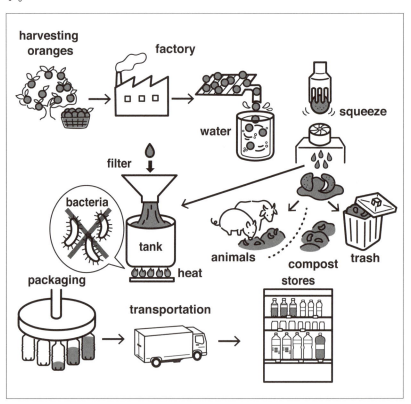

Vocabulary

harvest 動 〜を収穫する　　discard 動 捨てる

- 1 この図は、果実の収穫から最終製品を店舗に届けるまでのオレンジジュースを生産する過程を示している。
  The diagram **s**_____ the process of producing orange juice, from harvesting the fruit to delivering the final product to stores.
- 2 最初の段階では、熟れたオレンジが木から収穫される。収穫された後、次の加工のために工場へ運ばれる。
  In the first stage, ripe oranges are harvested from orange trees. After being collected, they are **transp**_____ to a factory for further processing.
- 3 次に、オレンジはジュースを搾る工程を経る。オレンジは洗浄され、ジュースを抽出するために搾られる。
  Next, the oranges **und**_____ a juicing process. They are washed and squeezed to extract the juice.
- 4 残った果肉と皮は分けられ、通常は廃棄されるか、動物の餌や堆肥など他の目的に使われる。
  The leftover pulp and peel are **se**_____ and usually discarded or used for other purposes, such as animal feed or compost.
- 5 第三段階では、抽出されたジュースがろ過され、バクテリアを殺すために加熱される。
  In the third stage, the extracted juice is **f**_____ and heated to kill bacteria.
- 6 ジュースがボトルに詰められたら、スーパーや百貨店などの小売業者に配達するためにトラックに積まれる。
  Once the juice is **b**_____, it is stocked onto a truck for distribution to retailers such as supermarkets and department stores.

SET 15 短文穴埋めドリル

————————解答と解説

1 shows

The diagram **shows** the process of producing orange juice, from harvesting the fruit to delivering the final product to stores.

2 transported

In the first stage, ripe oranges are harvested from orange trees. After being collected, they are **transported** to a factory for further processing.

解説 〈主語＋be transported to＋場所〉で「（主語）が（場所）に移動される」。

3 undergo

Next, the oranges **undergo** a juicing process. They are washed and squeezed to extract the juice.

解説 undergoは「（工程など）を経る」という意味の他動詞。

4 separated

The leftover pulp and peel are **separated** and usually discarded or used for other purposes, such as animal feed or compost.

解説 separateは「～を分離する、分ける」という意味の他動詞。

5 filtered

In the third stage, the extracted juice is **filtered** and heated to kill bacteria.

解説 文頭表現は、in the first stage（最初の段階で）、in the following stage（続く段階で）、in the last stage（最終段階で）など、汎用性が高いので使えるようにしておこう。

6 bottled

Once the juice is **bottled**, it is stocked onto a truck for distribution to retailers such as supermarkets and department stores.

解説 与えられた図にはpackagingとあるので、Once the juice is <u>packaged</u>, と書いてもいいが、図の語句を言い換えることで、語彙力を示すことができる。Once the juice is <u>packed</u>, でも可。

添削から返ってきたらやること

Writing の添削に提出し、返ってきた解答用紙を見て「ふんふん、その通りだなー」「よし、気を付けよう」という感じで終わっている人は多い。しかし、人間の記憶は実に頼りないものだ、ということは知っておかなければいけない。

「そうだな」とその時はどんなに思っていても、次に問題に取り組む時はすっかり忘れてしまっていたり…なかなか実行できなかったり…

そのため、赤ペン修正およびフィードバックで言われたことや、自分で気づいたことを別途ノートに書き出しておこう。箇条書きで、簡単で良いし、もちろん手書きではなくてもメモアプリなどでも OK。

そしてそれを、次回の問題をやる「直前に」すべて見返す。これをすることで、新しい問題に取り組んでいる時にしっかり意識しておくことができる。

SET 16 短文 間違い探しドリル（初級）

Task 1 対策

Questions 1-5

各文に1箇所だけ間違いがある。間違えている箇所を特定し、正しい文を書きなさい。

1. There were a significant drop in the number of people doing outdoor activities.

   _____

2. The number of students attending economics classes grew sharply, reached 110 in 2023.

   _____

3. However from 2022 to 2024, sales slumped from 560 to 110 units.

   _____

4. There was a considerate increase in sales in 2023.

   _____

5. Most of students preferred to spend their time staying at home.

   _____

Vocabulary
slump 動 がた落ちする

———解答と解説

1 were ▶ was
There **was** a significant drop in the number of people doing outdoor activities.
　　主語（a significant drop）が単数→be動詞は was
訳 屋外活動を行う人の数は大幅に減少した。

2 reached ▶ reaching
The number of students attending economics classes grew sharply, **reaching** 110 in 2023.
　　　　　　　　　　　　　　　　　　　　　　　　　　　　　　　　　分詞構文
訳 経済学の授業を受講する学生数は急増し、2023年には110人に達した。
解説 分詞構文には過去分詞と現在分詞の2種類があるが、前者は受動態の場合に使う。この文のカンマ以降は元々, and reached 110 in 2023. であり、それを現在分詞 reaching で言い換えている。

3 However ▶ However,
However, from 2022 to 2024, sales slumped from 560 to 110 units.
訳 しかしながら、2022年から2024年に、販売数は560台から110台に落ち込んだ。
解説 副詞のhoweverは文頭で使えるが、その場合、必ずカンマを打つ。ちなみに文頭のBut は口語では見られるが、IELTSのWritingでは避けよう。

4 considerate ▶ considerable
There was a **considerable** increase in sales in 2023.
〈There was(were) ＋形容詞＋ increase / decrease in ...〉
訳 2023年には販売数が大幅に増加した。
解説 considerate（形 思いやりがある）を considerable（形 かなりの）に変える。
〈There was[were] ＋形容詞＋ increase / decrease in ...〉は、Task 1で使える定型表現。形容詞の部分は、sharp / significant / gradual / slight などが入る。

5 Most of students ▶ Most of the students / Most students
Most of the students preferred to spend their time staying at home. /
〈most of the ＋複数名詞〉→ most of の後には the が必要
Most students preferred to spend their time staying at home.
〈most ＋複数名詞〉
訳 ほとんどの学生は自宅で過ごすことを好んだ。

SET 17 短文 間違い探しドリル（初級）

 5 mins

Task 1 対策

Questions 1-5

各文に1箇所だけ間違いがある。間違えている箇所を特定し、正しい文を書きなさい。

☐ **1** Sales in rural areas raised significantly in 2022.

_____

☐ **2** A number of sales fluctuated throughout 2022.

_____

☐ **3** People who read more than three books a month accounted of 13%.

_____

☐ **4** The number levelled in 2023.

_____

☐ **5** Overseas sales stood in one billion in 2024.

_____

―解答と解説

1 raised ▶ rose

Sales in rural areas **rose** significantly in 2022.
　　　　　　　　　　　自動詞

訳 2022年には、地方での売上が大幅に増加した。

解説 raiseは他動詞なので、後に続く目的語が必要。活用はraise-raised-raised
roseは自動詞で、活用はrise-rose-risen。

2 A ▶ The

The number of sales fluctuated throughout 2022.
〈The number of + 名詞〉= 「~の数」

訳 2022年を通して販売数は変動した。

解説

フレーズ	意味	複数/単数扱い
a number of + 複数名詞	たくさんの~	複数扱い
the number of + 名詞	~の数	単数扱い

この文で使われているfluctuate（動 変動する）も使いこなせるようになっておこう。類 vary

3 accounted of ▶ accounted for

People who read more than three books a month accounted **for** 13%.

訳 月に3冊以上本を読む人は13%を占める。

解説 account for ~（~を占める）は、円グラフで必須の表現。この場合、occupyは不自然なので避けよう。

4 levelled in ▶ levelled off

The number levelled **off** in 2023.

訳 数字は2023年に横ばいとなった。

解説 level offで「横ばいになる」という意味。動詞の原形としてはlevelだが、過去形および過去分詞形は、イギリス英語ではlevelledというスペルになる。

5 in ▶ at

Overseas sales **stood at** one billion in 2024.

訳 海外売上高は2024年に10億ドルに達した。

解説 stand at ~ = 「（数字）を示す、に達する」

SET 18 短文 間違い探しドリル（中級） 8 mins

Task 1 対策

Questions 1-5

各文に1箇所だけ間違いがある。間違えている箇所を特定し、正しい文を書きなさい。

☐ **1** Sales fell from 100 million in 2022 to 80 million in 2023, before reaching their peak in 2024 which was 240 million.

_____

☐ **2** The garden moved to the northeast area to make way for a railway.

_____

☐ **3** The figure remained same at around 2,000 during the survey.

_____

☐ **4** By 1999, new buildings have been built in the southwest section of the downtown.

_____

☐ **5** After that, the oranges are transferred to a tank which the juice is left for two hours.

_____

―解答と解説

1 which ▶ , which

Sales fell from 100 million in 2022 to 80 million in 2023, before reaching their peak in 2024**, which** was 240 million.

訳 売上は2022年の1億ドルから2023年の8000万ドルに落ち込み、その前の2024年にピークを迎え、額は2億4000万ドルだった。

解説 reaching their peak in 2024に情報を加えるには、関係代名詞の非制限用法〈, which〉にするのが適切。1文のなかに多くの情報を盛り込めるので、使えるようにしておこう。

2 moved ▶ was moved

The garden **was moved to** the northeast area to make way for a railway.
〈be moved to ＋場所〉＝～に移動、移転される

訳 鉄道を敷設するため、その庭園は北東のエリアに移転された。

解説 これは「地図の問題」で使う文例。「地図の問題」では建物の変化を表現することが求められるので、受動態を正しく使う必要がある。

3 same ▶ the same

The figure **remained the same** at around 2,000 during the survey.

訳 調査期間中、数値は2,000前後でほぼ変わらなかった。

解説 remain the sameの類似表現として、remain flatやlevel offがある。「大体変わらない」は、remain almost flat[the same]。

4 have ▶ had

By 1999, new buildings **had** been built in the southwest section of the downtown.

訳 1999年までに、市街地の南西地区に新しいビル群が建設された。

解説 by 1999と、過去の一時点までに起こった変化を表すので、現在完了形ではなく過去完了形が適切。過去完了形の受動態の文。

5 which ▶ where

After that, the oranges are transferred to a tank **where** the juice is left for two hours.
先行詞 ＋ where

訳 その後、オレンジはタンクに移され、果汁は2時間置かれる。

解説 このwhereは、先行詞であるa tankを説明している関係副詞。whichは関係代名詞で、その後に不完全な節が来る。この文はthe juice is left for two hoursと完全な文が続いているので関係副詞whereにするのが適切（Writing SET06参照）。

SET 19 短文 間違い探しドリル（中級）

Task 1 対策

Questions 1-5

各文に1箇所だけ間違いがある。間違えている箇所を特定し、正しい文を書きなさい。

☐ 1 After crushed by a machine to extract the juice, the oranges are moved to a waste tank.

_____

☐ 2 The number of people who go to the office every day half to 50 million, compared to 110 million in 2020, when the survey was conducted for the first time.

_____

☐ 3 There was an overall slight decline in sales, dropped to 200 million by 2021.

_____

☐ 4 By 2022, classical music and hip hop were the most played genres, respectively at 30% and 28%.

_____

☐ 5 In 2005, the proportion of men in full-time jobs was significantly more than that of women.

_____

Vocabulary

genre 名 （本や音楽などの）ジャンル

256

―――――――――――――――――――――――解答と解説

1 crushed ▶ being crushed
After **being crushed** by a machine to extract the juice, the oranges are moved to a waste tank.
訳▶ 搾汁機で搾られた後、オレンジは廃棄タンクに移される。
解説▶ 「搾られる、潰される」を意味する英文にしたいので、受動態（be crushed）が適切で、さらに分詞構文なのでbeing crushedにする。

2 half ▶ halved
The number of people who go to the office every day **halved** to 50 million,
〈halve to ～〉＝～に半減する
compared to 110 million in 2020, when the survey was conducted for the first time.
訳▶ 毎日オフィスに出勤する人の数は、2020年に初めて調査された1億1000万人から、半分の5000万人に減少した。
解説▶ 形容詞（half）ではなく、動詞のhalve（半分になる）にする。

3 dropped ▶ dropping
There was an overall slight decline in sales, **dropping** to 200 million by 2021.
現在分詞
訳▶ 総売上はわずかに減少しており、2021年には2億ユーロに落ち込んだ。
解説▶ There was an overall slight decline in sales, **which dropped** to 200 million by 2021. でも同じような意味になるが、分詞構文を使ったほうがスムーズ。

4 respectively at 30% and 28% ▶ at 30% and 28%, respectively.
By 2022, classical music and hip hop were the most played genres, at **30% and 28%, respectively**.
訳▶ 2022年までに、クラシック音楽とHip Hopがそれぞれ30％と28％で、最もよく聞かれるジャンルとなった。
解説▶ A and B, respectively（それぞれAとB）はTask 1の定型表現。

5 more ▶ higher
In 2005, the proportion of men in full-time jobs was significantly **higher** than that of women.
訳▶ 2005年には、フルタイムで働く男性の割合が女性よりも大幅に高かった。
解説▶ 割合や比率の高低を表すときは、higher / lowerで表すのが自然。thatはthe proportionを表す。同じ名詞を繰り返すより、代名詞で言い換えよう。

SET 20 サンプルエッセイを使ったドリル 8 mins

棒グラフの問題

Task 1 対策

サンプルエッセイの問題文

The bar chart below shows the allocation of budgets across five sectors (education, healthcare, defense, infrastructure, and others) in three countries in 2020.

Summarise the information by selecting and reporting the main features and make comparisons where relevant.

> 2020年における3か国の5分野（教育、医療、防衛、インフラ、その他）の予算配分を示している棒グラフの特徴を読み取り、客観的にエッセイを書く問題。この問題に沿って書かれたサンプルエッセイを読んで、Questions 1–5を解こう。

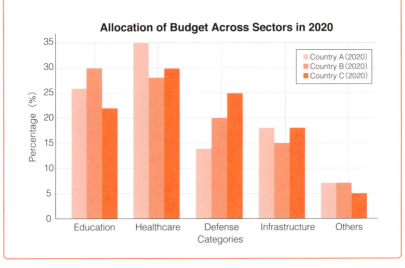

サンプルエッセイ

The bar chart illustrates how the budgets were distributed across five sectors—education, healthcare, defense, infrastructure, and others—in three countries in 2020.

Overall, healthcare received **1** (proportion / the / spending / highest / of) in Country A and Country C, while the 'others' category accounted for the smallest share for all three countries. Significant variation can be observed between the countries in the allocation of funds for defense.

In terms of individual sectors, Country A allocated the most to healthcare at 35%, which **2** (significantly / is / more / Country B / than) at 28%. In contrast, spending on education was proportionally greater in Country B, where it reached 30%, compared to 26% in Country A and 22% in Country C. Defense spending in Country C, at 25%, **3** (of / nearly / was / that / double) Country A, which allocated only 14%. Infrastructure, on the other hand, saw relatively even distribution, with all countries allocating between 15% and 18%.

Across the countries surveyed, healthcare was a significant factor in all of the budgets, receiving **4** (much / times / about / as / five / as) the 'others' category in Country A. The 'others' category, which **5** (prioritised / was / least / the) across all nations, amounted to between about 16% and 25% of the budget allocated to healthcare.

Questions 1–5

問題に答えたサンプルエッセイを読んで、比較表現に関する部分を並べ替えなさい。

1 _____

2 _____

3 _____

4 _____

5 _____

| SET 20 | サンプルエッセイを使ったドリル |

————解答と解説

1 the highest proportion of spending

解説 グラフから healthcare のカテゴリーは一番割合が高いことから、最上級の表現が来る。ここでは選択肢から the highest を選ぶ。空欄の前は received のため、目的語である名詞が必要であり、かつ、the highest の後にも名詞が必要なため、選択肢から proportion（割合）を選ぶ。「〜の割合」は proportion of 〜 で表せる。proportion の後には of を置き、「支出の割合」としたいので、その後に spending（支出）を置く。

2 is significantly more than Country B

解説 healthcare のカテゴリーについて話しているため、Country A は Country B より多く支出していることを表したいと分かる。which を使い追加情報を表している文脈で、「A の35%は B の28%より大きい」と言いたいので、比較表現にする。比較表現を強調するときには、比較表現の前に強調する語句（この場合は significantly）を置くのが基本。

3 was nearly double that of

解説 double は「2倍の」という意味で、形容詞として直後に修飾の対象となる名詞を持ってくる。この場合は代名詞の that で、これは空欄の前の defense spending の繰り返しを避けるために使われている。つまり double defense spending of Country A という意味。

4 about five times as much as

解説 グラフと照らし合わせると「Country A では healthcare は others の5倍」と言いたいことが分かる。倍数表現は〈数字＋times〉の後に〈as ＋形容詞/副詞＋as〉を置くことで表現する。about（およそ）や at least（少なくとも）などの強調表現はその前に置く。

5 was the least prioritised

解説 グラフと照らし合わせると「others カテゴリーは一番少ない」と言いたいことが分かる。一番少ないことを表すには the least（least は little の最上級）を使う。

サンプルエッセイの訳

　この棒グラフは、2020年における3か国の教育、医療、国防、インフラ、その他の5分野への予算配分を示している。

　全体として、A国とC国では医療への支出割合が最も高く、「その他」のカテゴリーが占める割合は3か国とも最も小さい。国防への資金配分には、国によって大きな違いが見られる。

　個別の分野別では、A国の医療費の割合が最も高く35％で、B国の28％を大きく上回った。一方、教育への支出は、A国が26％、C国が22％であるのに対し、B国は30％と割合が大きい。C国の国防費は25％で、14％しか配分しなかったA国のほぼ倍である。一方、インフラは最も均等に配分されており、すべての国が15％から18％を配分している。

　調査対象国全体では、医療はすべての予算において重要な要素であり、A国においては「その他」と比べておよそ5倍の予算を獲得している。すべての国で最も優先順位が低かった「その他」のカテゴリーは、医療に割り当てられる予算の約16％から25％の間であった。

> **POINT　棒グラフでは「増減」よりも「比較」をメインに**
>
> 棒グラフは基本的に数値の「比較」をメインに表現する。「増減」を表したい場合は、折れ線グラフを使うのが普通。棒グラフで「増減」に関する文を入れたとしても、メインにしないようにする。

SET 21 サンプルエッセイを使ったドリル 8 mins

折れ線グラフの問題

Task 1 対策

サンプルエッセイの問題文

The line graph below shows the trends in energy consumption from three different sources (coal, renewable energy, and natural gas) between 2000 and 2020. The figures are given in terawatt-hours (TWh).

Summarise the information by selecting and reporting the main features and make comparisons where relevant.

> 2000年〜2020年の3つの異なるエネルギー源（石炭、再生可能エネルギー、天然ガス）によるエネルギー消費の推移を示した折れ線グラフの特徴を読み取り、客観的にエッセイを書く問題。この問題に沿って書かれたサンプルエッセイを読んで、Questions 1–5を解こう。

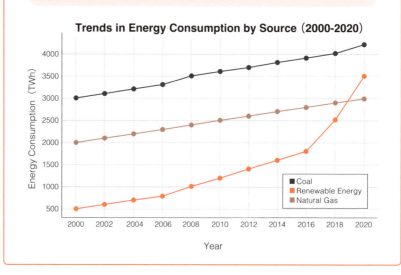

Trends in Energy Consumption by Source (2000-2020)

サンプルエッセイ

> The line graph illustrates the consumption trends of three energy sources—coal, renewable energy, and natural gas—from 2000 to 2020, measured in terawatt-hours (TWh).
>
> Overall, coal consumption **1**（期間を通じて着実に増加した）, while renewable energy **2**（ rise / the / saw / significant / most ）. In contrast, natural gas experienced a slower and more stable growth.
>
> In 2000, coal was the dominant energy source, starting at 3,000 TWh, followed by natural gas at 2,000 TWh. Renewable energy, at only 500 TWh, was the least used. Over the two decades, coal consumption **3**（ gradually / , reaching / grew ） 4,200 TWh by 2020, with noticeable growth between 2006 and 2008. Similarly, natural gas **4**（ upward / a / showed / trend / modest ）, increasing by 1,000 TWh over the same 20-year period.
>
> On the other hand, the figure for renewable energy displayed the most dramatic change. After **5**（ steady / a / rise ）in the early 2000s, its usage accelerated after 2016, nearly doubling between 2016 and 2020 to reach 3,500 TWh. Despite this surge, renewable energy remained the second most utilised source, surpassing natural gas but still trailing behind coal.

Questions 1–5

問題に答えたサンプルエッセイを読んで、**1**は（　　）内の日本語の意味になるように、英語を書きなさい。**2**〜**5**については、（　　）内の語句を並べ替えなさい。

1. _____
2. _____
3. _____
4. _____
5. _____

SET 21 サンプルエッセイを使ったドリル

—解答と解説

1 [例] steadily increased throughout the period

解説 問2〜4と同じく、動詞を主軸として前後に副詞を配置する。「〜を通して」は throughoutを使うのが便利。ここでの「期間」は特定されているので冠詞theが必要。

バリエーション

この期間を通じて 着実に増加し	showed steady growth throughout the period / gradually rose over the course of the period / experienced a consistent increase throughout the period

2 saw the most significant rise

解説 主語の後に動詞が必要なため、動詞のsawを最初に置き、riseを修飾するために冠詞、副詞、形容詞の順にriseの前に配置する。Task 1では、品詞をきちんと把握して順番を間違えないことが特に重要になる。riseは動詞、名詞として使えるが、名詞として使った場合は、基本的に可算名詞となる。

3 grew gradually, reaching / gradually grew, reaching

解説 問2と同じく、主語の後に動詞を置くが、この動詞grewを修飾する副詞graduallyは動詞の前か後のどちらかに置く。後の4,200という具体的な数字（補足情報）につなげるため、カンマを挟んでreachの現在分詞を置く。

4 showed a modest upward trend

解説 主語の後に「動詞→冠詞→形容詞→形容詞→名詞」と続く、王道ルールに則った順番。

5 a steady rise

解説 冠詞、形容詞、名詞の順番。

サンプルエッセイの訳

　折れ線グラフは、2000年から2020年までの、石炭、再生可能エネルギー、天然ガスの3つのエネルギー源の消費動向を、テラワット時（TWh）単位で示したものである。

　全体として、石炭消費量はこの期間を通じて着実に増加し、再生可能エネルギーは最も顕著な伸びを示した。これとは対照的に、天然ガスの伸びは緩やかで安定している。

　2000年には、石炭が3,000 TWhで始まり、天然ガスが2,000 TWhで続いた。再生可能エネルギーはわずか500TWhで、最も利用されていなかった。20年間で、石炭消費量は徐々に増加し、2020年には4,200 TWhに達し、2006年から2008年にかけて顕著な伸びを示した。同様に天然ガスも緩やかな増加傾向を示し、同じ20年間で1,000 TWh増加した。

　一方、最も劇的な変化を見せたのは再生可能エネルギーである。2000年代初頭の順調な上昇の後、2016年以降その利用は加速し、2016年から2020年の間にほぼ倍増し、3,500TWhに達した。この急増にもかかわらず、再生可能エネルギーは、天然ガスを上回ったものの、石炭からは下回り、依然として2番目に利用されている。

SET 22 サンプルエッセイを使ったドリル 8 mins

円グラフの問題

Task 1 対策

サンプルエッセイの問題文

The pie chart below shows the percentage distribution of utility expenses in Japan in the year 2024.

Summarise the information by selecting and reporting the main features and make comparisons where relevant.

> 2024年における日本の光熱費の割合を示している円グラフの特徴を読み取り、客観的にエッセイを書く問題。この問題に沿って書かれたサンプルエッセイを読んで、Questions 1–5を解こう。

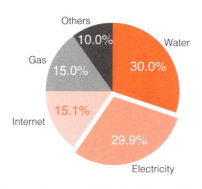

Utility Expenses in Japan（2024）

サンプルエッセイ

The pie chart illustrates the percentage breakdown of utility expenses in Japan for the year 2024, categorising costs into water, electricity, internet, gas, and others.

Overall, water **1** (proportion / largest / of / constitutes / the) household utility expenses, while the category labelled 'others' **2** (the / share / represents / smallest). Water and electricity combined **3** (majority / make / the / the / of / up / spending), indicating their significant importance in Japanese households.

In detail, water **4** (総支出の30%を占める), making it the most significant category. Similarly, electricity comprises another large share at 29.9%, and together **5** (two-thirds / they / of / represent / nearly) all utility costs. Gas expenses, on the other hand, make up a comparatively smaller share, constituting just 15% of the total.

The remaining categories, internet and 'others', represent relatively minor portions of the spending. Internet accounts for 15.1%, while 'others' occupies the smallest share at just 10%, clearly showing the lower prioritisation of miscellaneous expenses.

Questions 1–5

問題に答えたサンプルエッセイを読んで、**1**, **2**, **3**, **5** の（　）内の語句を並べ替えなさい。**4** については、（　）内の日本語の意味になるように、英語を書きなさい。

☐ **1** _____

☐ **2** _____

☐ **3** _____

☐ **4** _____

☐ **5** _____

| SET 22 | サンプルエッセイを使ったドリル |

—解答と解説

1　constitutes the largest proportion of

解説 constitute は「〜を占める」。〈constitute ＋割合＋of ＋総数〉という順番で配置する。三単現の -s を忘れずに。

2　represents the smallest share

解説 represent は「〜を表す」という意味で、〈represent ＋割合（＋of ＋総数)〉という配置で使うことができる。三単現の -s を忘れずに。

3　make up the majority of the spending

解説 make up 〜は「〜を占める」という表現の1つ。〈make up ＋割合＋of ＋総数〉という順番で配置する。

4　例 accounts for 30% of the total expenditure

解説 account for 〜は「〜を占める」という表現の1つ。〈account for ＋割合＋of ＋総数〉という順番。三単現の -s を忘れずに。

類 constitute / represent / make up 〜

5　they represent nearly two-thirds of

解説 represent は「〜を表す」という意味で、〈represent ＋割合〉の順で使うことができる。nearly のような副詞は分数の前に配置する（Writing SET07参照）。nearly の他にも almost / roughly / approximately なども可。

サンプルエッセイの訳

　円グラフは、2024年の日本の光熱費の内訳を、電気、ガス、水道、インターネット、その他に分類して示したものである。

　全体として、家庭の光熱費に占める水道料金の割合は最も大きく、「その他」は最も小さい。水道と電気を合わせると支出の大半を占めており、日本の家庭における重要性がうかがえる。

　詳細には、水道は支出全体の30%を占め、最も重要なカテゴリーとなっている。同様に電気も29.9%と大きな割合を占め、合わせて光熱費全体の3分の2近くを占めている。一方、ガス代は全体の15%と比較的少ない。

　残りのカテゴリー、インターネットと「その他」は、支出に占める割合が比較的小さい。インターネットは15.1%、「その他」は10%と最も少なく、雑費の優先順位が低いことがよくわかる。

POINT ① 円グラフの「カタマリ」を表す言葉

サンプルエッセイのなかで太字で示しているように、円グラフでは portion のように「カタマリ」（イメージでいうと、ピザのスライス）を表す語をいくつか知っておくと便利。

> 類 share / portion / fraction / segment / component / section

POINT ② 円グラフの「カタマリ」を表す言葉

エッセイの添削をしていると「〜を占める」という意味を表現するのに occupy という語を使う人が多いので注意しよう。
occupy は基本的に「（物理的な場所や空間）を占有する」という意味で使われることが多い。

> 例 The sofa occupies a large part of the living room.
> 　（そのソファはリビングルームの大部分を占めている）

「円グラフの問題」では、「（割合や構成要素）を占める」と表現したいので、occupy を使うと少し不自然になってしまう。

SET 23 サンプルエッセイを使ったドリル 8 mins

工程の問題

Task 1 対策

サンプルエッセイの問題文

The diagram below shows the process of how a solar power plant generates electricity and distributes it for consumption.

Summarise the information by selecting and reporting the main features and make comparisons where relevant.

> 太陽光発電所がどのように電気を発電し、それを消費者のために配電するのかを示している工程図の特徴を読み取り、客観的にエッセイを書く問題。この問題に沿って書かれたサンプルエッセイを読んで、Questions 1–5を解こう。

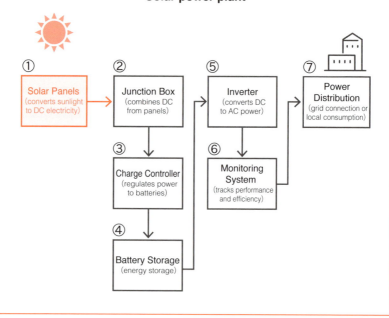

サンプルエッセイ

> The diagram illustrates the process of generating electricity using a solar power plant and its distribution for consumption.
>
> Overall, **1** (main / consists / system / the / seven / of / steps), starting with converting sunlight into electricity through solar panels and ending with the distribution of power to homes or the grid. **2** (both / process / the / energy / includes / conversion) and storage to ensure a continuous supply.
>
> In the first step, solar panels capture sunlight and convert it into direct current (DC) electricity. This DC electricity is then combined in the junction box **3** (by / regulated / being / before) a charge controller. The regulated power is stored in batteries, ensuring energy availability even when sunlight is not present.
>
> **4** (蓄電の後、電気は inverter に流れる), where it is converted from DC to alternating current (AC), making it suitable for household use. A monitoring system tracks the performance and efficiency of the system, while **5** (最終段階は、電気を分配することが含まれる) either to the local grid or directly to consumers.

Questions 1–5

問題に答えたサンプルエッセイを読んで、**1〜3**は（　）内の語句を並び替えなさい。**4、5**については、（　）内の日本語の意味になるように、英語を書きなさい。

1. _____
2. _____
3. _____
4. _____
5. _____

SET 23	サンプルエッセイを使ったドリル

———解答と解説

1　the system consists of seven main steps

解説 consist of ～は「～で構成される」という意味で、このように「工程の問題」のまとめ文として便利に使える。まずステップ数を記述するとよい。

2　The process includes both energy conversion

解説 includeは「～を含む」という意味だが、こちらも「工程の問題」のまとめ文として便利に使える。ここでは2工程について述べているので、bothという語を最初に使い、andでつなぐ形になる。問1ではthe system、ここではthe processと、主語を言い換えていることにも注目。

3　before being regulated by

解説 ステップを記述していくにあたり、「次は○○、次は○○」と書いていると単調になってしまうので、応用として、このように〈before＋動名詞〉の形も知っておくとよい。ここでは主語がThis DC electricityのため、regulateは受動態にする必要がある。受動態のbe動詞の箇所を動名詞にして、beforeにつなげる形。

4　例 After storage, the electricity flows to an inverter

解説 直前の文でstorageに流れた特定の電気を指すので、定冠詞のtheが必要。flow to ～（～に流れる）の他に、proceed to ～（～に進む）、be sent to～（～に送られる）、be transferred to～（～に送られる）といった表現も可能。

バリエーション

蓄電の後、電気はinverterに流れる	Once stored, the electricity proceeds to an inverter / After being stored, the electricity is transferred to an inverter / The stored electricity is then sent to an inverter

5　例 the final stage involves distributing electricity

解説 問2で使ったincludeも使えるが、言い換えとしてinvolveを使うこともできる。

バリエーション

最終段階は、電気を分配することが含まれる	the final step includes the distribution of electricity / the last stage involves the allocation of electricity

サンプルエッセイの訳

　この図は、太陽光発電所による発電と、その電力を消費するための配電のプロセスを示している。

　全体として、システムは主に7つのステップから構成され、ソーラーパネルを通して太陽光を電気に変換することから始まり、家庭や送電網への配電で終わる。このプロセスには、エネルギー変換と継続的な供給を確保するための蓄電の両方が含まれる。

　最初のステップでは、ソーラーパネルが太陽光を取り込み、直流（DC）電気に変換する。この直流電力は、充電制御装置で調整される前に、接続箱で結合される。調整された電力はバッテリーに蓄電され、太陽光がないときでもエネルギーを確保できる。

　蓄電後、電気はインバーターに流れ、そこで直流から交流に変換され、家庭での使用に適するようになる。モニタリング・システムがシステムの性能と効率を追跡し、最終段階では、地域の送電網に電力を供給するか、消費者に直接配電する。

POINT ①　「工程の問題」で文章をうまくつなげるには

「工程の問題」では、「まず○○をして、次に△△をして…」と書いていくが、firstly, secondly, などと副詞だけを使ってつなげていくと、どうしても単調になり、スコアも上がりにくい。そのため、工程を描写するのにできるだけ多くのバリエーションをつけることが7.0達成へのカギとなる。

POINT ②　「工程の問題」では基本的に現在形＆受動態を使う

「工程の問題」は一般的な事実を表しているため、時制は基本的に現在形。また、主語が「誰か」ということを設定しにくいので、迷ったら受動態にするといい。

SET 24 サンプルエッセイを使ったドリル　8 mins

地図の問題

Task 1 対策

サンプルエッセイの問題文

The diagrams illustrate the layout of a shopping mall in 2010 and its planned expansion by 2030.

Summarise the information by selecting and reporting the main features and make comparisons where relevant.

> 2010年のショッピングモールのレイアウトと、2030年までの拡張計画を示している図の特徴を読み取り、客観的にエッセイを書く問題。この問題に沿って書かれたサンプルエッセイを読んで、Questions 1–5を解こう。

Shopping Mall -2010：30 stores

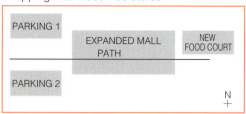

Shopping Mall -2030：50 stores

サンプルエッセイ

> The diagrams compare the layout of a shopping mall in 2010 with its planned expansion by 2030.
>
> Overall, the mall **1** (expected / changes / to / undergo / is / significant) , including an increase in the number of stores from 30 to 50 and an additional parking area. The layout will also be modified to better utilise the available space.
>
> In 2010, the shopping mall consisted of three main sections: **2** (a / the / area / west / parking / to) , the main mall in the centre, and **3** (the / a / to / east / court / food) . At this stage, there were 30 stores in total.
>
> By 2030, the main mall **4**(大幅に拡張され、より多くの店舗を収容する予定である). A new food court will replace the existing one, and an additional parking space **5**（モールの南西側に設置される）, complementing the existing parking area to the west. The central path will remain unchanged, continuing to provide access to all the key facilities.

Questions 1-5

問題に答えたサンプルエッセイを読んで、**1**～**3**は（　　）内の日本語の意味になるように、英語を書きなさい。**4**、**5**については、（　　）内の語句を並べ替えなさい。

☐ 1 _____

☐ 2 _____

☐ 3 _____

☐ 4 _____

☐ 5 _____

| SET 24 | サンプルエッセイを使ったドリル |

———————————————————————————————解答と解説

1 is expected to undergo significant changes

解説 be expected to ~ は、Task 1 で未来形として便利に使える表現。undergo (a) change(s)（変化をする）はコロケーションで、「地図の問題」で使える表現。change は名詞として使った場合、可算名詞であることに注意。

2 a parking area to the west

解説 〈to the ＋方角〉で、「（方角）に」。「地図の問題」で使える表現。

3 a food court to the east

解説 〈to the ＋方角〉で、「（方角）に」。

4 例 is planned to be expanded significantly to accommodate more stores

解説 未来形として be planned to ~ を使うことも可能。the main mall が主語のため、受動態にするのが自然。accommodate はここでは「収容する」という意味で、「地図の問題」で便利に使えるので、覚えておくとよい。

バリエーション

大幅に拡張され、より多くの店舗を収容する予定である	is planned to be substantially extended to accommodate extra stores /
	is expected to be greatly expanded to hold more retail outlets /
	is scheduled to be extensively developed to add more stores

5 例 will be introduced to the south-west of the mall

解説 未来形として will を使うことも可能。an additional parking space が主語のため、受動態にするのが自然。introduce はここでは「～を設置する、導入する」という意味で、これも「地図の問題」で使えるので、覚えておくとよい。

「地図の問題」で使える未来形まとめ

be planned to ~	～する計画がある
be expected to ~	～することが期待されている
be scheduled to ~	～する予定が組まれている
be projected to ~	～すると予測されている（統計や計画に基づいた予測）
will	未来の出来事や意思を表す

サンプルエッセイの訳

　図は、2010年のショッピングモールのレイアウトと、2030年までに計画されている拡張を比較したものである。

　全体として、ショッピングモールの店舗数は30から50に増え、駐車場の増設や、新たな施設が加わるなど、大きな変化が予想される。また、利用可能なスペースをより有効に活用するため、レイアウトも変更される。

　2010年当時のショッピングモールは、西側の駐車場、中央のメインモール、東側のフードコートの3つのセクションで構成されていた。この段階では、全部で30店舗あった。

　2030年までにメインモールは大幅に拡張され、より多くの店舗が入るようになる。既存のフードコートに代わって新しいフードコートが設置され、モールの南西側には追加の駐車スペースが導入され、西側の既存の駐車場を補完する。中央の道は変わらず、すべての主要施設へのアクセスを可能にしている。

> **POINT　「地図の問題」でも受動態を活用する**
>
> 「地図の問題」も、「工程の問題」と同じく、主語が「誰か」ということを設定しにくいので、迷ったら受動態にすると良い。

SET 25 サンプルエッセイを使ったドリル　8 mins

表の問題

Task 1 対策

サンプルエッセイの問題文

The table illustrates the proportion of mobile phone users engaging in various activities over four years: 2006, 2008, 2010, and 2020.

Summarise the information by selecting and reporting the main features and make comparisons where relevant.

> 2006年、2008年、2010年、2020年の4年間における、様々な行動を行う携帯電話ユーザーの割合を示している表の特徴を読み取り、客観的にエッセイを書く問題。この問題に沿って書かれたサンプルエッセイを読んで、Questions 1–5を解こう。

Percentages of mobile phone users utilising various features	2006	2008	2010	2020
Make calls	100	100	99	95
Send & receive text messages	73	75	79	85
Take photos	60	74	68	83
Play games	31	45	43	55
Search the internet	no data	41	73	85
Use social media	no data	20	40	75
Record video	no data	9	35	50

サンプルエッセイ

The table describes the percentages of mobile phone users utilising various features between 2006 and 2020.

Overall, traditional features, including making calls and sending and receiving text messages **1** (throughout / activity / remained / popular / the / the / period / most), while the number of people using newer features, such as searching the internet, using social media and recording videos, saw significant growth. Conversely, the figure for taking photos and playing games **2** (fluctuations / some / experienced) but showed only modest total growth during the given period.

In detail, people consistently used their phones for making calls, with 100% of users engaging in this activity in 2006 and 2008, before the figure declined slightly to 99% in 2010 and further decreased to 95% by 2020. Similarly, a majority of users relied on their phones to send and receive text messages, which **3** (rates / high / maintained / usage), rising steadily from 73% in 2006 to 85% by 2020. Taking photos also became more common, as more than four-fifths of users (83%) were using this feature by 2020, compared to two-thirds (60%) in 2006.

In contrast, **4** （新機能は顕著な増加を示した）. Searching the internet, for instance, saw its usage more than double between 2008 and 2020, jumping from 41% to 85%. Similarly, recording videos, which had no recorded usage in 2006, attracted half of all users (50%) by 2020. **5** （ゲームをプレイするユーザーの割合は、2006年の31％から2008年には45％に増加した）, slightly declined to 43% in 2010, and rose to 55% in 2020. While no data was available for 2006, by 2008, 20% of mobile phone users were already engaged in social networking. This figure then doubled to 40% in 2010 and surged to 75% in 2020.

Questions 1–5

問題に答えたサンプルエッセイを読んで、**1〜3**は（　）内の語句を並べ替えなさい。**4、5**については、（　）内の日本語の意味になるように、英語を書きなさい。

☐ **1** _____
☐ **2** _____
☐ **3** _____
☐ **4** _____
☐ **5** _____

解答と解説

1　remained the most popular activity throughout the period

解説 remainは「～であり続ける」と継続を表す動詞で、表の問題に限らずTask 1全般で非常に便利な語なので、覚えておこう。後に名詞、形容詞、形容詞＋名詞のいずれかを置く。throughout（～を通して）は、後に期間を表す語句を置く。

2　experienced some fluctuations

解説 〈experience＋変化を表す語句〉で「（変化など）が起こる」という意味。

3　maintained high usage rates

解説 maintainは「～であり続ける」と継続を表す表現で、後に名詞、形容詞＋名詞のいずれかを置く。

4　例 newer features showed remarkable increases

解説 「増加を示す」という英訳には様々なバリエーションがある。

バリエーション

顕著な増加を示した	experienced significant growth /
	saw a notable rise /
	demonstrated remarkable growth /
	recorded a significant upward trend

5　例 The proportion of users playing games increased from 31% in 2006 to 45% in 2008

解説 こちらも色々なバリエーションが考えられる。Task 1のまとめのつもりで、最初に思いついた表現の他にも色々と考えてみるとよい。

バリエーション

ゲームをプレイするユーザーの割合は、2006年の31%から2008年には45%に増加した	The percentage of users who played games rose from 31% in 2006 to 45% in 2008 /
	The share of users engaging in gaming grew from 31% in 2006 to 45% in 2008 /
	The proportion of people playing games saw an increase from 31% in 2006 to 45% in 2008 /
	The figure for users playing games climbed from 31% in 2006 to 45% in 2008

サンプルエッセイの訳

　この表は、2006年から2020年にかけて、携帯電話利用者が様々な機能を利用した割合を示したものである。

　全体的に、通話やテキストメッセージの送受信といった従来からの機能は、期間を通して引き続き人気が最も高かったが、インターネット検索やSNSの利用、動画の撮影といった新しい機能は大きな伸びを示した。逆に、写真を撮ったりゲームをしたりする行動は、多少の変動はあるものの、この期間中の総成長は小幅なものにとどまった。

　具体的には、2006年と2008年には、100％の人が携帯電話を通話に使用していたが、2010年には99％とやや減少し、2020年には95％となる。同様に、大半の利用者がテキストメッセージの送受信に携帯電話を利用しており、高い利用率を維持していて、2006年の73％から2020年には85％へと着実に上昇している。写真を撮ることもより一般的になり、2006年には3分の2（60％）だったこの機能を、2020年には5分の4以上（83％）の利用者が利用している。

　これに対して新機能は顕著な増加を示した。例えばインターネット検索は、2008年から2020年の間に利用率が2倍以上になり、41％から85％に跳ね上がった。同様に、2006年には利用が記録されていなかったビデオ録画も、2020年には全利用者の半分（50％）を魅了した。ゲームをプレイするユーザーの割合は、2006年の31％から2008年には45％に増加し、2010年には43％とやや低下し、2020年には55％まで上昇した。2006年のデータはないが、2008年には携帯電話ユーザーの20％がすでにSNSを使っていた。この数字は2010年には2倍の40％になり、2020年には75％に急増する。

覚えた語彙や文法を実際に使えるようになるには？

たくさん単語を覚えても、文法書を何度読み直してルールを覚えても、実際に書いたり話したりするときには出てこなかったり、間違ってしまう…という悩みをよく聞く。これを解決するのは、単語＋文法学習の後の「大量のインプット」。厳密には「多聴・多読」をおこなって、たくさんの英文を聞いたり読んだりしていく、ということ。単語＋文法学習の後にこのステップをはさむことにより、知識が定着して素早く、また正確に使えるようになる。

SET 26 サンプルエッセイを使ったドリル 8 mins

2種類のグラフや表の問題

Task 1 対策

サンプルエッセイの問題文

The two graphs illustrate trends in learning methods from 2010 to 2020, with the line graph showing the adoption rates of online and traditional classroom learning and the bar graph comparing the number of students (in thousands) across five major fields using online learning in 2020.

Summarise the information by selecting and reporting the main features and make comparisons where relevant.

> 2つのグラフは2010年〜2020年の学習方法の傾向を示しており、折れ線グラフはオンライン学習と従来の教室学習の導入率を、棒グラフは2020年にオンライン学習を利用する主要5分野の学生数を比較している。これらのグラフの特徴を読み取り、客観的にエッセイを書く問題。この問題に沿って書かれたサンプルエッセイを読んで、Questions 1–5を解こう。

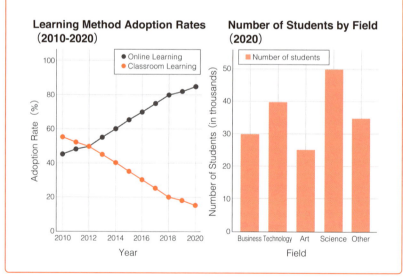

サンプルエッセイ

The two graphs provide insights into changes in learning preferences over a ten-year period and the distribution of online learners across various fields in 2020. The line graph illustrates how the adoption rates of online learning and traditional classroom methods evolved between 2010 and 2020, while the bar graph highlights the number of students engaging in online education across five disciplines.

Overall, online learning steadily **1** (over / popularity / gained / decade / the), surpassing traditional classroom learning, which declined. In 2020, science **2**（オンライン学習者数が最も多かった）, while art had the lowest.

The line graph shows that the adoption rate of online learning **3**（2010 年の 45% から 2020 年には 85% まで一貫して上昇した）. In contrast, the percentage of those engaging in traditional classroom learning dropped from 55% to just 15% over the same period.

The bar graph indicates that science **4** (the / had / online / largest / of / learners / number) in 2020, with 50,000 students, followed by technology and 'other' at 40,000 and 35,000, respectively. Art, which had only 25,000 online learners, was notably less popular than science. Meanwhile, business, accounting for 30,000 students, **5** (to / in / significant / comparison / moderately / remained) the other fields.

Questions 1–5

問題に答えたサンプルエッセイを読んで、**1**, **4**, **5** の（　）内の語句を並べ替えなさい。**2**, **3** については、（　）内の日本語の意味になるように、英語を書きなさい。

☐ **1** _____

☐ **2** _____

☐ **3** _____

☐ **4** _____

☐ **5** _____

SET 26	サンプルエッセイを使ったドリル

—————解答と解説

1 gained popularity over the decade

解説 gain popularityは「人気を得る」という意味のコロケーション。セットで覚えておくとよい。over the decadeは「10年を経て」という意味。forとは異なり、**overは「期間全体にわたって徐々に変化が起こる」というニュアンス**を持つ。for a decadeとした場合、単純に「10年間」という期間を表すだけで、変化の過程については特に言及しないことになる。**forとoverを混同するケースも多いので注意。**

2 例 recorded the largest proportion of online learners

解説 問1とほぼ同じ内容のため、言い換えができると理想的。

バリエーション

オンライン学習者数が最も多かった	experienced the highest number of online learners /
	had the largest share of online learners /
	attracted the most online learners /
	saw the greatest participation in online learning

3 例 rose consistently from 45% in 2010 to 85% in 2020

解説 上に挙げているのはTask 1の定番表現。他にもバリエーションを2〜3個持っているとよい。

バリエーション

2010年の45%から2020年には85%まで一貫して上昇した	increased steadily from 45% in 2010 to 85% in 2020 /
	climbed consistently from 45% in 2010 to 85% in 2020 /
	saw a continuous rise from 45% in 2010 to 85% in 2020 /
	went up steadily from 45% in 2010 to reach 85% in 2020 /
	experienced a gradual increase from 45% in 2010 to 85% in 2020 /
	grew consistently, starting at 45% in 2010 and reaching 85% in 2020

4 had the largest number of online learners

解説 the number ofに形容詞を入れる時にはtheとnumberの間に入れる。また、science "is" the largest number...と、be動詞でつながないように注意。

5 remained moderately significant in comparison to

解説 remain（〜のままである）の後に、補語である形容詞significantが続くが、その形容詞を修飾する副詞moderatelyが置かれる形。moderately significantで「中程度に重要、高い」という意味となる。in comparison to〜はcompared to〜と同じ意味で「〜と比較して」。比較が多いTask 1で覚えておくと便利。

284

サンプルエッセイの訳

　この2つのグラフは、10年間の学習嗜好の変化と、2020年の様々な分野におけるオンライン学習者の分布についての洞察を提供する。折れ線グラフは、2010年から2020年にかけてのオンライン学習と従来の教室での学習方法の採用率の推移を示し、棒グラフは、5つの分野におけるオンライン教育を受ける学生数を示している。

　全体的に、オンライン学習は10年間で着実に人気を獲得し、減少した従来の教室での学習を上回った。2020年には、科学のオンライン学習者数が最も多く、芸術が最も少なかった。

　折れ線グラフによると、オンライン学習の普及率が2010年の45%から2020年には85%まで一貫して上昇したことを示している。一方、従来型の教室で学習する人の割合は、同じ期間に55%からわずか15%に低下した。

　棒グラフによると、2020年には科学が5万人と最も多く、次いでテクノロジーが4万人、「その他」が3万5,000人となっている。オンライン学習者数が2万5,000人にとどまった美術は、科学よりも人気が低いことが目立った。一方、ビジネス分野は3万人で、他の分野と比較して中程度に留まっている。

> **POINT　2種類以上の図やグラフの問題＝1種類につき1パラグラフを充てる**
>
> グラフが2つある問題の場合は、2パラグラフ目の「まとめ」において、1つのグラフの大きな特徴を「1文×2つ」書く。そして3パラグラフ目、4パラグラフ目にはそれぞれのグラフの詳細を書くようにすると簡単である。サンプルエッセイもそのようになっているので参照しよう。

文頭の副詞・副詞

Task 1 対策

Questions 1–3

前後の文脈から、文の空欄に最も適切な語句をボックス内から選んで書きなさい（段落構成についてはここでは考えず、文と文のつながりを考えて選ぶこと）。問1と問3は2つ解答があります。

> overall, / it can be clearly seen that /
> in contrast, / another point to note is that / apart from

☐ **1** The chart shows the number of students studying three languages. _____ the popularity of French stayed stable, while Spanish rose.

☐ **2** The table shows monthly rainfall in five cities. It is obvious that rainfall in City A rose sharply in summer. _____ City B remained low all year.

☐ **3** The graph compares tourist numbers at two museums. _____ visitors to the National Museum rose steadily. Another point to note is that visitors to the Art Gallery dropped sharply after 2017.

Questions 4 and 5

Questions 1–3のボックス内の語句を使って、次の日本語を英語に訳しなさい。

☐ **4** もう1つ注目すべき点は、20代の学生が最も多いということである。
_____

☐ **5** このデータを除けば、全体的に変化はほとんどない。
_____

―解答と解説

ボックス内語句の意味

overall,	全体的に、
it can be clearly seen that	〜は明らかである
in contrast,	対照的に、
another point to note is that	もう1つの注目点は、
apart from 〜	〜を除けば、

1 Overall, / It can be clearly seen that

訳 このグラフは3つの言語を学ぶ学生の数を示している。全体的にフランス語の人気は横ばい、スペイン語は上昇した。

解説 空欄の前の文はエッセイの書き出しであり、空欄の後の文は、グラフ全体を要約する内容のため、文頭によく使われる overall や in general が適している。it can be clearly seen that でも OK。

2 In contrast,

訳 この表は5都市の月別降雨量を示している。A市の降雨量が夏に急激に増加したことは明らかである。対照的に、B市は年間を通して低いままである。

解説 空欄の前の文ではA市の降雨量の増加について述べていて、空欄の後の文ではB市の降雨量の低さについて述べているため、対照を表す in contrast / by contrast が適切。

3 It can be clearly seen that / Overall,

訳 グラフは2つの博物館の観光客数を比較している。国立博物館の入場者数が右肩上がりであることがよくわかる。もう1つの注目点は、アートギャラリーの入場者が2017年以降に急減したことである。

解説 文全体を通して、National Museum と Art Gallery の具体的な変化を述べており、Art Gallery について記述する文が Another point to note is that ... で始まっているため、それと対比しやすい It can be clearly seen that を選ぶ。まとめのパラグラフでよく使う表現。問1と同じく、Overall, と書き換え可能。

4 **例** ① Another point to note is that students in their twenties are the most numerous.
② Another point to note is that the largest group of students is in their twenties.

解説 Another point to note is that ... は、まとめのパラグラフや、詳細のパラグラフで大きく話題を変えるときに使用できる表現。

5 **例** ① Apart from this data, there is little overall change.
② Apart from this figure, the overall trend remains almost unchanged.
③ Apart from this data, there is hardly any significant change.

解説 Apart from this data, は、詳細のパラグラフで事実を追加していくときに使用できる表現。

SET 28 語彙力 強化ドリル

such as / including

Task 1, 2 対策

アカデミック・ライティングでは、etc., や and so on といった表現を避ける傾向にあります。代わりに、such as や including を使います。

> 〈カテゴリー＋カンマ＋ **such as / including** ＋例①, 例②, and 例③〉
>
> 例 The government should implement regulations on industries, such as manufacturing, agriculture, and construction, to reduce
> カテゴリー　such as　　　例①,　　　例②,　　　and 例③
> environmental pollution.
> （政府は製造業、農業、建設業などの産業に対して、環境汚染を減らすための規制を実施すべきである）
>
> ・カンマは小さいけれど重要なので忘れずに！　例文のように、その後に文の続きが来るときには、その前にもカンマを置く（such as / including から例③までが、ひとかたまりの追加語句となる形）。
> ・例は1個でもいいが、複数ある場合はカンマでつなぎ、最後の例の前にandを置くこと。

Questions 1–3　各文に１箇所ずつある間違いを修正しなさい。

☐ **1**　都市　　Cities face problems, such as traffic congestion, pollution, and so on.

☐ **2**　医療　　Many health problems, including obesity, diabetes, heart disease, need to be addressed.

☐ **3**　政治　　Governments should invest in essential fields for example renewable energy, public transport, and education.

Questions 4 and 5

日本語を英訳しなさい。such as もしくは including を適切に使うこと。

☐ **4**　教育　　学校は学生に批判的思考、問題解決、そして創造性を含めた様々なスキルを教えるべきだ。

☐ **5**　医療　　多くの病気は不健康な生活習慣によって引き起こされる。例えば、肥満（obesity）、糖尿病（diabetes）、そして心臓病（heart disease）などである。

——解答と解説

1 pollution, and so on. ▶ and pollution.
Cities face problems, such as traffic congestion **and pollution.**
訳 都市は交通渋滞や公害などの問題に直面している。
解説 such asを使うことで、例を挙げることを示す役割が果たされているので、最後にand so onやetc., はつけない。また、and so onやetc., は、アカデミック・ライティングでは使わないようにする。

2 heart disease, ▶ and heart disease,
Many health problems, including obesity, diabetes, **and heart disease,** need to be addressed.
訳 肥満、糖尿病、心臓病など、多くの健康問題に対処する必要がある。
解説 最後の例の直前にandが必要。

3 for example ▶ , such as
Governments should invest in essential fields**, such as** renewable energy, public transport, and education.
訳 政府は、再生可能エネルギー、公共交通、教育などの重要分野に投資すべきである。
解説 今回のように文中で例を挙げたい場合は、such asやincludingを使用するのが一般的。

4 例 Schools should teach students various skills, such as / including critical thinking, problem-solving, and creativity.
バリエーション

様々な	a wide range of / diverse
スキル	abilities

5 例 Many diseases, such as / including obesity, diabetes, and heart disease, are caused by unhealthy lifestyles.
解説 日本語では2文になっているが、挙げる例はすべて名詞1語のみで後に節が来るわけではないので、ここでは1文にしてsuch asやincludingを使うのがいい。
バリエーション

多くの	a number of
引き起こされる	are triggered by / stem from / lead to

Writing

289

SET 29 語彙力 強化ドリル

Task 2 対策

口語では「物、モノ」と言いたいときに thing や stuff を使うことが多いですが、これらはカジュアル、かつ、曖昧な表現としてアカデミック・ライティングでは避ける傾向にあります。代わりに、その文脈に合わせて適切な語を使うようにします。

適切な語の例

item（品物）	object（物体）	material（資料）
tool（道具）	device（機器）	equipment（装置）
matter（問題）	issue（問題）	factor（要因）
aspect（側面）	event（出来事）	

> ✗ The primary **thing** that influences the success of this project is effective communication.
> ○ The primary **factor** that influences the success of this project is effective communication.
> （このプロジェクトの成功を左右する第一要因は、効果的なコミュニケーションである）

Questions 1–3

前後の文脈を考えて、文中の thing や stuff を適切な語に書き換えなさい。単数・複数にも気をつけること。

1 教育

Students often bring a lot of unnecessary stuff to the classroom, which can distract them from studying.

_____

2 経済

The success of a country's economy depends on many things, such as education, infrastructure, and innovation.

_____

3 教育

Many students struggle with the academic stuff they need to learn at university.

_____

290

また、「多くの」「多い」という意味のa lot ofやlots ofも、ややカジュアルな印象を与えるため、アカデミック・ライティングでは避けて下記のような語句を使いましょう。

適切な語の例

many ＋可算名詞	a number of ＋可算名詞
countless ＋可算名詞	numerous ＋可算名詞
a large amount of ＋不可算名詞	

Questions 4 and 5

文中のa lot ofやlots ofを、前後の文脈を考えて適切な語に書き換えなさい。

4 People believe that there is a lot of information available online, which can sometimes be overwhelming.

_____

5 The government needs to address lots of challenges to ensure a sustainable future.

_____

| S E T 29 | 語彙力 強化ドリル |

———解答と解説

1 stuff ▶ items

Students often bring a lot of unnecessary **items** to the classroom, which can distract them from studying.

訳 学生は教室に不必要なものをたくさん持ち込むことが多く、勉強の妨げになる。

解説 文脈から「品物」を表すitemを使うのが最適。stuffは不可算名詞のため、可算名詞である itemに変えるときには複数形の-sが必要。issue, deviceもOK。

2 things ▶ factors

The success of a country's economy depends on many **factors,** such as education, infrastructure, and innovation.

訳 国の経済が成功するかどうかは、教育、インフラ、技術革新など多くの要因に左右される。

解説 文脈から「要因」を表すfactorを使うのが最適。

3 stuff ▶ material

Many students struggle with the academic **material** they need to learn at university.

訳 多くの学生が大学で学ぶべきアカデミックな資料に苦戦している。

解説 文脈から「資料、データ」を表すmaterialを使うのが最適。この意味でのmaterialは不可算名詞扱いにするのが普通。

4 a lot of ▶ a large amount of

People believe that there is **a large amount of** information available online, which can sometimes be overwhelming.

訳 ネット上には多くの情報があり、時には圧倒されることもある。

解説 informationは不可算名詞のため、a large amount of〜を使うのが最適。

5 lots of ▶ numerous

The government needs to address **numerous** challenges to ensure a sustainable future.

訳 持続可能な未来を確保するために、政府は多くの課題に取り組む必要がある。

解説 challengeは可算名詞なので、numerous / many / countless / a number of〜を使うのが最適。

時間制限との向き合い方・Part 1

IELTS の Writing では「時間内に書けない」というのが学習者の大きな悩みとなってくる。正直、時間が無制限であれば遥かに良いものが書けるのに、と思っている人は多いだろう。

しかし、制限時間は変えられないので、なんとか 60 分以内に目標スコアに達するクオリティの解答を作っていく必要がある。そのためのコツについてここでは解説する。

アウトラインをしっかり練る
アウトラインとは、解答用紙に実際に英文を書き始めていく前にメモ用紙にだいたいの構成や内容を書いておくプランニング（計画）のことである。

アウトラインを最大 12 分くらいまでかけて、具体例も含めてすべての内容を書いておき、本文を書き始めてから「内容」については悩むことがないようにすること。このステップを軽視すると、余計に遠回りになってしまう。

ただ、あくまでもメモ書きなので、箇条書きや単語レベルにとどめておくことが大事。

制限時間をだんだん短くしていく
Writing を解いてみて「全然時間が足りない！」と絶望したら、次回から、制限時間は 1 時間 30 分にしてみる。しばらくそれでやってみて、安定してきたら、1 時間 25 分。それでいけそうなら、1 時間 20 分と、5 分ずつ制限時間を縮めていくと良い。

なぜ 1 時間 30 分かというと、それより多くすると、本来の制限時間である 60 分に戻していくことがあまりにも難しくなってしまうから。

また、いくら難しいと言っても練習の際に時間を無制限にするのはおすすめしない。本番試験で制限時間が存在する以上、練習でも常に時間を意識しておくことは大事なのである。

SET 30 語彙力 強化ドリル

Task 2 対策

アカデミック・ライティングでは、傾向として、good や bad といった使用範囲が広く曖昧なニュアンスを持つ語を避けます。代わりに、その文脈に合わせて適切な語を使いましょう。

適切な語の例

good の代わり

- appropriate（適している）
- effective（効果的である）
- convenient（便利な）
- beneficial（利点がある）
- suitable（適している）
- desirable（望ましい）

bad の代わり

- inappropriate（不適切な）
- ineffective（効果がない）
- undesirable（望ましくない）
- harmful（有害な）
- inconvenient（不便な）
- misleading（誤解を生むような）

Questions 1–3

前後の文脈を考えて、文中の good や bad を適切な語に書き換えなさい。

1　言語

Learning a foreign language is good for improving cognitive abilities.

_____

2　環境

Plastic pollution has a bad impact on marine ecosystems.

_____

3　ビジネス

A flexible working schedule can be good for maintaining a healthy work-life balance.

_____

Questions 4 and 5

以下の日本語を英語に訳しなさい。ただし、下線部分に good / bad は使わず、より具体的な語を用いること。

4　テクノロジー

インターネットを使った学習は、学生の能力を高める上で<u>良い</u>方法である。

_____

5　健康

不健康な食事習慣は、多くの健康問題を引き起こす<u>悪い</u>要因とされている。

_____

SET 30 語彙力 強化ドリル

—解答と解説

1 good ▶ beneficial

Learning a foreign language is **beneficial** for improving cognitive abilities.

訳 外国語を学ぶことは認知能力を高めるのに利点がある。

解説 他にも、effective（効果的である）であれば、この文脈では自然。

2 bad ▶ harmful

Plastic pollution has a **harmful** impact on marine ecosystems.

訳 プラスチック汚染は海洋生態系に有害な影響を与える。

解説 他にも、undesirable（望ましくない）であれば、この文脈では自然。

3 good ▶ suitable

A flexible working schedule can be **suitable** for maintaining a healthy work-life balance.

訳 柔軟な勤務スケジュールは、健康的なワークライフバランスを維持するのに適している。

解説 英語の観点でいえばgoodの言い換え語の選択肢からどれを使っても問題ないので、言い表したいニュアンスから語を選択する。

4 例 Learning through the Internet is an effective method for enhancing students' abilities.

解説 能力を高めるという目的が明確なのでeffective（効果的である）が最適だが、文法の観点で言えばgoodの言い換え語の選択肢からどれを使っても問題ない。

バリエーション

インターネットを使った学習は	Online learning / Studying via the Internet / Education using the Internet / Internet-based learning
学生の能力を高める上で	to enhance students' abilities / to improve students' skills / to develop students' potential / to boost students' learning capacity
良い方法である	is a great way / is a useful approach / is a beneficial strategy

296

5 例 **Unhealthy eating habits are considered a harmful factor causing many health issues.**

解説 「悪い」という語のネガティブ要素を具体的に強調する harmful（有害な）が最適。特に健康や環境問題がテーマのエッセイ中でよく使われる形容詞。harmful の代わりに、inappropriate（不適切な）、undesirable（望ましくない）なども使える。

バリエーション

不健康な食事習慣	An unhealthy diet / Harmful dietary patterns / Improper eating habits
悪い要因とされている	are regarded as a negative influence
多くの健康問題を引き起こす	leading to various health issues / contributing to multiple health conditions / resulting in numerous health concerns

SET 31 サンプルエッセイ 間違い探しドリル

折れ線グラフの問題

Task 2 対策

サンプルエッセイの問題文

The line graph below shows the number of commuters (in millions) who travelled by car, bus, and train in Japan between 1970 and 2020.

Summarise the information by selecting and reporting the main features and make comparisons where relevant.

> 1970年から2020年までの日本の自動車、バス、電車による通勤者数（単位：百万人）を示している折れ線グラフの特徴を読み取り、客観的にエッセイを書く問題。この問題に沿って書かれたサンプルエッセイを読んで、Questions 1–5を解こう。

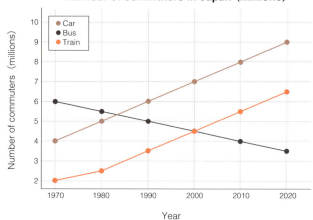

サンプルエッセイ

> The line graph illustrates the number of commuters in Japan who used cars, buses, and trains from 1970 to 2020.
>
> Overall, the use of cars and trains experienced a significant increase over the period, while bus usage showed a steady decline. Since the late 1980s, cars have been the preferred mode of transport for the most number of commuters.
>
> Looking at the data more closely, the number of cars increased gradually from 4 million to 9 million between 1970 and 2020. Train usage, starting at 2 millions of commuters in 1970, experienced a sharp increasing to reach 6.5 million by the end of the period. On the other hand, bus usage declined consistently, started at 6 million in 1970 and dropping to just 3.5 million in 2020.

Questions 1-5

問題に答えたサンプルエッセイ（4パラグラフ目は省略）のなかに、文法的な間違いが5個ある。それらを抜き出して訂正しなさい。

☐ **1**　間違い箇所 ＿＿＿＿＿＿＿＿＿＿＿＿＿＿＿＿＿＿＿＿＿＿＿＿＿＿＿＿
☐ 　　　→修正 ＿＿＿＿＿＿＿＿＿＿＿＿＿＿＿＿＿＿＿＿＿＿＿＿＿＿＿＿＿

☐ **2**　間違い箇所 ＿＿＿＿＿＿＿＿＿＿＿＿＿＿＿＿＿＿＿＿＿＿＿＿＿＿＿＿
☐ 　　　→修正 ＿＿＿＿＿＿＿＿＿＿＿＿＿＿＿＿＿＿＿＿＿＿＿＿＿＿＿＿＿

☐ **3**　間違い箇所 ＿＿＿＿＿＿＿＿＿＿＿＿＿＿＿＿＿＿＿＿＿＿＿＿＿＿＿＿
☐ 　　　→修正 ＿＿＿＿＿＿＿＿＿＿＿＿＿＿＿＿＿＿＿＿＿＿＿＿＿＿＿＿＿

☐ **4**　間違い箇所 ＿＿＿＿＿＿＿＿＿＿＿＿＿＿＿＿＿＿＿＿＿＿＿＿＿＿＿＿
☐ 　　　→修正 ＿＿＿＿＿＿＿＿＿＿＿＿＿＿＿＿＿＿＿＿＿＿＿＿＿＿＿＿＿

☐ **5**　間違い箇所 ＿＿＿＿＿＿＿＿＿＿＿＿＿＿＿＿＿＿＿＿＿＿＿＿＿＿＿＿
☐ 　　　→修正 ＿＿＿＿＿＿＿＿＿＿＿＿＿＿＿＿＿＿＿＿＿＿＿＿＿＿＿＿＿

SET 31	サンプルエッセイ 間違い探しドリル

———解答と解説

1 パラグラフ2（最終文）

間違い　cars have been the preferred mode of transport for the **most** number of commuters.

修正　cars have been the preferred mode of transport for the **highest** number of commuters.

解説「最も多くの数」と、the number of ～（～の数）を最上級の形容詞で修飾したいときは、mostではなくhighestやbiggestを使う。最上級だけではなく、比較級（more / higher）も同じ。

2 パラグラフ3（1文目）

間違い　**the number of cars** increased gradually

修正　**the number of car users** increased gradually

解説 the number of carsだと、「車の台数が」増えた、という意味になるが、ここでは「車の利用者数が」増えた、と言いたいのでthe number of car usersとしなければならない。

3 パラグラフ3（2文目）

間違い　starting at 2 **millions of** commuters in 1970

修正　starting at 2 **million** commuters in 1970

解説 具体的な数字（2, 3, 4など）がつく場合は複数形の-sやofをつけずに、millionのみを続ける。thousand, hundredなど、他の語も同じ。

4 パラグラフ3（2文目）

間違い　experienced a sharp **increasing** to reach 6.5 million

修正　experienced a sharp **increase** to reach 6.5 million

解説 動 increaseの名詞形はincrease。increasingは形容詞もしくは現在分詞。

5 パラグラフ3（最終文）

間違い　bus usage declined consistently, **started** at 6 million in 1970

修正　bus usage declined consistently, **starting** at 6 million in 1970

解説 このように動詞を主語がない状態で使うことは基本的にできない。現在分詞のstartingにして、分詞構文にすることで、主語を繰り返すことなくスマートに前の節全体を補足することができる。

サンプルエッセイの訳

　折れ線グラフは、1970年から2020年までの日本の自動車、バス、電車の通勤者数を示している。

　全体として、自動車と電車の利用はこの期間に大きく増加し、バスの利用は着実に減少している。1980年代後半から、自動車は最も多くの通勤客に好まれる交通手段となっている。

　データをより詳細に見ると、自動車利用者数は1970年から2020年の間に400万人から900万人へと徐々に増加している。電車の利用者は、1970年に200万人であったが、その後急増し、2020年には650万人に達する。一方、バスの利用者は一貫して減少し、1970年の600万人から始まり、2020年にはわずか350万人にまで落ち込んだ。

| SET 32 | サンプルエッセイ
間違い探しドリル | | 棒グラフの問題 |

Task 1 対策

サンプルエッセイの問題文

The bar graph below shows the export volume of three product categories (electronics, automobiles, and home appliances) in various Asian countries in 2024.

Summarise the information by selecting and reporting the main features and make comparisons where relevant.

アジア各国の3つの製品カテゴリー（電子機器、自動車、家電製品）の輸出量を示した棒グラフの特徴を読み取り、客観的にエッセイを書く問題。この問題に沿って書かれたサンプルエッセイを読んで、Questions 1–5を解こう。

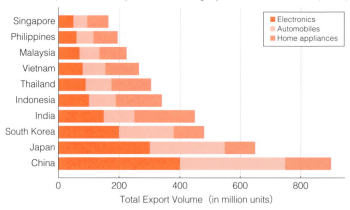

Questions 1–5

問題に答えたサンプルエッセイ（4パラグラフ目は省略）のなかに、間違いが5個ある。それらを抜き出して訂正しなさい。間違いは、文法だけではなく、IELTSのWritingで気をつけるべきポイントに関するものもある。

サンプルエッセイ

> The bar graph shows the export volume of electronics, automobiles, and home appliances across Asian countries in 2024.
>
> Overall, China and Japan exported the highest volumes, particularly in Electronics and Automobiles. To be honest, these countries seem to dominate the market, while some countries, such as Singapore and Philippines, had a relatively balanced distribution of exports across all three categories.
>
> Looking at the data in detail, the number of electronics exported is the largest in China, which recorded 400 million units, and Japan, where exports reached 300 million units, which is very impressive. Significant contributions were also seen in South Korea and India, with figures standing at 200 million and 150 million units, respectively.

1 間違い箇所 ＿＿＿＿＿＿＿＿＿＿＿＿＿＿＿＿＿＿＿＿＿＿＿＿＿＿
   →修正 ＿＿＿＿＿＿＿＿＿＿＿＿＿＿＿＿＿＿＿＿＿＿＿＿＿＿＿

2 間違い箇所 ＿＿＿＿＿＿＿＿＿＿＿＿＿＿＿＿＿＿＿＿＿＿＿＿＿＿
   →修正 ＿＿＿＿＿＿＿＿＿＿＿＿＿＿＿＿＿＿＿＿＿＿＿＿＿＿＿

3 間違い箇所 ＿＿＿＿＿＿＿＿＿＿＿＿＿＿＿＿＿＿＿＿＿＿＿＿＿＿
   →修正 ＿＿＿＿＿＿＿＿＿＿＿＿＿＿＿＿＿＿＿＿＿＿＿＿＿＿＿

4 間違い箇所 ＿＿＿＿＿＿＿＿＿＿＿＿＿＿＿＿＿＿＿＿＿＿＿＿＿＿
   →修正 ＿＿＿＿＿＿＿＿＿＿＿＿＿＿＿＿＿＿＿＿＿＿＿＿＿＿＿

5 間違い箇所 ＿＿＿＿＿＿＿＿＿＿＿＿＿＿＿＿＿＿＿＿＿＿＿＿＿＿
   →修正 ＿＿＿＿＿＿＿＿＿＿＿＿＿＿＿＿＿＿＿＿＿＿＿＿＿＿＿

SET 32	サンプルエッセイ 間違い探しドリル

———解答と解説

1　パラグラフ2（1文目）

間違い　particularly in **Electronics** and **Automobiles**

修正　　particularly in **electronics** and **automobiles**

解説 グラフや表の中で大文字表記だったとしても、エッセイ中では英語のルールで大文字にするべき箇所以外では、小文字にする。英語のルールとは、例えば固有名詞や曜日、文頭は大文字にするといったもの。

2　パラグラフ2（2文目）

間違い　To be honest, these countries seem to dominate the market, while

修正　　不要なので消去

解説 Task 1では自分の意見は書かないこと。グラフや表から読み取れる事実のみを書く。

3　パラグラフ2（2文目）

間違い　such as Singapore and **Philippines**

修正　　such as Singapore and **the Philippines**

解説 theをつける国名に注意（the UK, the US(A) / the UAE / the Netherlandsなど）。数はそれほど多くないので一通り覚えておくとよい。グラフや表ではtheが省略されていたとしても、エッセイではつける必要があるので注意する。

4　パラグラフ3（1文目）

間違い　**the number of** electronics exported is the largest in China,

修正　　**the volume of** electronics exported is the largest in China,

解説 electronics は複数形の-sがついているように見えつつも、不可算名詞のため、the number of ～を使うことはできない。the number of ～は可算名詞のみに使う。不可算名詞には、the volume of ～やthe amount of ～を使う。

5　パラグラフ3（1文目）

間違い　, which is very impressive

修正　　不要なので消去

解説 自分の主観的な意見となるので、避けるべき。また、アカデミックライティングでは、「とても」と表現する時、veryよりもremarkably、particularlyといったフォーマルな副詞をできるだけ使いたい。

サンプルエッセイの訳　※（　）内は、修正により削除する箇所

　棒グラフは、2024年のアジア各国の電子機器、自動車、家電製品の輸出量を示している。
　全体的に中国と日本が最も輸出量が多く、特に電子機器と自動車が多い。（正直なところ、これらの国々が市場を独占しているように見えるが、）シンガポールやフィリピンのように、輸出が3つのカテゴリーに比較的バランスよく配分されている国もある。
　詳細なデータを見ると、電子機器の輸出台数が最も多いのは中国で4億台、日本は3億台に達しており（、非常に印象的である）。韓国とインドも大きく貢献しており、それぞれ2億台、1億5,000万台となっている。

SET 33 「断定を避ける表現」のドリル

Task 2 対策

Writing の Task 2 で、主張や意見を述べる部分では、断定を避け、曖昧な表現を使う必要があります。下記のような表現を覚えておきましょう。

「断定を避ける表現」の例

> can / could / may / might
> seem to / it seems that / it appears that / it is likely that

Questions 1-3

下記の文の空欄に、上のボックス内の語句を選んで入れなさい（複数の解答がある）。動詞の形は必要に応じて変えてもよい。

1. 環境　Recent studies show that implementing renewable energy sources _____ help reduce carbon emissions.

2. テクノロジー　The recent advancements in technology _____ revolutionise the way we communicate.

3. ビジネス　_____ the company's new strategy will improve customer satisfaction significantly.

Questions 4 and 5

次の日本語を英語に訳しなさい。訳す際、「断定を避ける表現」を使うこと。

4. 環境　新しい法律が環境保護に役立つ可能性があるように思われる。

　　_____

5. テクノロジー　この技術は、エネルギー効率を向上させることができるようだ。

　　_____

解答と解説

ボックス内の語句の意味

can / could / may / might	可能性があることを伝える助動詞
seem to 〜	〜のようだ
it seems[appears] that S + V	SVのようだ
it is likely that S + V	SVの可能性が高い

1　can / could / may / might / seems to

Recent studies show that implementing renewable energy sources **can** help reduce carbon emissions.

訳▶ 最近の研究では、再生可能エネルギーの導入が二酸化炭素排出量の削減に役立つ可能性が示されている。

解説▶ 問1, 2は空欄前までが主語、直後が動詞のため助動詞を入れる。本番ではエッセイのなかで同じ表現を繰り返すのではなく、色々な表現を使おう。

2　can / could / may / might / seem to

The recent advancements in technology can revolutionise the way we communicate.

訳▶ 最近の技術進歩は、コミュニケーション方法に革命をもたらすかもしれない。

3　It seems that / It appears that / It is likely that

It seems that the company's new strategy will improve customer satisfaction significantly.

訳▶ 同社の新戦略は、顧客満足度を大幅に向上させると思われる。

4　例 It seems that the new law may help protect the environment.

バリエーション

環境保護	preserve nature
役立つ可能性がある	has the potential to help / might play a role in 〜ing
ように思われる	It appears that / It is likely that

5　例 This technology seems to be able to improve energy efficiency.

バリエーション

向上させる	enhance / have the potential to increase / help boost
ようだ	can / could / may / might / appears to / is likely to

> **POINT　断定を避けるのはなぜ？**
>
> overgeneralisation（過度の一般化）は、特定の事例がすべてに該当すると主張すること。例えば Young people today are addicted to social media.（若者が SNS に依存している）だと、SNS を使わない層を考慮しておらず、説得力がない。文頭で副詞（in many cases, arguably, generally speaking など）や副詞節を多用すると単調なので、本項目の表現を活用しよう。

SET 34 短文 間違い探しドリル（初級）

Task 2 対策

Questions 1–5

各文に1箇所だけ間違いがある。間違えている箇所を特定し、正しい文を書きなさい。

☐ **1** 　ビジネス　　In my opinion, this is a positive development because owners could reduce costs related to employees' salaries, making their businesses more profit.

_____

☐ **2** 　テクノロジー　　Because most people believe that AI technologies are beneficial, there may be some disadvantages in the long run.

_____

☐ **3** 　テクノロジー　　To conclusion, the emergence of AI robots to care for the elderly is a welcome development, as the benefits of using robots in the care industry outweigh the drawbacks.

_____
_____

☐ **4** 　労働　　It is said that there is a shortage of taxi drivers in the future due to the aging of the workforce.

_____

☐ **5** 　環境　　Some people believe that birth control is the most effective solution to the rapid increase in population. But others argue that technological innovation is the key to preventing the degradation of our planet.

_____
_____

――――解答と解説

1 profit ▶ profitable

In my opinion, this is a positive development because owners could reduce costs related to employees' salaries, making their businesses more **profitable**.

訳 ▶ 経営者は従業員の給与コストを削減し、利益をより上げられるので、私の意見では前向きな発展だ。

解説 ▶ profit（利益）とprofitable（利益の出る）のように、名詞と形容詞で間違えやすい単語に気をつけよう。

名詞	形容詞
challenge（挑戦）	challenging（難しい、挑戦的な）
access（アクセス）	accessible（利用可能な）
information（情報）	informative（有益な、情報を提供する）
resource（資源）	resourceful（懸命な、困難な状況で効果的に問題解決できる）
development（発展）	developing（発展途上の）

2 Because ▶ Though / Although / Even though / While

Though most people believe that AI technologies are beneficial, there may be some disadvantages in the long run.

訳 ▶ AI技術は有益と考える人が多いが、長期的には欠点があるかもしれない。

3 To conclusion, ▶ To conclude, / In conclusion,

To conclude, the emergence of AI robots to care for the elderly is a welcome development, as the benefits of using robots in the care industry outweigh the drawbacks.

訳 ▶ 結論として、介護業界でロボットを使用する利点が欠点を上回るので、高齢者を介護するAIロボットの出現は歓迎すべき発展だ。

4 is ▶ will be

It is said that there **will be** a shortage of taxi drivers in the future due to the aging of the workforce.

訳 ▶ 労働力の高齢化により、将来タクシー運転手が不足すると言われている。

5 But ▶ However,

Some people believe that birth control is the most effective solution to the rapid increase in population. **However**, others argue that technological innovation is the key to preventing the degradation of our planet.

訳 ▶ 一部に急激な人口増加への最善策は避妊だと考えている人がいるが、地球環境劣化を防ぐ鍵は技術革新にあると主張する人もいる。

解説 ▶ Butから始まる文は口語的でアカデミック・ライティングでは不適切（butとhoweverの区別はWriting SET02を参照）。

SET 35 短文 間違い探しドリル（初級）

Task 2 対策

Questions 1-5

各文に1箇所だけ間違いがある。間違えている箇所を特定し、正しい文を書きなさい。

☐ **1**　　外交　　There are multiple reasons why some people in Europe are opposed to welcome immigrants from overseas.

_____

☐ **2**　　教育　　If children in Africa will be able to go to school, their literacy rates will increase.

_____

☐ **3**　　環境　　It is likely that the disadvantages of continuing to use fossil fuels is far greater than the advantages.

_____

☐ **4**　　環境　　It is believed that introducing renewable energy systems in developing countries is benefit for halting global warming.

_____

☐ **5**　　健康　　Some people argue that using strong chemical sprays in agriculture has an impact to people, especially young children.

_____

―――解答と解説

1 welcome ▶ welcoming
There are multiple reasons why some people in Europe <u>are opposed to</u> **welcoming**
〈be opposed to ＋名詞相当語句〉
immigrants from overseas.

訳 ヨーロッパの一部の人々が、海外からの移民受け入れに反対する理由は複数ある。

解説 be opposed to ～のあとは名詞相当語句、つまり名詞か動詞の -ing 形が続く。

2 will be ▶ are
If children in Africa **are** able to go to school, their literacy rates will increase.

訳 アフリカの子供たちが学校に通うことができれば、識字率が向上する。

解説 条件を表す if 節のなかでは、未来のことであっても現在形を使う。主節は未来を表す will を使う（Writing SET04参照）。

3 is ▶ are
It is likely that <u>the disadvantages of continuing to use fossil fuels</u> **are** far greater than the advantages.
主語（複数）→ are で受ける

訳 化石燃料を使用し続ける欠点は、その利点よりもはるかに大きいと思われる。

解説 that 節のなかは、the disadvantages of continuing to use fossil fuels が主語で、その後に be 動詞が続いている。the disadvantages（複数）なので are で受ける。

4 benefit ▶ beneficial
It is believed that introducing renewable energy systems in developing countries is **beneficial** for halting global warming.

訳 再生可能エネルギーシステムを開発途上国に導入することは、地球温暖化を食い止めるために有益だと考えられている。

解説 Task 2 でよく使う単語 benefit の品詞は、名詞と動詞。形 beneficial と区別しておこう。
　　名 The **benefit** of regular exercise is that it improves both the mind and body.
　　動 Doing exercise regularly **benefits** both the mind and body.

5 to ▶ on
Some people argue that using strong chemical sprays in agriculture has an impact **on** people, especially young children.

訳 農業で強力な化学スプレーを使用することが、人々、特に幼い子供たちに影響を与えると主張する人もいる。

解説 〈have an impact on ＋人〉の形で使う。〈have an effect on ＋人〉と同義。

SET 36 短文 間違い探しドリル（中級）

 8 mins

Task 2 対策

Questions 1-5

各文に１箇所だけ間違いがある。間違えている箇所を特定し、正しい文を書きなさい。

1 教育

In the current university curriculum, it seems that many students are forced to take courses they are not interested.

―――――――――――――――――――――――――――――――

2 医療

What is needed to solve these problems is rapid action, namely, with making people aware that they are at risk of severe diseases.

―――――――――――――――――――――――――――――――

3 メディア

In terms of diet, it is said that people, particularly young women, are susceptible to affect social media.

―――――――――――――――――――――――――――――――

4 テクノロジー

To summarise, it is true that the Internet has been helped business people contact others in foreign countries.

―――――――――――――――――――――――――――――――

5 テクノロジー

If we had not had the Internet, communication would be much different today.

―――――――――――――――――――――――――――――――

312

―――解答と解説

1 interested ▶ interested in
In the current university curriculum, it seems that many students are forced to take **courses** they are not interested **in**.
先行詞　　　↑――関係代名詞の省略

[訳] 現在の大学のカリキュラムでは、多くの学生が興味のない授業を受けさせられているようだ。

[解説] coursesの後に関係代名詞のthat［which］が省略されている。「先行詞（courses）= are not interested in～のinに対する目的語」という関係が成り立つので、inを入れる必要がある。

2 with making ▶ making
What is needed to solve these problems is rapid action, namely, **making** people aware that they are at risk of severe diseases.
　　　　　　　　　　　　　　　　　　　　　　　　　分詞構文

[訳] これらの問題解決に必要なのは、迅速な行動、すなわち、人々に深刻な病気にかかる危険性を認識させることだ。

[解説] makingで分詞構文にする。分詞構文は接続詞の役割も果たすので、接続詞を加える必要はない。なお、namelyは副詞で、挿入句になっている。

3 affect ▶ being affected by
In terms of diet, it is said that people, particularly young women, are susceptible to **being affected by** social media.

[訳] 食生活に関して、特に若い女性は、ソーシャルメディアの影響を受けやすいと言われている。

[解説] affectは〈モノや状況＋affect＋人〉で、通常目的語に人をとる。この場合は、人（people, particularly young women）が主語にあたるので、受動態にする。ちなみにSNSは日本ならではの言い方で、英語圏ではsocial mediaが一般的。

4 has been helped ▶ has helped
To summarise, it is true that the Internet **has helped** business people contact others in foreign countries.

[訳] まとめると、ネットは海外の人々と連絡を取る際に働く人々を助けてきたことは確かだ。

[解説] 受動態にする必要がないので、beenを取る。

5 had not had ▶ did not have
If we **did not** have the Internet, communication would be much different today.
〈If＋主語＋過去形 ...〉　　　主節＝〈主語＋助動詞＋動詞の原形 ...〉

[訳] もしインターネットがなかったら、今日のコミュニケーションはかなり違っているだろう。

[解説] 仮定法過去で、現在における、起こり得ない状況を仮定して、「～だろう」と述べている（Writing SET04参照）。

SET 37 短文 間違い探しドリル（中級）

Task 2 対策

Questions 1-5

各文に1箇所だけ間違いがある。間違えている箇所を特定し、正しい文を書きなさい。

1 教育　The cost of receiving education has become enough high that many students are forced to pursue their academic goals while taking on substantial debt.

2 教育　Another benefit to starting to study at an earlier age is that children are more likely to feel confident after entering elementary school.

3 ビジネス　The main problem is that the fashion industry continues producing new clothes every season to make their business more profitable, leading to a large amount of leftover clothing that disposes of.

4 教育　The government should file a bill to provide study support programs to children whose parents cannot afford their education, especially, they are teenagers.

5 政治　I cannot fully agree with the idea which the government should increase taxes for health and welfare services, as it would place a greater burden on the younger generation to support the elderly.

―解答と解説

1　enough ▶ so

The cost of receiving education has become **so** high that many students are forced to pursue their academic goals while taking on substantial debt.

訳 教育費が非常に高くなったため、多くの学生は多額の借金を背負いながら学業を追求せざるを得なくなっている。

解説 〈so＋形容詞＋that S＋V ...〉にするのが適切。

2　benefit to ▶ benefit of

Another **benefit of** starting to study at an earlier age is that children are more likely to feel confident after entering elementary school.

訳 早い段階で勉強を始める別の利点は、子供たちが小学校に入った後に自信を持ちやすくなることだ。

解説 benefit of 〜（〜の利点）は、Task 2必須の表現。他に、〈benefit for＋人・特定の集団〉の形でも使う。　例 This new policy is a benefit for students.

3　disposes ▶ is disposed

The main problem is that the fashion industry continues producing new clothes every season to make their business more profitable, leading to a large amount of leftover clothing that **is disposed** of.

訳 主な問題は、利益を上げるために、服飾業界が毎期新しい服を生産し続けることで、それが廃棄される大量の余剰衣類を生み出している。

解説 「廃棄される大量の余剰洋服」なので、受動態にする。dispose of 〜で「〜を処分する」。

4　especially, ▶ especially when

The government should file a bill to provide study support programs to children whose parents cannot afford their education, **especially when** they are teenagers.

訳 政府は、特に思春期の子を持つ親が教育を受けさせる余裕がない場合に、学習支援プログラムを提供する法案を提出すべきだ。

解説 especiallyは副詞なので、接続詞のように使うことができない。他、evenも副詞なのに接続詞的に使うミスが多く見られるので、注意しよう。
The government should file a bill to provide study support programs to children whose parents cannot afford their education, especially teenagers. と〈especially＋名詞〉で付加する形でもよい。

5　which ▶ that

I cannot fully agree with the idea **that** the government should increase taxes for health and welfare services, as it would place a greater burden on the younger generation to support the elderly.

訳 若い世代に高齢者を支えるための負担を大きくかけることになるので、政府が健康や福祉サービスのために税金を増加させるべきだという考えには完全には賛成できない。

解説 下線部分は欠けている要素がない文なので、節の前に関係代名詞は置かない。下線部分が後ろからthe ideaを説明しているthat節にする。

SET 38 サンプルエッセイを使ったドリル 8 mins

賛成か反対かを述べる問題

Task 2 対策

サンプルエッセイの問題文

Some people believe that the death penalty is an effective way to reduce serious crimes.
To what extent do you agree or disagree?

Give reasons for your answer and include any relevant examples from your own knowledge or experience.

> 「死刑制度は重大犯罪を減らす効果的な方法だと考える人がいる。あなたはどの程度、賛成もしくは反対するか」という問題に答えたサンプルエッセイを読んで、Questions 1–5 を解こう。

サンプルエッセイ

The death penalty has long been a controversial issue worldwide, with some advocating for its use to deter serious crimes. I strongly disagree with the idea that capital punishment is an effective way to reduce crime rates.

1 (for / one / reason / major / opposing) the death penalty is the risk of punishing innocent individuals. For instance, a well-known case in the United States involved Cameron Todd Willingham, who **2** (with / arson / a / crime / was / of / charged) that killed his three children. He was sentenced to death and executed, but subsequent investigations revealed that the evidence used in his trial was deeply flawed. Furthermore, the death penalty does not necessarily prevent crime. In Japan, where capital punishment is enforced, the crime rate for murder remains relatively low, but this is more likely due to strong social structures and law enforcement rather than fear of execution.

3 (punishment / another / why / reason / disagree / I / with / capital / is) the lack of fairness in the judicial system. People who commit crimes often face unequal treatment due to socioeconomic disparities. **4**（貧困層ほど裁判を受ける可能性が高い）with limited resources, leading to harsher sentences even for petty crimes. For example, I know a former classmate who grew up in a disadvantaged neighbourhood and was caught shoplifting, which is a petty crime, but ended up with a harsh sentence because his family could not afford a good lawyer. According to a report by the Equal Justice Initiative, defendants from low-income backgrounds are 80% more likely to face trial and receive harsher sentences.

> In conclusion, societies should focus on **5**（不平等に取り組み、犯罪防止方法の改善をする）rather than relying on irreversible punishments.

Questions 1-5

問題に答えたサンプルエッセイを読んで、**1**～**3**を並べ替えなさい。**4**, **5**については、（　）内の日本語の意味になるように、英語を書きなさい。

☐ **1** _____
☐
☐ **2** _____
☐
☐ **3** _____
☐
☐ **4** _____
☐
☐ **5** _____
☐

| SET 38 | サンプルエッセイを使ったドリル |

————————解答と解説

1 One major reason for opposing

解説 賛成か反対かを述べる問題タイプでは、2、3パラグラフ（メインパラグラフ）に自分の意見の理由を書いていく。パラグラフの最初は、このように「1つ目の理由は～」と始めるのが常套手段なので、one (major) reason for -ing という言い回しを覚えておくとよい。

2 was charged with a crime of arson

解説 be charged with ～で「～の罪に問われる」。このように犯罪のテーマでよく使われる。

3 Another reason why I disagree with capital punishment is

解説 賛成か反対かを述べる問題で、3パラグラフ目の書き出しにこの表現を使うのが鉄板。**whyやisを忘れることが多いので注意。**

4 例 Poorer individuals are more likely to face trial

解説 「可能性」からpossibleやpossibilityを思い浮かべてしまうが、be likely to ～は使い勝手が良いので覚えておくと便利。

バリエーション

貧困層	poorer / low-income / impoverished individuals
裁判を受ける	be taken to court

5 例 tackling inequalities and improving crime prevention methods

バリエーション

不平等に取り組み、犯罪防止方法の改善をする	addressing inequalities and enhancing methods to prevent crime /
	combating social disparities and strengthening crime prevention strategies /
	reducing inequities and refining approaches to crime prevention /
	dealing with social injustices and improving strategies for preventing crime

サンプルエッセイの訳

　重大犯罪を抑止するために使用を主張する者もおり、死刑制度は長い間、世界的に論争の的となってきた。私は、死刑が犯罪率を減少させる効果的な方法であるという考えに強く反対である。

　死刑制度に反対する大きな理由の1つは、無実の人を罰してしまう危険性があることだ。例えば、米国で有名なキャメロン・トッド・ウィリンガム事件は、3人の子供を殺害した放火の罪で起訴された。彼は死刑を宣告され、死刑が執行されたが、その後の調査で、彼の裁判で使われた証拠には重大な欠陥があったことが明らかになった。さらに、死刑は必ずしも犯罪を防ぐものではない。死刑が執行されている日本では、殺人の犯罪率は比較的低いままであるが、これは死刑執行への恐怖というよりも、むしろ強固な社会構造と警察制度によるものであろう。

　私が死刑に反対するもう1つの理由は、司法制度における公平性の欠如である。犯罪を犯した人々は、社会経済的格差のために不平等な扱いを受けることが多い。貧しい人ほど、限られた資源で裁判を受ける可能性が高く、軽微な犯罪であっても厳しい判決を受けることになる。例えば、私のかつての同級生は恵まれない地域で育ち、軽犯罪である万引きで捕まったが、彼の家族は良い弁護士を雇う余裕がなかったため、厳しい判決を受けることになった。平等な司法イニシアチブの報告書によれば、低所得者層の被告は、裁判を受け、より厳しい判決を受ける可能性が80％高いという。

　結論として、社会は不可逆的な刑罰に頼るのではなく、不平等への取り組みと犯罪防止方法の改善に焦点を当てるべきである。

SET 39 サンプルエッセイを使ったドリル　 8 mins

対立する2つの見解を論じ、自分の意見を述べる問題

Task 2 対策

サンプルエッセイの問題文

Some people believe that job satisfaction is more important than a high salary. Others think that earning a high salary is more essential for a better quality of life.
Discuss both views and give your own opinion.

Give reasons for your answer and include any relevant examples from your own knowledge or experience.

> 「高給よりも仕事のやりがいが重要だと考える人もいる。また、高給を得ることのほうが、より質の高い生活を送るためには不可欠だと考える人もいる。両方の意見について議論し、あなた自身の意見を述べなさい」という問題に答えたサンプルエッセイを読んで、Questions 1–5を解こう。

サンプルエッセイ

In the modern world, opinions are divided on whether job satisfaction or a high salary is more important. While both sides have valid points, I believe that job satisfaction holds greater value.

1 (the / hand / one / on) , earning a high salary provides financial security and opens the door to numerous opportunities. This is because higher income **2** (better / conditions / allows / living / individuals / afford / to) and invest in their future. For instance, my neighbour, a software engineer, used her substantial salary to purchase a new home and funded her children's college education. Furthermore, a high income can directly enhance an individual's lifestyle and provide long-term security. A recent article in The Guardian reported that 75% of individuals earning above $80,000 annually felt more confident in making significant financial decisions, such as buying property or starting a business.

3 (hand / other / the / on) , job satisfaction is essential for maintaining happiness and mental health over the long term. Engaging in meaningful work **4** (人々に目的意識を与え、モチベーションを維持させる). **5** (① For example, my former colleague left a high-paying marketing role.　② Then, he wanted to pursue a career as a photographer.　③ Now, he earns less but feels deeply fulfilled by his creative work.) Additionally, prioritising job satisfaction leads to a healthier and more balanced lifestyle. Studies have shown that employees who enjoy their jobs are 70% more productive and less likely to suffer from burnout, regardless of their income level.

In conclusion, while both job satisfaction and a high salary have their advantages, I strongly believe that job satisfaction is more important.

Questions 1–5

問題に答えたサンプルエッセイを読んで、**1**～**3**を並べ替えなさい。**4**については、（　　）内の日本語の意味になるように、英語を書きなさい。**5**については、元の3文を1文に書き換えなさい。

1 _____

2 _____

3 _____

4 _____

5 _____

SET 39　サンプルエッセイを使ったドリル

———解答と解説

1　On the one hand

解説 対立する2つの見解を論じ、自分の意見を述べる問題タイプにおいて、2パラグラフ目の書き出しにこの表現を使うのが鉄板。theやカンマを忘れるケースが多いので注意。

2　allows individuals to afford better living conditions

解説 Writingで7.0を目指すなら無生物主語が使えるようにしたい。〈allow＋人＋to＋動詞の原形〉の順番。動詞のaffordの後には、to不定詞、もしくは名詞が置かれる。affordのような動詞も、さらっと使えるようにしておきたい。

無生物主語でよく使う動詞とその形

動詞の形	意味
allow＋人＋to ～	～に（許可して）…させる
enable＋人＋to ～	～が…できるようにする
help＋人＋(to) ～	～が…するのを手伝う／助ける
encourage＋人＋to ～	～が…するように促す／励ます

3　On the other hand

解説 対立する2つの見解を論じ、自分の意見を述べる問題タイプにおいて、3パラグラフ目の書き出しにこの表現を使うのが鉄板。theやカンマを忘れるケースが多いので注意。

4　例 gives people a sense of purpose and keeps them motivated

解説 engagingという動名詞が主語になっているため、問2と同じく、無生物主語の構文。

バリエーション

人々に目的意識を与え	provides people with a sense of purpose /
	gives individuals a clear direction in life
モチベーションを維持させる	helps them stay motivated /
	maintains their enthusiasm /
	inspires them to keep going

5　例 For example, my former colleague left a high-paying marketing role to pursue a career as a photographer, earning less but feeling deeply fulfilled by his creative work.

解説 まず、①と②のつながりについて。want to～（～がしたい）はto不定詞の副詞的用法（～するために）で言い換えられることが多い。この場合は「仕事をやめた。写真家になりたかったからだ」という2文を、「写真家になるために仕事をやめた」とまとめている。そして、②と③のつながりについて、こちらは結果を分詞構文で言い換えている。分詞構文にするには、つなぎの言葉（接続詞や接続副詞）を取り、主語が同じなら主語も取り、動詞を分詞形にする（Writing SET09参照）。

322

このように文をうまくまとめるのは上級テクニックだが、言い換え前のように副詞ばかりで短い文をつなげていくとポイントにつながらないので、1文を2文節で構成していくように心がけていこう。

サンプルエッセイの訳

　現代社会では、仕事のやりがいと高給のどちらが重要かについて意見が分かれている。どちらの意見ももっともだが、私は仕事のやりがいのほうがより大きな価値を持つと考える。

　一方では、高給を得ることは経済的な安定をもたらし、多くのチャンスへの扉を開く。高収入を得ることで、より良い生活環境を手に入れ、将来に投資することができるからだ。例えば、ソフトウェア・エンジニアである私の隣人は、その高給で新しい家を購入し、子供たちの大学教育資金をまかなった。さらに、高収入は個人のライフスタイルを直接的に向上させ、長期的な安定をもたらす。『ガーディアン』紙の最近の記事によると、年収8万ドル以上の人の75%が、不動産の購入や起業など、重要な金銭的決断をする際に自信が持てるようになったと回答している。

　一方、仕事のやりがいは、幸福感と精神的健康を長期的に維持するために不可欠である。意義のある仕事に従事することは、人々に目的意識を与え、モチベーションを維持する。例えば、私の元同僚は高給取りのマーケティング職を辞め、写真家としてのキャリアを追求したいと考えた。彼は収入は少ないが、クリエイティブな仕事に深い充実感を感じている。さらに、仕事のやりがいを優先することは、より健康的でバランスの取れたライフスタイルにつながる。仕事を楽しんでいる従業員は、所得水準に関係なく、生産性が70%高く、燃え尽き症候群になりにくいという研究結果がある。

　結論として、仕事のやりがいにも高給にも利点はあるが、私は仕事のやりがいのほうが重要だと強く思う。

SET 40 サンプルエッセイを使ったドリル 8 mins

原因と
解決策を述べる問題

Task 2 対策

サンプルエッセイの問題文

In many cities around the world, traffic congestion has become a severe issue, causing delays, air pollution, and stress for residents. What are the main causes of traffic congestion in cities? What solutions can be implemented to reduce this problem?

Give reasons for your answer and include any relevant examples from your own knowledge or experience.

> 「世界の多くの都市で交通渋滞が深刻な問題となっており、遅延や大気汚染、住民のストレス要因となっている。都市における交通渋滞の主な原因は何か。この問題を軽減するために、どのような解決策を講じることができるか」という問題に答えたサンプルエッセイを読んで、Questions 1–5を解こう。

サンプルエッセイ

Traffic congestion is a growing problem in urban areas worldwide. This essay will explore the main causes of this issue and propose effective solutions to address it.

1 (congestion / causes / the / of / of / one / traffic / primary / is) the increasing number of private vehicles on the roads. This is often due to the convenience and flexibility that private cars offer compared to public transportation. For example, in my city, over 70% of commuters prefer using their cars because buses and trains are frequently delayed. Additionally, the lack of affordable and reliable public transportation **2** (makes people feel like not using it → discourage を使って書き換え). A recent survey by a local newspaper revealed that 65% of residents would switch to public transport if services were more frequent and on time.

3 (this / is / issue / to / one / solution / effective / tackle) to improve and expand public transportation systems. By investing in infrastructure and increasing the frequency of services, cities can **4** (make more residents use buses and trains instead of private vehicles → encourage を使って書き換え). In Singapore, for instance, the government introduced high-speed trains and affordable fares, which led to a 25% reduction in daily car usage within three years. **5** (もう1つの解決策は、自動車保有を抑制する政策を実施することである), such as

324

congestion charges or higher taxes on private vehicles. London's congestion charge system has reduced traffic in the city center by 30% since its introduction, according to official reports.

In conclusion, traffic congestion in cities is caused by the over-reliance on private vehicles and inadequate public transport systems. By improving public transportation and implementing policies to reduce car usage, cities can significantly alleviate this pressing issue.

Questions 1-5

問題に答えたサンプルエッセイを読んで、**1**, **3** を並べ替えなさい。**2**, **4** は、それぞれ指示されている語を使って書き換えなさい。**5** については、（　　）内の日本語の意味になるように、英語を書きなさい。

☐ **1** _____
☐
☐ **2** _____
☐
☐ **3** _____
☐
☐ **4** _____
☐
☐ **5** _____
☐

SET 40 サンプルエッセイを使ったドリル

――――――――――――――――――――――――――――解答と解説

1 One of the primary causes of traffic congestion is

解説 原因と解決策を述べる問題タイプにおいて、2パラグラフ目の書き出しにこの表現を使うのが鉄板（このパラグラフでは原因について述べますよ、という意思表示）。

2 discourages people from using it

解説 無生物主語といえば、〈make ＋人＋動詞の原形〉（〜させる）を使う人が多いが、7.0を目指すならもっとバラエティがほしいところ。そのなかでも encourage / discourage（動 奨励する / やめさせようとする）はおさえておこう。encourage は〈to ＋動詞の原形〉、discourage は〈from ＋動名詞〉を使う。

3 One effective solution to tackle this issue is

解説 原因と解決策を述べる問題タイプにおいて、3パラグラフ目の書き出しにこの表現を使うのが鉄板（このパラグラフでは解決法について述べますよ、という意思表示）。

4 encourage more residents to use buses and trains instead of private vehicles

解説 問3の解説を参照。〈encourage ＋人＋to ＋動詞の原形〉を使う。

5 例 Another solution is to implement policies that discourage car ownership

解説 特に総量を特定せずに「もう1つ」と言いたい時は another を使う（another, the other の使い方は Writing SET43参照）。discourage はこのように、後に名詞だけを置くこともできる。

バリエーション

自動車保有を抑制する政策を実施すること	to introduce policies aimed at reducing car ownership /
	to adopt measures to limit car ownership /
	to enforce regulations that restrict car ownership /
	to promote policies designed to curb car ownership

サンプルエッセイの訳

　交通渋滞は、世界中の都市部で深刻化している問題である。このエッセイでは、この問題の主な原因を探り、効果的な解決策を提案する。

　交通渋滞の主な原因の1つは、道路を走る自家用車の増加である。これは多くの場合、公共交通機関に比べて自家用車のほうが便利で柔軟性があるためである。例えば、私の住む都市では、バスや電車が頻繁に遅延するため、通勤者の70%以上が車の利用を好んでいる。加えて、手頃な料金で信頼できる公共交通機関がないことも、人々の利用意欲を削いでいる。地元紙が最近実施した調査によると、住民の65%が、公共交通機関の運行がもっと頻繁で時間通りに運行されるなら、公共交通機関に切り替えると回答している。

　この問題に取り組むための効果的な解決策の1つは、公共交通システムを改善・拡大することである。インフラに投資し、運行頻度を増やすことで、都市は自家用車の代わりにバスや電車を利用する住民を増やすことができる。例えばシンガポールでは、政府が高速鉄道と手ごろな運賃を導入した結果、3年以内に1日の自動車利用が25%減少した。もう1つの解決策は、渋滞料金や自家用車への課税強化など、自動車保有を抑制する政策を実施することだ。公式報告によると、ロンドンの渋滞料金制度は、導入以来、中心街の交通量を30%減少させた。

　結論として、都市の交通渋滞は、自家用車への過度の依存と不十分な公共交通システムによって引き起こされている。公共交通機関を改善し、自動車の利用を減らす政策を実施することで、都市はこの差し迫った問題を大幅に緩和することができる。

SET 41 サンプルエッセイを使ったドリル　8 mins

長所と短所を比較する問題

Task 2 対策

サンプルエッセイの問題文

Some people decide to move to another country for better opportunities, while others believe staying in their home country is more beneficial.

Discuss the advantages and disadvantages of moving to another country.

Give reasons for your answer and include any relevant examples from your own knowledge or experience.

> 「より良い機会を求めて他国への移住を決意する人もいれば、母国に留まるほうが有益だと考える人もいる。他国へ移住することのメリットとデメリットについて論じなさい」という問題に答えたサンプルエッセイを読んで、Questions 1–5 を解こう。

サンプルエッセイ

Relocating to a foreign country can provide individuals with exciting opportunities and life-changing experiences. However, it is also accompanied by significant challenges that require careful consideration.

1 (abroad / one / advantage / major / moving / is / of) the opportunity to access better job prospects and higher salaries. For example, my friend who moved from Vietnam to Australia tripled her income as a software engineer due to the demand for her skills. This economic improvement often enables individuals to support their families and enjoy a higher standard of living. Furthermore, **2** (if individuals live in a foreign country, they can immerse themselves in a new culture and language). My cousin, who relocated to Spain, shared how learning Spanish and experiencing local traditions enriched her understanding of the world and improved her communication skills.

On the other hand, **3** (disadvantage / is / country / moving / of / to / significant / one / another) the potential for loneliness and isolation. For instance, when I studied in Canada, **4** (I initially struggled to make friends and missed my family deeply, so I had feelings of homesickness). This emotional difficulty can impact one's mental health and overall well-being. Another drawback is the challenge

of adapting to a new environment, including differences in social norms or professional expectations. **5** (According to a recent survey by the BBC, 60% of expatriates reported experiencing cultural shock within their first year abroad, and it often hindered their ability to settle and perform well in their jobs.)

While moving to a foreign country offers numerous benefits, such as economic opportunities and cultural exposure, it also comes with challenges like loneliness and cultural adaptation.

Questions 1-5

問題に答えたサンプルエッセイを読んで、**1**, **3** を並べ替えなさい。**2** は、if を使わずに無生物主語を使って書き換えなさい。**4** は so を使わずに、分詞構文に書き換えなさい。**5** については、and の代わりに 〈, which ...〉という関係代名詞の非制限用法を使って書き換えなさい。

☐ 1 _____
☐ 2 _____
☐ 3 _____
☐ 4 _____
☐ 5 _____

SET 41 サンプルエッセイを使ったドリル

―――解答と解説

1　One major advantage of moving abroad is

解説 長所と短所を比較する問題タイプにおいて、2パラグラフ目の書き出しにこの表現を使うのが鉄板（このパラグラフでは長所について述べますよ、という意思表示）。

2　living in a foreign country allows individuals to immerse themselves in a new culture and language

解説 if構文は、油断していると使いすぎるので注意。また、この場合のように直前に furthermore, moreover, however などの文頭の接続副詞などを置く場合、その後に if構文を持ってくると〈Furthermore, if SV, SV〉というように1つの文のなかで2つカンマをつける形になり、少しリズムが悪くなる側面がある。if構文を無生物主語構文にするには下記のようなステップをとる。

if構文→無生物主語への書き換えステップ

Step1：If SV の V を動名詞にする、if と S を取る

if individuals live in a foreign country → **living** in a foreign country
　　　if と S を取る　　　　　　　　　　　　　　　　　　動名詞にする

Step2：動名詞を主語にする

living in a foreign country

Step3：動詞を変える（allow, help, enable, make, encourage, discourage など）

living in a foreign country **allows**

Step4：if 節のほうの SV の S を新しい動詞の目的語にする

living in a foreign country allows **individuals**

Step5：新しい動詞に合わせて、主節のほうの SV の V を持ってくる

→ allow の場合は to 不定詞を使う

living in a foreign country allows individuals to **immerse** ...

このステップのように無生物主語構文にするほか、下記のような方法もある。

パラフレーズ例　～if構文の繰り返しを避けるために～

構文・語句	文
by / through ＋動名詞	By / Through living in a foreign country, individuals can immerse themselves in a new culture and language.
関係代名詞	Individuals who choose to live in a foreign country gain opportunities to immerse themselves in a new culture and language.
分詞構文	Living in a foreign country, individuals can immerse themselves in a new culture and language.

3　one significant disadvantage of moving to another country is

解説 長所と短所を比較する問題タイプにおいて、3パラグラフ目の書き出しにこの表現を使うのが鉄板（このパラグラフでは短所について述べますよ、という意思表示）。この前にある on the other hand はつけてもつけなくてもよい。

4　I initially struggled to make friends and missed my family deeply, leading to feelings of homesickness

解説 元々の〈, so ...〉という文が間違っているわけではないが、油断していると連発してしまうので、意識して書き換えていく必要がある。ここでは分詞構文を使って書き換えている（分詞構文については Writing SET09 参照）。

パラフレーズ例　〜〈, so ...〉構文の繰り返しを避けるために〜

言い換えの構文・語句	文
〈, which〉	I initially struggled to make friends and missed my family deeply, which caused feelings of homesickness.
〈動詞を名詞化＋result〉	My initial struggles to make friends and missing my family deeply resulted in feelings of homesickness.
because	Because I struggled to make friends and missed my family deeply, I experienced feelings of homesickness.

5　According to a recent survey by the BBC, 60% of expatriates reported experiencing cultural shock within their first year abroad, which often hindered their ability to settle and perform well in their jobs.

解説 こちらの場合も、元々の〈, and ...〉という文が間違っているわけではないが、文を2文節で構成しようと思うと、and が一番使い勝手の良い接続詞のため、連発してしまい単調になってしまう可能性がある。少し余裕が出てきたらこういった文も書き換えていくことにトライしていきたい（関係代名詞の非制限用法については Writing SET05 を参照）。

サンプルエッセイの訳

　外国への移住は、個人にエキサイティングな機会や人生を変えるような経験を提供することができる。しかし、移住には慎重な検討が必要な大きな課題も伴う。

　海外移住の大きな利点の1つは、より良い仕事の展望とより高い給料を手にする機会が得られることだ。例えば、ベトナムからオーストラリアに移住した私の友人は、彼女のスキルに対する需要のため、ソフトウェア・エンジニアとしての収入が3倍になった。このような経済的向上は、家族を養い、より高い生活水準を享受することを可能にする。さらに、外国に住むことで、新しい文化や言語に浸ることができる。スペインに移住した私のいとこは、スペイン語を学び、現地の伝統を体験することで、いかに世界に対す

SET 41 サンプルエッセイを使ったドリル

る理解が深まり、コミュニケーション能力が向上したかを語ってくれた。

　一方、他国に移住することの大きなデメリットは、孤独や孤立の可能性があることだ。例えば、私がカナダに留学した時、最初は友達を作るのに苦労し、家族が恋しくてホームシックになった。このような感情的な困難は、精神的な健康や全体的な幸福に影響を与える可能性がある。もう1つの欠点は、社会規範や仕事上の期待の違いなど、新しい環境に適応することの難しさである。BBCの最近の調査によると、海外駐在員の60%が、海外赴任後1年以内にカルチャーショックを経験したと回答しており、そのことがしばしば、海外赴任に慣れ、仕事をうまくこなす妨げになっている。

　外国への移住は、経済的な機会や文化的な体験など多くのメリットをもたらす一方で、孤独や文化的適応といった課題も伴う。

時間制限との向き合い方・Part 2

ここでは、実際に少しでも時短で解答を作るためのちょっとした工夫について共有していく。

定番の理由付けを決めておく

Writing では、結論や主張の後に、通常は理由を書く。この理由に関しては、だいたい自分の書きやすい分野をある程度決めておくと良い。一番のお勧めは、「お金」に関する理由である。お金はどのような局面・トピックにもかかわってくる問題であり、誰もが程度にかかわらず、常にお金のことは考えながら生きているものであり、お金についての理由というのは結び付けやすい。

> 例：
> 「テクノロジーは人々の生活を改善したのか？」という問題
> →「改善した」という主張
> →理由は、「お金」に関連させて考える
> - ATM でどこでもお金が引き出せる
> - ネットにより在宅仕事が可能になった
> - ネットにより経済が発展した国もある

など。

何を言われてもお金につなげる！と考えておくと自分の発想のきっかけができるので、少なくとも「うーん、何を言えばいいかまったくわからない…」というようにゼロの状態でずっと悩む、ということがかなり防げる。これは Speaking でも同じことが言える。

また、自分の仕事など得意な業界から常に発想する、というのも 1 つ。

SET 42 サンプルエッセイを使ったドリル 8 mins

肯定的か否定的かを答える問題

Task 2 対策

サンプルエッセイの問題文

> In many countries, the average life expectancy has increased significantly due to advancements in healthcare and improved living standards.
>
> Is this a positive or negative development?
>
> Give reasons for your answer and include any relevant examples from your own knowledge or experience.
>
> 「医療の進歩や生活水準の向上により、多くの国で平均寿命が大幅に延びている。これは肯定的、もしくは否定的な発展か」という問題に答えたサンプルエッセイを読んで、Questions 1–5を解こう。

サンプルエッセイ

> It is undeniable that longer life expectancy has become a notable trend worldwide thanks to advancements in healthcare and better living conditions. I firmly believe that it is a positive development for both individuals and society.
>
> Firstly, longer life expectancy allows people to spend more time with their loved ones and **1** (helps improve their families' well-being). This kind of intergenerational bonding strengthens family ties and creates a stable support system for everyone involved. For example, **2** (my grandmother recently turned 90 and continues to play a vital role) in our family by sharing her wisdom and providing emotional support to younger generations. Furthermore, with more years to live, **3** (individuals have the opportunity to pursue personal goals and interests. This enriches their lives and enhances their happiness). Many retirees I know have started second careers or volunteered in community projects.
>
> Secondly, **4** (an aging population often drives innovation and improvements in public services and also benefits society as a whole). **5** (Because of these innovations, not only the quality of life for older adults is improved, but also new economic opportunities are created) in industries focused on healthcare and eldercare. For instance, Japan has developed advanced robotic technology to assist elderly people, such as robots designed to help with mobility and daily

334

tasks, which has also opened up new markets and driven economic growth. Additionally, older individuals who remain healthy often continue to contribute to the workforce or mentor younger employees, as seen in the rising number of consultants over 65 in my community.

In conclusion, the increase in life expectancy is undoubtedly a positive development.

Questions 1-5

問題に答えたサンプルエッセイを読んで、**1** を contribute to を使って書きかえなさい。**2**, **3** は関係代名詞の非制限用法を使って、**4** は分詞構文を使って書き換えなさい。**5** については、these innovations を主語にして書き換えなさい。

☐ **1** _____

☐ **2** _____

☐ **3** _____

☐ **4** _____

☐ **5** _____

SET 42　サンプルエッセイを使ったドリル

――――解答と解説

1　contributes to their families' well-being

解説 contributeも無生物主語を受ける動詞として便利に使える。辞書によく出てくる「貢献する」という意味だけではなく、A contribute to B（AはBを引き起こす）という意味として、be responsible for〜やcauseの言い換えとしても使える。ネガティブな意味でも使えて便利。この場合のtoは前置詞のため、後に名詞が来るので注意。このように「AはBの原因である」「AはBを引き起こす」という、いわゆる「因果関係」を表したいとき（IELTSのWritingではよくある！）は「無生物主語が使えないかな？」と考えてみるクセをつけよう。

パラフレーズ例　〜因果関係を表す文が、単調になりそうになったら〜

言い換えの構文・語句	例文
cause	Smoking causes lung cancer. （喫煙は肺がんの原因である）
lead to 〜 ※toは前置詞	Lack of exercise can lead to obesity. （運動不足は肥満につながる可能性がある）
result in 〜	Poor management often results in business failure. （経営が悪いと、しばしば事業の失敗につながる）
be responsible for 〜	Human activities are responsible for climate change. （人間の活動が気候変動の原因である）
bring about 〜	The new policy will bring about significant changes. （新しい政策は大きな変化をもたらすだろう）
play a role in 〜	Diet and exercise play a key role in maintaining good health.（食事と運動は、健康維持において重要な役割を果たす）

2　my grandmother, who recently turned 90, continues to play a vital role

解説 関係代名詞のwhoを非限定的に使い、追加情報として挟むとうまくいく。元々の文も間違いではないが、〈, and ...〉と節を多用しすぎないようにバリエーションを持っておくとよい（関係代名詞の非制限用法についてはWriting SET05を参照）。

3　individuals have the opportunity to pursue personal goals and interests, which enriches their lives and enhances their happiness

解説 元々の文が間違っているわけではないが、This以下の文が少し短いので、前の文につけたほうがリズム感が良くなる（関係代名詞の非制限用法についてはWriting SET05を参照）。

4　an aging population often drives innovation and improvements in public services, benefiting society as a whole

解説 こちらも元々の文が間違っているわけではないが、文を2文節で構成しようと思うと、andが一番使い勝手の良い接続詞のため、油断していると多用してしまうので意識して書き換えていく必要がある。ここでは分詞構文を使って書き換えている（分詞構文についてはWriting SET09を参照）。

5 These innovations not only improve the quality of life for older adults but also create new economic opportunities

解説 元々の文は文法的に間違いではないが、スマートではない。その理由は2つ：
①Because of ～で文を始めるのは、よほど強調したいとき以外は避けたい。また、少しカジュアルな印象を与えてしまう。
②受動態を不要なところで使っている。受動態はいつでも使っていいわけではなく、基本的に、英語で受動態を使う条件は下記のとおり。それ以外ではできるだけ避けるようにしよう。

受動態を使う条件

①前の文でフォーカスされている語にそのままフォーカスを当てる時
前の文でフォーカスがあたっている語に、そのままフォーカスを当てたい場合は、その語を主語にする。英語では、「主語になっている語が一番目立つ」というルールがある。

前の文
John wrote a beautiful **poem**. （ジョンは美しい詩を書いた）
↓
次の文→受動態
The poem was praised by everyone in the class. （その詩はクラスの全員に称賛された）
前の文のあとに、そのままpoemにフォーカスをあてたい場合、poemを主語にして受動態の文にする。

②動作の主がわからない時
Jobs were lost during the pandemic. （パンデミックの間に職が失われた）
「誰が」職を失ったのかわからないので、受動態が使われている。

③動作の主を曖昧にしたい時
Changes were implemented. （変更が行われた）
誰が変更を実施したのかを明確にしたくないため、「○○ implemented changes.（○○さんが変更を実施した）という表現の代わりに、受動態を使っている。

サンプルエッセイを使ったドリル

サンプルエッセイの訳

　医療の進歩や生活環境の改善により、平均寿命の延長が世界的に顕著な傾向となっていることは否定できない。私は、長寿化は個人にとっても社会にとってもプラスになると確信している。

　第一に、寿命が延びることで、人々は愛する人と過ごす時間を増やし、家族の幸福に貢献することができる。このような世代間の結びつきは、家族の絆を強め、関係者全員にとって安定した支援システムを生み出す。例えば、先日90歳になった私の祖母は、若い世代に知恵を分け与え、精神的なサポートを提供することで、私たち家族にとって重要な役割を果たし続けている。さらに、寿命が長くなると、個人的な目標や興味を追求する機会が増え、人生を豊かにし、幸福感を高めることができる。私の知る定年退職者の多くは、セカンドキャリアを始めたり、地域プロジェクトにボランティアとして参加している。

　第二に、高齢化によって公共サービスの革新や改善が促進され、社会全体が恩恵を受けることが多い。こうしたイノベーションは、高齢者の生活の質を向上させるだけでなく、ヘルスケアや高齢者ケアに特化した産業において新たな経済機会を生み出す。例えば、日本は高齢者の移動や日常作業を支援するロボットなど、高齢者を支援する先進的なロボット技術を開発し、新たな市場を開拓して経済成長を牽引してきた。さらに、私のコミュニティでは65歳以上のコンサルタントの数が増えているように、健康であり続ける高齢者が労働力に貢献したり、若い従業員を指導したりすることも多い。

　結論として、平均寿命の延びは間違いなく前向きな進展である。

SET 43　サンプルエッセイ　間違い探しドリル

⏱ 8 mins

対立する
2つの見解を論じ、
自分の意見を述べる問題

Task 2 対策

サンプルエッセイの問題文

Some people believe that the purpose of education is to prepare individuals to be useful members of society. Others argue that education should primarily help individuals achieve personal fulfillment.

Discuss both views and give your own opinion.

Give reasons for your answer and include any relevant examples from your own knowledge or experience.

「教育の目的は、個人が社会の有用な一員となるよう準備することだと考える人もいる。また、教育は主に個人が個人的な充実感を得るのを助けるものであるべきだと主張する人もいる。両方の意見について議論し、あなた自身の意見を述べなさい」という問題のサンプルエッセイから間違い探しをしよう。

サンプルエッセイ

Education serves as a foundation for both societal progress and individual growth. While both perspectives are important, I believe the primary goal of education should be to prepare individuals to contribute meaningfully to society.

On the one hand, education as a means to prepare individuals for society emphasises practicality. Schools equip students with skills and knowledge that enable them to contribute to economic growth and social stability easier, particularly in industries requiring rapid technological advancements. For example, in my hometown, a local vocational school introduced specialised training programs for IT and engineering. Over 80% of the graduates from this program found stable jobs within six months.

On the other hand, personal fulfillment through education focuses on individual growth and happiness. This kind of fulfillment often leads to intrinsic motivation, helping individuals feel that they can achieve successfully in life. For instance, my cousin pursued a degree in fine arts because of her passion for painting. Despite facing financial struggles at first, she now works as a successful freelance artist, showcasing her work in exhibitions and teaching art to children.

Similarly, education also allows students to explore the other perspective on the world, encouraging a deeper understanding of different cultures and values. A recent study by UNESCO found that students participating in exchange programs showed a 75% improvement in cultural awareness and empathy compared to those who did not.

In conclusion, while education should help individuals achieve personal growth, it is so important to prepare them to be productive and responsible members of society.

Questions 1–5

問題に答えたサンプルエッセイのなかに、不適切な箇所が5個ある。それらを抜き出して訂正しなさい。文法的な間違いだけではなく、構成面にも注意すること。

☐ 1 間違い箇所 _____
☐
　　　→修正 _____

☐ 2 間違い箇所 _____
☐
　　　→修正 _____

☐ 3 間違い箇所 _____
☐
　　　→修正 _____

☐ 4 間違い箇所 _____
☐
　　　→修正 _____

☐ 5 間違い箇所 _____
☐
　　　→修正 _____

SET 43	サンプルエッセイ 間違い探しドリル

―――解答と解説

1　2パラグラフ（2文目）

間違い　to contribute to economic growth and social stability **easier,**

訂正　　to contribute to economic growth and social stability **more easily,**

解説 contribute（動 貢献する）を修飾して「もっと簡単に」と言いたいので、形容詞 easy の比較級ではなく、副詞が必要。混同しているケースが多いので、しっかり押さえておこう。

	原形	比較級	最上級
形容詞（簡単な）	easy	easier	easiest
副詞（簡単に）	easily	more easily	most easily

2　3パラグラフ（2文目）

間違い　individuals feel that they can achieve **successfully** in life.

訂正　　individuals feel that they can achieve **success** in life.

解説 success も非常に間違いやすい語。ここでは、動 achieveの目的語として名詞を置く必要があるので、副 successfullyは間違い。曖昧に使っている人が多いので、各品詞の意味と使い方を押さえておこう。

品詞	語の形	使い方のポイント	例文
名詞	**success**	achieveなどの動詞の目的語として使われることが多い	She finally achieved great **success** in her career. （彼女はついにキャリアで大きな成功を収めた）
動詞	**succeed**	前置詞inを伴って「〜に関して成功する」という場面で使うことが多い	He worked hard to **succeed** in his exams. （彼は試験に成功するために一生懸命努力した）
形容詞	**successful**	「成功している」という意味で汎用的に使える	The event was very **successful**. （そのイベントは非常に成功した）
副詞	**successfully**	使用頻度は低い	She **successfully** completed the project on time. （彼女はプロジェクトを時間通りに成功裏に終えた）

3　4パラグラフ（Similarly, から始まる文）

間違い　Similarlyの文で改行している

訂正　　改行せずに、前文に続ける。Similaly, …〜who did not. も3パラグラフになる。

解説 IELTSのWritingでは、パラグラフ構成が採点基準の一部となっている。3パラグラフ目では、「教育は個人が充実感を得るべきである」という論旨を述べており、同じ論旨を述べるあいだはパラグラフを変えず、改行もしない。途中で不必要な改行があると、文全体がまとまりを欠いた印象を与えてしまう。

342

START 100 200 300 400 500 問

4 問3と同じ文

間違い　education also allows students to explore **the other perspective**

訂正　　education also allows students to explore **other perspectives**

解説 the other は「残りの1つ」を指す場合に使用されるが、この文脈では一般的な「視点」を表したいので、不特定多数を表す other に加えて、名詞は複数形を使用する。another や the other を使うと1つに限定されてしまうため、ここでは不適切。

特定（the がつく）		不特定（the がつかない）	
the other ＝ 残りの1つ		another ＝ 他のもう1つ	
単数	**one**	**the other**	**one**	**another**
the others ＝ 残りの全部		others ＝ 他の複数	
複数	**one**	**the others**	**one**	**others**

5 4パラグラフ（1文目）

間違い　it is **so** important to prepare them

訂正　　it is **extremely** important to prepare them

解説 extremely など、フォーマルな副詞に変える。
so important は日常会話では使われる表現だが、フォーマルなアカデミック・ライティングでは避けるべき。フォーマルな extremely や highly を使うほうが採点官に好印象を与える。ちなみに、so は so that の形で使うのであればアカデミック・ライティングでも OK（Writing SET01参照）。

Writing

343

SET 43 サンプルエッセイ 間違い探しドリル

サンプルエッセイの訳

　教育は、社会の進歩と個人の成長の両方の土台となるものである。どちらの視点も重要ではあるが、私は教育の第一の目標は、個人が社会に有意義に貢献できるよう準備することであると考える。

　一方では、個人の社会への準備としての教育は、実用性を重視する。学校は、生徒が経済成長や社会の安定により容易に貢献できるような技術や知識を、特に急速な技術進歩を必要とする産業で身につけさせる。例えば、私の故郷では、地元の専門学校がITとエンジニアリングの専門教育プログラムを導入した。このプログラムの卒業生の80%以上が、半年以内に安定した職に就いた。

　一方、教育による自己実現は、個人の成長と幸福に焦点を当てる。このような充実感は、内発的動機づけにつながることが多く、人生において成功できると感じることができる。例えば、私のいとこは絵を描くのが好きで、美術の学位を取得した。当初は経済的に苦境に立たされたが、現在はフリーランスのアーティストとして成功を収め、展覧会で作品を発表したり、子供たちにアートを教えたりしている。同様に、教育はまた、生徒が他の視点から世界を探求することを可能にし、異なる文化や価値観への深い理解を促す。ユネスコが最近行った調査によると、交流プログラムに参加した生徒は、参加しなかった生徒に比べて、文化的認識と共感力が75%向上した。

　結論として、教育は個人の成長を助けるものであるべきだが、社会の生産的で責任ある一員となるための準備をすることも非常に重要である。

POINT パラグラフの途中で改行しない！

日本人の学習者は論文の書き方を学校であまり学ばないため、段落構成について関心が薄い場合が多い。そのため、パラグラフの途中で改行したり、あるいは、パラグラフに分けないなどの解答が散見される。

著者は、Task 2で4パラグラフ構成を勧めているが、4パラグラフ構成であろうが5パラグラフ構成であろうが、1パラグラフのなかには同じ趣旨の主張をまとめるようにし、途中で何となく改行をするのは避けること。PCでいえば、Enterキーを押さずにどんどん書いていき、勝手に改行されるのに任せるということだ。

時間制限との向き合い方・Part 3

「時間制限との向き合い方・Part 2」にひきつづき、ちょっとした時短のコツを共有していく。

イントロ・結論や各パラグラフの書き出しを固定しておく

定番化できる表現は、色々と変えるのではなく、自分の中での定番を決め、何度も練習の時に書いて記憶を定着させてしまうのが良い。

> **例**
> パラグラフ1（導入）の書き出し→ there are a number of people talking about ...
> パラグラフ4（結論）の書き出し→ In conclusion,

IELTSでは暗記した文章を書くと減点になってしまうため、決めておくといっても文まるごとではなく、フレーズ単位にしておくことが大事。これだけでも、自分の中でがっちりと定番になって何も考えずにすらすらと書けるようになっておくだけで、大幅な時間の短縮になる。

各場所で使う接続副詞を固定しておく

接続副詞は、使う場所と一緒に何を使うかまで決めておくと迷いやスペルミスもなくなる。

> **例**
> パラグラフ2の具体例の書き出し→ in fact と for example
> パラグラフ3の2つ目の理由の書き出し→ furthermore

添削をしていると、問題ごとに新しい表現を使って書いてくる人もいるが、本番は1回きりなので、そんなにたくさんのバリエーションを持っている必要はない。決めておくことで、逆に「偶然に」同じものを繰り返し使ってしまったりといったことが防げる。

| SET 44 | サンプルエッセイ 間違い探しドリル | 8 mins | 対立する 2つの見解を論じ、 自分の意見を述べる問題 |

Task 2 対策

エッセイの問題文

Some people believe that advancements in artificial intelligence will lead to massive unemployment, while others argue that AI will create new job opportunities and improve overall productivity.
Discuss both views and give your own opinion.

Give reasons for your answer and include any relevant examples from your own knowledge or experience.

「人工知能の進歩は大規模な失業につながると考える人がいる一方で、AIは新たな雇用機会を創出し、全体的な生産性を向上させると主張する人もいる。両方の意見について議論し、あなた自身の意見を述べなさい」という問題のサンプルエッセイから間違い探しをしよう。

サンプルエッセイ

Advancements in artificial intelligence have sparked a heated debate whether they will significantly impact employment. While some believe that AI could lead to widespread job losses, others argue that it will create new opportunities and enhance productivity.

One reason why people think AI may result in unemployment is because many jobs in Japan are being replaced by automation. For example, at a local supermarket near my house, several cashiers were replaced with self-checkout machines last year, reducing the number of staff from 15 to only eight. Moreover, it is clear that automation is making it harder to find stable employment for workers. This is because companies prioritise cost reduction and efficiency, leading them to replace human labour with machines. One of my friends who worked in a warehouse recently lost his job because robots were introduced to handle inventory management.

On the other hand, supporters of AI argue that it opens doors to entirely new industries. The development of AI technologies has created a demand for roles like data scientists and AI engineers. In fact, one of my former classmates, studied computer science, could find a job at an AI start-up company in Tokyo. His role involves training AI models and ensuring their accuracy in real-world

346

applications. Additionally, AI has made many tasks more efficient, allowing workers to focus on the creative and strategic aspects of their jobs. My cousin, who works in marketing, now uses AI tools to analyse customer data, saving hours of manual work each week.

In conclusion, while there are risks of job losses, I believe the benefits of increased productivity and innovation outweigh the downsides.

Questions 1-5

問題に答えたサンプルエッセイのなかに、不適切な箇所が5個ある。それらを抜き出して訂正しなさい。文法的な間違いだけではなく、構成面にも注意すること。

☐ **1**   間違い箇所 _____

  →修正 _____

☐ **2**   間違い箇所 _____

  →修正 _____

☐ **3**   間違い箇所 _____

  →修正 _____

☐ **4**   間違い箇所 _____

  →修正 _____

☐ **5**   間違い箇所 _____

  →修正 _____

|SET 44| サンプルエッセイ
間違い探しドリル |

————解答と解説

1　1パラグラフ（1文目）

間違い　Advancements in artificial intelligence have sparked a heated debate **whether** they will significantly impact employment.

訂正　Advancements in artificial intelligence have sparked a heated debate **about whether** they will significantly impact employment.

解説 debate about ～のように、話題や対象を示す際に、基本的に前aboutを続ける名詞と動詞に注意しよう。

名詞	動詞
debate about ～（～に関する議論）	**debate** about ～（～に関して議論する）
discussion about ～（～に関する議論）	**talk** about ～（～に関して話す）

2　2パラグラフ（1文目）

間違い　many jobs **in Japan** are being replaced by automation

訂正　many jobs are being replaced by automation

解説 2パラグラフの1文目は、そのパラグラフでの全体の主張を述べる箇所。問題文が日本に限定していない以上、ここで日本に限定して述べるべきではない。

3　2パラグラフ（3文目）

間違い　making it harder **to find stable employment for workers**

訂正　making it harder **for workers to find stable employment**

解説 〈it is A for B to C〉（BがCすることは、Aである）は、初級者にもよく知られているが、to Cの後にfor Bを持ってきて、〈it is A to C for B〉にしてしまう間違いが、中級者にも意外に多いので注意。

4　3パラグラフ（3文目）

間違い　one of my former classmates, **studied** computer science

訂正　one of my former classmates, **who studied** computer science

解説 これも曖昧な理解になっている人が多いが、関係代名詞の「主格」は省略することができない。省略できるのは「目的格」のみである。

注意！ 「主格」は省略できない！

関係代名詞は「目的格」のみ省略できる。

例 This is the book I bought yesterday.
　　　 先行詞 ┗━thatの省略

＝ This is the book that I bought yesterday.

348

5　3パラグラフ（3文目）

間違い　**could find** a job

訂正　**found** a job

解説 couldは、例外を除いて「canの過去を表す語」としては使わず、基本的に「～かもしれない」という推測を表す助動詞として機能する（読み手にそのように解釈される）。よほど「できた！」ということを強調したい場合を除き、foundのように普通の過去形を使うことが多い。できたことを強調したいときはbe able to ～を使うとよい。

注意！
日本語の「できた」＝ could ではない

サンプルエッセイの訳　※（　）内は、修正により削除する箇所

　人工知能の進歩が雇用に大きな影響を与えるかどうか、激しい議論が巻き起こっている。AIが広範囲に及ぶ雇用喪失につながるという意見がある一方で、AIは新たな機会を生み出し、生産性を向上させるという意見もある。

　AIが失業につながるかもしれないと人々が考える理由の1つは、（日本では）多くの仕事がオートメーションに取って代わられているからだ。例えば、私の家の近くにあるスーパーマーケットでは、昨年、数人のレジ係がセルフレジの機械に取って代わられ、店員の数が15人からわずか8人に減った。さらに、オートメーション化によって労働者が安定した雇用を得ることが難しくなっていることも明らかだ。企業がコスト削減と効率化を優先し、人間の労働力を機械に置き換えているからだ。倉庫で働いていた私の友人の一人は、最近、在庫管理にロボットが導入されたために職を失った。

　一方、AIの支持者たちは、AIがまったく新しい産業への扉を開くと主張している。AI技術の発展は、データサイエンティストやAIエンジニアのような役割の需要を生み出している。実際、コンピューターサイエンスを専攻していた私の元クラスメートの1人は、東京のAIスタートアップ企業に就職した。彼の役割は、AIモデルを訓練し、実世界のアプリケーションでその精度を保証することだ。さらに、AIは多くの仕事を効率化し、労働者が仕事の創造的で戦略的な側面に集中できるようにしている。マーケティングを担当している私のいとこは、現在AIツールを使って顧客データを分析しており、毎週手作業で行っていた時間を節約している。

　結論として、雇用喪失のリスクはあるが、生産性の向上とイノベーションの恩恵はマイナス面を上回ると思う。

Chapter 4

Speaking

Reading

Listening

Writing

Speaking

▌Speaking Section の概要

　スピーキングは、採点官との一対一の対面形式で行われます（コンピューター試験を受験しても、Speakingだけは対面形式）。Speakingは3つのPartから成ります。合計の試験時間は11〜14分で、次の図のように進みます。Part 1とPart 3は質疑応答形式で、Part 2は2分間1人で話し続けるスピーチ形式のテストです。

スピーキングの流れ

フルネームの確認、本人確認のためのパスポート提示

Part 1　質疑応答
住まい・仕事・学業・家族など、身近なトピックについて答える

Part 2　2分間スピーチ
与えられるメモに書かれた質問に従い、2分間受験者が話す

Part 3　質疑応答
環境問題、技術など、社会的なテーマについて答える

評価基準

　1.0〜9.0（0.5刻み）のバンドスコアで評価されます。評価基準は、4つです。

基準	内容
流暢さ一貫性	• 間が空きすぎたり、言いよどんだりせずに流暢に話せるか • 適切な接続詞やディスコース・マーカーを使い、論理的に話せるか • 同じことを繰り返し話したり、間違いの言い直しが最小限で、自然な速さで話せるか
語彙力	• 幅広い語彙やコロケーションを正確に使って話せるか
文法力	• 正しい構文を使って話せるか • 複雑な構文を使いこなせるか • 文法的に正しいか
発音	• 聞き取りやすく、分かりやすい発音で話せるか • 自然なリズムとイントネーションで話せるか

▌Part 別　よく出るトピック

Part ごとに、よく出題されるトピックを紹介します。

Part 1

　身近な内容について、採点官と質疑応答形式で話します。基本的に質問の主語はyouで、受験者自身について答えていきます。

最もよく出題されるトピック
- 自分の仕事、学業
- 自分の住んでいる地域、町、家
- ショッピング、旅行、食、趣味

> **質問の例**
> What do you like about your work?
> Do you live in a house or an apartment?
> Do you enjoy shopping?
> How often do you eat out?

Part 2

　渡された問題カードに書いてある問題について、1分間の準備時間ののちに、2分間スピーチを行います。その間、採点官は口を挟みません。トピックは多岐に渡り、次頁の表に示したようなものが出題されます。

353

Part 2の頻出トピック

カテゴリー	トピック
人	best friend / old friend / family / coworker / neighbour / teacher / famous person / person / boss / classmate / relative
行事	birthday / sports event / festival / anniversary / school event / traditional event / wedding / graduation
場所	park / house / workplace / restaurant / café / shop / cultural place / school / theme park / pool / supermarket / library / theatre / shopping centre
交通・移動	transportation / bike / car / train / plane / bus / subway
旅行・観光	trip / travel / city / town / country / famous place / sightseeing / beach / mountain / camping
メディア	movie / book / social media / phone / music / news / advertisement / tv / radio / video game / photo
趣味・その他	pet / animal / fashion / gift / art / clothing / plant
食	cooking / food / drink / cuisine / snack / sweet / breakfast / lunch / dinner / fast food / beverage
運動	gym / workout / walking / hiking / exercise / cycling / swimming / sport
住	household appliance / furniture / kitchen / living room / bathroom / cleaning
天気・季節	favourite season / weather event / climate change
教育・学習	subject / course / exam / learning experience / teacher
仕事・キャリア	job interview / career goal / work experience / skill
健康・医療	health issue / medical treatment / hospital visit / wellness routine
テクノロジー	gadget / invention / technological advancement / online service
言語・コミュニケーション	language learning / public speaking / presentation / conversation
経済・金融	shopping experience / market / investment / saving habit
文化・伝統	cultural practice / tradition / custom / ritual
個人的な経験・思い出	childhood memory / achievement / challenge / life-changing moment

---

質問の例

coworker	Describe a coworker you have known for a long time.
school event	Describe the school event you remember the most.
trip	Describe a good trip you've ever been on.
person	Describe a person who encouraged you to take on a challenge.
restaurant	Describe a time when you received good service at a restaurant.

Part 3

　社会的な内容について、採点官と質疑応答形式で話します。Part 2で出題されたテーマに関連するものが出題されますが、内容はPart 2より抽象的です。例えば、Part 2の問題が「学生時代の親友について話しなさい」だったら、Part 3では「友情について」「人間関係について」といったテーマが想定されます。

出題パターンの例

Part 2：個人的なトピック

Describe a coworker you have known for a long time.

**Part 3：Part 2で出題されたトピックに関連した、
より抽象的、一般的な質問**

質問の例

How can coworkers influence each other's productivity?

What qualities do you think are important for a good team leader?

What role does technology play in improving communication among coworkers?

意見を述べる表現

Part 1 & Part 3 対策

自分の意見を述べる時の代表的な表現にI think...がありますが、特にPart 3ではI thinkを連発するとポイントアップにつながりません。意見を言う時には、色々なバリエーションをつけられるように覚えて練習しておきましょう。

Questions 1–5
日本語に合うように空欄に単語を入れなさい。

1 英語力を向上させることが、私のキャリアの可能性を広げてくれると確信しています。

I **a**_____ **s**_____ that improving my English skills will open up more career opportunities for me.

2 テクノロジーが私たちのコミュニケーションを大きく改善したと信じています。

I **b**_____ that technology has greatly improved the way we communicate with each other.

3 大都市に住むことには、より良い仕事の機会があるなどの利点があると思います。

I **s**_____ that living in a big city has its advantages, such as access to better job opportunities.

4 旅行は、異文化を学ぶ最良の方法の1つだと思います。

I **w**_____ **s**_____ that travelling is one of the best ways to learn about different cultures.

5 最近では、環境問題への意識が高まっているように思います。

It **s**_____ that more people are becoming aware of environmental issues these days.

―――解答と解説

1 am sure
▶ track 24

I **am sure** that improving my English skills will open up more career opportunities for me.

解説 〈I am sure that S + V ...〉=「SVであると確信している」
実際のSpeakingテストで回答する時は、I'mと省略してもOK。

2 believe

I **believe** that technology has greatly improved the way we communicate with each other.

解説 I thinkと同じように使えるのがI believeで、後にthat節を続ける。

3 suppose

I **suppose** that living in a big city has its advantages, such as access to better job opportunities.

解説 believeより少し確信度が低くなるが、同じように使える。

4 would say

I **would say** that travelling is one of the best ways to learn about different cultures.

解説 〈I would say that S + V ...〉(SVだと思います) をスムーズに言える日本人学習者は多くないが、会話でもよく使われる表現。I'dと省略してもOK。

5 seems

It **seems** that more people are becoming aware of environmental issues these days.

解説 〈It seems that S + V ...〉(SVのように思われます) も使う人は少ないが、便利に使える表現。三人称単数 (it) が主語のため、seemに-sをつけるのを忘れないように。

POINT　自分の意見を言う時のフレーズは5つだけでOK！

特にPart 3では、Do you think ...?と聞かれることが多いため、ついI think ...と答えてしまうパターンが多いが、バリエーションをつけるほうがいいという話をした。だからといってコレクターのようにこういった表現を極端にたくさん集める必要はない。話し出しではなく、その後に話す内容のほうが大事なので、とりあえずはここで紹介した5つの表現を押さえておき、変化をつけながら使っていくだけで、7.0を取ることは十分に可能。

357

SET 02 短文 穴埋めドリル

 5 mins

理由を言う／例示する表現

Part 1 & Part 3 対策

自分の意見を裏付ける（説得力を増す）ために後から理由や具体例を付け加えていくのは、英語らしい話し方に欠かせません。Part 1では「○○ because △△」だけでもいいですが、Part 3では少しだけバリエーションをつけてみましょう。

Questions 1-5

日本語に合うように、空欄に単語を書きなさい。

☐ **1** 都会に住むほうが好きです。なぜなら、より良い職があるからです。
I prefer living in a city. **T**_____ **i**_____ **b**_____ it provides better job opportunities.

☐ **2** 私が旅行を好きな主な理由は、異なる文化を体験することができるからです。
The **m**_____ **r**_____ why I enjoy travelling is that I get to experience different cultures.

☐ **3** ネットショッピングは便利です。もう１つの理由としては、時間の節約になることもあるからです。
I think online shopping is convenient. **A**_____ **r**_____ might be that it saves time.

☐ **4** 再生可能エネルギーは非常に重要です。風力発電を例に取れば、クリーンで環境にもいいですね。
Renewable energy is very important. **T**_____ wind power **a**_____ an **e**_____ , it is clean and good for the environment.

☐ **5** テクノロジーは教育を大きく改善しました。その分かりやすい一例が、Zoom のようなオンライン・プラットフォームを使った遠隔学習です。
Technology has significantly improved education. **O**_____ **c**_____ **e**_____ is the use of online platforms like Zoom for remote learning.

――解答と解説

1 This is because
▶ track 25

I prefer living in a city. **This is because** it provides better job opportunities.

解説 I prefer living in a city because ～ とそのままつなげても良いが、I prefer living in a city. と一度区切った後で何かを付け加えたい場合、このように仕切り直して This is because と新たに始めるのも良い。この場合の this は直前の文を指す。

2 main reason

The **main reason** why I enjoy travelling is that I get to experience different cultures.

解説 The main reason why ～ is …は、理由を挙げる時によく使われる表現。

3 Another reason

I think online shopping is convenient. **Another reason** might be that it saves time.

解説 すでに何か理由を挙げており、また別の理由を挙げたい時に、Another reason is (might be など助動詞にしても可) で文を始めることができる。

4 Take, as, example

Renewable energy is very important. **Take** wind power **as** an **example**, it is clean and good for the environment.
〜を例に取れば

解説 Take 〜 as an example (〜を例に取れば) は、For example, と同じく、文頭に使って具体例を挙げる時に使えるが、フレーズ中に例となる名詞を入れなければならないので、少し上級者向け。

5 One clear example

Technology has significantly improved education. **One clear example** is the use of online platforms like Zoom for remote learning.
〈One clear example is + 名詞〉

解説 One clear example is … (分かりやすい一例が…) も、具体例を挙げる時、文頭に使えるフレーズ。is の後に名詞または that 節を置くことができる。

例を挙げる時に文頭で使えるフレーズ

for example, / for instance, / take 〜 as an example, / one (clear) example is … / a good illustration of this is …

> **POINT　まず具体例を挙げることに慣れよう**
>
> 具体例を挙げる際に、for example / for instance の代わりに使えるフレーズを紹介したが、IELTS の Speaking テストの学習を始めたばかりだと、そもそも「具体例を挙げる」こと自体ができないことが多い。特に Part 3 では、迷ったらまずは for example, … と口に出して「具体例を言う」習慣をつけることから始めるとよい。こうすることで、同じようなことを何度も話してしまったり、何を話したらいいか分からなくて短く終わってしまったりするのを回避できる。

SET 03 短文選択／英作文ドリル

 5 mins

質問／つなぎ表現

Part 1 & Part 3 対策

Part 1, 3で質問が聞き取れなかった時は、遠慮なく聞き返すことが大事です。また、とっさに答えられない質問に出会った時には沈黙するのではなく、間を埋めるためのフレーズを言えるようにしておく必要もあります。聞き返すフレーズや間を埋めるフレーズがスムーズに出てくるように、ここに出てくる文を練習しておきましょう。

Questions 1–3

以下のボックスから、各文の空欄に入る最適な単語を選んで書きなさい。ただし、同じ選択肢を2回使ってはいけない。

☐ **1** I didn't _____ that. Could you _____ it again?

☐ **2** I've never _____ about that, but …

☐ **3** I'm not sure _____ this is the right way to _____ it, but ...

> **repeat / topic / thought / put / catch /**
> **knowledge / say / if / another / even / think /**

Questions 4 and 5

それぞれの状況を読み、最適な聞き返し方を英語で書きなさい。

☐ **4** 質問の意味がわからず、言い換えてほしい時

_____

☐ **5** 聞かれたトピックについての知識がないが、推測で答える時「それについてあまり知識がありませんが、おそらく…」と言いたい場合

_____

> **POINT　間を埋めるつなぎ表現は「諸刃の剣」**
>
> 質問に答えられなくてシーンとなったり、「ポーズ（間）」が多くなると、評価基準のうち、流暢性のポイントが取れないので、本項目で紹介した「つなぎ表現」を使って間を埋めるほうがいい。ただし、いかにも「昨日覚えたばかり」のぎこちない不自然な使い方をしていたら、採点官に見抜かれてポイントにつながらない。解決策として、何度も口に出して練習して「自分のもの」となってから、堂々と使うようにしよう。また、1つの表現につき、Speakingテストのなかで使うのは多くても2回としよう。同じ表現ばかり使わないように、何個かバリエーションを持つのがよい。

解答と解説
▶ track 26

1 catch, say

I didn't **catch** that. Could you **say** it again?

訳 ▶ 聞き取れませんでした。もう一度言っていただけますか。

解説 ▶ catchは、ここでは「〜を聞き取れる」という意味。2つ目の空欄の後にagainがあるので、空欄にはrepeatを入れられない。repeatとagainは意味が重複するので一緒に使わない（間違える人が多いので注意！）。

2 thought

I've never **thought** about that, but …

訳 ▶ それについて考えたことがありませんでした、でも…

解説 ▶ 現在完了形の経験（〜したことがある）の形のため、空欄にはthinkの過去分詞形であるthoughtを入れる。butの後には、Speaking SET01で紹介したような「自分の意見を表現するフレーズ」のうち、確信度の低いI supposeやI would sayなどを置く。

3 if, put

I'm not sure **if** this is the right way to **put** it, but …
〈I'm not sure if + S + V …〉　　　表現するというニュアンス

訳 ▶ これが正しい言い方かわからないのですが…

解説 ▶ この場合のifは「〜かどうか」という意味。putはここでは「〜を表現する」という意味で、言葉やアイデアを「特定の方法で表現する」というニュアンスを持っている。他の選択肢のsayでもOKだが、問1でsayを使っているので、ここでは不可。sayは単純に「口に出す」というニュアンスがあるため問1ではsayのほうが適切。
butの後は、SET01で紹介した「自分の意見を述べるフレーズ」のうち、確信度の低いI supposeやI would sayなどを置く。

4 例 Could you put it another way?

訳 ▶ 他の言い方にしていただけますか。

解説 ▶ 問3にも出てきたputは、このように言い換えてほしい時にもよく使われる。

バリエーション

| Could you rephrase that, please? |
| Could you clarify what you mean? |

5 例 I don't have much knowledge about it, but I would say …

解説 ▶ 馴染みのないトピックについて質問されたら、このように素直に認めるフレーズを言ってしまい、その後に自分の推測でできる限りの答えをするのが最適解。butの後には、SET01で紹介した「自分の意見を述べるフレーズ」のうち、確信度の低いI supposeやI would sayなどを置く。

バリエーション

| I don't know much about it, but I suppose … |
| I'm not very familiar with it, but I would say … |

SET 04 アカデミック→カジュアル言い換えドリル

カジュアルな表現

Part 1 〜 3 対策

IELTSのSpeakingでは、「アカデミックな語彙を使うべき」と誤解している人がとても多いです。アカデミック・ライティングを読み上げたような話し方をする人も見かけますが、これは誤りです。IELTSのSpeakingでは、英語圏の人が日常で話すような自然な表現が求められます。

Question 1

以下のA, Bは、What do you do in your leisure time? に回答した英文です。A, Bのうち、より自然な回答を選びなさい。

- **A** My leisure activities consist of literary pursuits and athletic endeavours.
- **B** I'm really into books and like to work out when I have free time.

Questions 2-4

アカデミックな表現と対応するカジュアルな表現をマッチさせなさい。

アカデミックな表現	カジュアルな表現
2　conclude（終わりにする） 3　participate（参加する） 4　postpone（〜を延期する）	a) put off　　b) wrap up c) sort out　　d) help out e) join in

Questions 5-9

Can you tell me about where you live? に対する回答のうち、下線部分のアカデミックな表現を、より自然な形に言い換えなさい。

アカデミックで堅い表現

I **5 reside** in a **6 residential district** **7 approximately** 30 minutes from the city centre. The neighbourhood is characterised by its **8 tranquil atmosphere** and **9 abundance of green spaces**.

5　reside　　　　　　　　　▶ _____
6　residential district　　　 ▶ _____
7　approximately　　　　　 ▶ _____
8　tranquil atmosphere　　 ▶ _____
9　abundance of green spaces ▶ _____

―解答と解説

1　B I'm really into books and like to work out when I have free time. ▶ track 27

訳 本が好きで、時間がある時は体を鍛えるのが好きなんです。

解説 be into 〜＝「〜にハマっている」、work out ＝「運動する」
どちらも、口語表現でIELTSのSpeakingにも適している。free timeは問題文のleisure timeの言い換え。

2　conclude ▶ b) wrap up
3　participate ▶ e) join in
4　postpone ▶ a) put off

解説 問2〜4のように、動詞1語の代わりに、句動詞（動詞と前置詞もしくは副詞の組み合わせ）を使うとカジュアルになるので、Speakingテストや普段の会話のために覚えておくとよい。

解答例

5 live
6 housing area / residential area
7 about
8 peaceful vibe / quiet setting
9 lots of parks and trees

訳 私はダウンタウンから30分ほど離れた住宅街に住んでいます。公園や木がたくさんあって、静かな地域なんです。

POINT　IELTSのSpeakingは、普段の英会話と同じ！

Speakingは採点官との1対1の面接形式のため、フォーマルに話さなければいけないような気になってしまう。また、日本人学習者は「良いスピーキング＝礼儀正しいスピーキング、難しい語彙を使う」と思いがち。
実はこれは誤解で、IELTSのSpeakingテストでは、普段英語圏の人が話すようなカジュアルな話し方が求められる。代表的なものが本項目でも取り上げた句動詞だ。また、海外ドラマや映画などから表現を学ぶのも良いトレーニングになる。

SET 05 間接話法 攻略ドリル

間接話法

Part 2 対策

　間接話法は学校で習いますが、実際のSpeakingテストで使いこなせる人は多くありません。Part 2では、過去のエピソードを話す機会が多くあります。そのなかで誰かが言ったセリフをそのまま言う「直接話法」ではなく、地の文に変える「間接話法」を使うほうがポイントアップにつながります。

直接話法：He said, 'I will go tomorrow'.
（「私は明日行くつもりです」と彼は言いました）

間接話法：He said that he would go the next day.
（彼は翌日行くつもりだと言いました）

間接話法のルール

① 時制の一致
発言内容の部分において動詞の時制が現在→過去、過去→過去完了に変わる
例 go → went、is → was、will → would

② 代名詞と時の表現の変更
発言内容の部分において話者を指すIがshe, he, theyなどに変わり、聞き手を指すyouがI, me, she, he, theyなどに変わる
「今日」は「その日」に、「明日」は「翌日」にといったように、時と場所を指す語句も変更

③ 発言内容の統合
クオーテーションマークは取り除かれ、文はthatやif（疑問文の場合）などの接続詞でつながれる
例 He said, ' ...'. → He said that ....

Questions 1 and 2

☐ **1** Part 2で「思い出の先生」について話した下記の回答を間接話法にしなさい。

The teacher said, 'You have great potential in science'.

_____

☐ **2** Part 2で「友達」について話した下記の回答を間接話法にしなさい。

She said, 'I will take the test next month'.

_____

Questions 3-6

Part 2のスピーチ例の一部分を読み、間接話法の誤りを4つ訂正しなさい。

Last week, I met my old teacher. She told me that you are my best student and asked I would visit the school again.

☐ 3 _____ ☐ 4 _____
☐   ☐

☐ 5 _____ ☐ 6 _____
☐   ☐

Questions 7-9

以下は、Part 2のスピーチ例の一部分を読み、間接話法の誤りを3つ訂正しなさい。

During my job interview last month, the manager asked me about my experience. He told me that he has already interviewed ten candidates. He also mentioned that training will start next week.

☐ 7 _____ ☐ 8 _____
☐   ☐

☐ 9 _____
☐

Questions 10-13

以下は、Part 2のスピーチ例の一部分です。空欄10～13に入る語を適切な形にしなさい。

Let me tell you about my job interview last month. When I arrived, the interviewer said that he **10** (is) the head of HR. He told me that they had many applicants **11** (today). During the interview, he asked if I **12** (can) start working immediately. He explained that their busy season would begin **13** (next week).

☐ 10 _____ ☐ 11 _____
☐   ☐

☐ 12 _____ ☐ 13 _____
☐   ☐

SET 05 間接話法 攻略ドリル

――解答と解説

1 The teacher said I had great potential in science.
代名詞 You→I　時制の一致 have→had
▶ track 28

訳 先生は、私には科学で大きな可能性があると言ってくれました。

解説 セリフ内のyouは話者を指しているので主語を変える：You → I
過去のエピソードについて話しているので、時制の一致が発生する：have → had

---

2 She said she would take the test the following month.
代名詞 I→she　時制の一致 will→would　　時の表現 next→the following

訳 彼女は翌月にテストを受けると言いました。

解説 セリフ内のIは彼女自身を指しているので主語を変える：I → she
過去のエピソードについて話しているので、時制の一致が発生する：will → would
時の表現は、現在から振り返った表現に変える：next month（来月）→ the following month（翌月、次月）

---

3 you ▶ I

4 are ▶ was

5 my ▶ her

6 asked ▶ asked if（ifを入れる）

Last week, I met my old teacher. She told me that **I was her** best student and
you→I / are→was / my→her

asked if I would visit the school again.
名詞節〈ask if + S + V ...〉

訳 先週、昔の先生に会いました。先生は、私が一番好きな生徒だと言ってくれました。また学校に来るかと聞かれました。

解説 セリフ内のyouは話者を指しているので主語を変える：you → I
過去のエピソードについて話しているので、時制の一致が発生する：are → was
セリフ内のmyは先生を指しているので、代名詞を変える：my → her
文脈から、「～かどうか」を聞きたいと思われるので、ifを入れて名詞節を作る。

---

7 has ▶ had

8 will ▶ would

9 next ▶ the following

During my job interview last month, the manager asked me about my experience. He told me that he **had** already interviewed ten candidates. He also mentioned that
時制の一致 has→had
training **would** start **the following** week.
時制の一致 will→would　時の表現 next→the following

訳 先月の面接で、マネージャーは私の経験について尋ねました。彼は、すでに10人の候補者と面接したと言いました。また、次週からトレーニングが始まるとも言っていました。

解説 「時の表現」を変えるのを忘れがちなので注意。問8はnext weekのままだと、現在の時点からみて、「来週」という意味になってしまう。

366

10 was
11 that day
12 could
13 the following week

Let me tell you about my job interview last month. When I arrived, the interviewer said that he **10** (**was**) the head of HR. He told me that they had many applicants **11** (**that day**).
時制の一致 is → was   時の表現 today（今日）→ that day（その日）
During the interview, he asked if I **12** (**could**) start working immediately. He explained that
時制の一致 can → could
their busy season would begin **13** (**the following week**).
時の表現 next week → the following week

訳 先月の面接の話をしようと思います。私が到着すると、面接官は人事部長だと言いました。その日は応募者が多かったそうです。面接中、彼はすぐに働き始められるかどうか尋ねてきました。繁忙期は次の週からだと彼は説明しました。

SET 06 名詞節 攻略ドリル

Part 1 〜 3 対策

　日本語は「AはBである」という構造が基本であるため、英語を話している時も、つい「A is S V（AはSがVする）」という形を使いたくなってしまうことがあります。しかし、英語ではbe動詞の補語として通常、名詞や形容詞を置く必要があるため、「A is S V」という形は文法的に誤りとなります。

> 例 温暖化現象は、あまり気づかない。
> × Global warming is we do not notice.

　この問題を解決する方法が「名詞節」で、「A is S V」を「A is what S V」にするというものです。

> × Global warming is we do not notice.
> ↓
> ○ Global warming is what we do not notice.
> 　　　　　　　　　　　what以下が名詞節

　what we do not noticeの部分はセットで1つの名詞とみなされるため、isの後の補語部分に持ってきても問題ないわけです。単語の順番を変えることなく、whatをつけ加えればいいだけなので、とても便利です。これを覚えておくとIELTSのSpeakingにおいて流暢性ポイントのアップが狙えますし、日常会話にも役立ちます。

> **名詞節**
>
> 名詞節→S＋Vで1つの名詞とみなされるもの。「〜こと」「〜もの」というように訳すことができる。
> that節、間接疑問文、what節、複合関係代名詞（whoever、whichever、whatever）、whether節のパターンがある。

Questions 1 and 2

Speaking テストの回答例を読んで、空欄に当てはまる適切な名詞節を **A** 〜 **C** から選びなさい。

- **1** People love sport because it is _____ (**A** what exciting is   **B** what they find exciting   **C** what exciting).

- **2** I'm unsure _____ (**A** this method is what   **B** why this method is   **C** whether this method works).

Questions 3 and 4

それぞれの文につながる、最も自然な名詞節を **A** 〜 **C** から選びなさい。

- **3** Living abroad taught me ...
    - **A** why I needed for success.
    - **B** that I needed for success.
    - **C** what I needed for success.

- **4** A good leader understands...
    - **A** what motivates people.
    - **B** that motivates people.
    - **C** which motivates people.

Question 5

- **5** 下記の文を英語に訳しなさい。

    私の悩みは何を専攻すべきかということです。

SET 06 名詞節 攻略ドリル

── 解答と解説

1 B (what they find exciting) ▶ track 29

People love sport because it is **what they find exciting**.
　　　　　　　　　　　　　　　　　　　　what節（名詞節）

訳・人々がスポーツを愛するのは、それがワクワクするものだからです。

解説・isにつながる補語を入れるために「～もの」にあたるwhat節で名詞節を作る。**A**は、what exciting is（何がワクワクするのか）という意味になり文脈に合わない。**C**は、文法的に成立しない。

---

2 C (whether this method works)

I'm unsure **whether this method works**.
　　　　　　　whether節（名詞節）

訳・この方法がうまくいくかどうかは分かりません。

解説・unsureの後につながる補語を入れるために、「何について分からないのか」を説明する内容を入れる必要がある。「この方法がうまくいくかどうか」という疑問を示している**C**が最適。**B**は「なぜこの方法が」という意味で文脈に合わない。**A**は文法的に成立しない語順。

---

3 C (what I needed for success.)

Living abroad taught me **what I needed for success**.
　　　　　　　　動詞　目的語1　　目的語2（名詞節）

訳・海外生活は成功に必要なことを教えてくれました。

解説・taught（～に…を教えた）の目的語を置くために、名詞節を使う。**A**は、「なぜ私が成功に必要なのか」、**B**は「私が成功に必要だ」となり、文脈に合わない。**C**のwhatには「～もの」「～こと」という意味が含まれるので、what I needed for successで「成功に必要なもの、こと」という意味になり、ここに置くのに最適。

---

4 A (what motivates people.)

A good leader understands **what motivates people**.
　　　　　　　　　　動詞　　　　　目的語（名詞節）

訳・優れたリーダーは、人を動かすものを理解しています。

解説・understands（～を理解している）の内容にあたる目的語を置くために、名詞節を使う。**B**、**C**はどちらも「人を動かす」だけの意味となり、文脈に合わない。**A**のwhatには「～もの」「～こと」という意味があるので、「人を動かすもの、こと」という意味になり、ここに置くのに最適。

---

5 例 My concern is what I should major in.
　　　　　　　　　　　　補語（名詞節）

解説・ここでは間接疑問文「何を専攻すべきか」を、1つの名詞としてisの補語にしている。

バリエーション

I'm unsure about which major to choose.
Deciding on a major is a big concern for me.
I'm uncertain about what major I should pursue.

370

Speakingで「発音」はどうする？

Speakingの採点基準の1つに「発音のクリアさ」があるが、おそらく多くの学習者が発音と聞いて思い浮かべるよりも、IELTSの採点基準は広い視点のものになっている。日本人の英語学習者はRやTHといった個別の発音にフォーカスしがちだが、実はそれよりも大事なのはイントネーションや強弱、アクセントといった、もっと全体的な「英語の音色」というべきもの。ここができると、RやTHが多少間違っていようとも、格段に通じやすくなる。したがってIELTSのSpeakingのポイントアップにつながる。

SET 07 穴埋め／書き換え／英作文ドリル 5 mins

仕事

Part 1 対策

Questions 1 and 2

次のSpeakingテストの回答例を読み、日本語を参考に、空欄に当てはまる適切な語を入れなさい。

☐ **1** 自宅で仕事ができるのは通勤にかかる時間を大幅に節約できるので、ラッキーだと思っています。

I feel lucky to w_____ f_____ h_____ because it saves me a lot of time I would spend commuting.

☐ **2** 私の教師としての仕事は、生徒が上達していくのを見ることができるので、非常にやりがいがあります。

My job as a teacher is extremely **r**_____ because I get to see my students improve.

Questions 3 and 4

Speakingテストの回答例に1箇所ずつある間違いを指摘しなさい。

☐ **3** I'm entitle to extra days off because I worked overtime last month.

間違い_____ 修正_____

☐ **4** My friend just promoted and is now the head of her department.

間違い_____ 修正_____

Question 5

☐ 次のSpeakingテストの会話例を読み、日本語部分を英語にしなさい。

> What do you like about your job?

> 私の仕事は、人々が抱える問題を解決する手助けができるので、やりがいがあり、意義のある仕事だと思います。

_____

―――――――――――――――――――――――――解答と解説

1　work from home
▶ track 30

I feel lucky to **work from home** because it saves me a lot of time I would spend commuting.

解説　「在宅ワークをする」にはwork from homeが一番よく使われる。ショートメールやSNSではWFHと略されることも。「在宅ワークをする」はwork remotely / teleworkでもOK。名詞で「在宅ワーク」はremote work / telework。

2　rewarding

My job as a teacher is extremely **rewarding** because I get to see my students improve.

解説　rewarding（形 やりがいがある）は、仕事について話す際に便利に使える。

3　間違い entitle ▶ 修正 entitled

I'm **entitled** to extra days off because I worked overtime last month.
〈be entitled to + 休暇〉

訳　先月は残業をしたので、休日を増やす権利があります。

解説　be entitled to ～は「～の権利がある」という意味で、これも仕事の話をする文脈でよく使われる。後には、「休暇」や「給料」といった意味の語が入る。

4　間違い promoted ▶ 修正 got promoted

My friend just **got promoted** and is now the head of her department.

訳　私の友人は昇進したばかりで、今は部署のトップです。

解説　get promotedで「出世する」。promoteは「～を出世させる」という意味なので、「出世する」と表現する時はbe動詞やgetを使い、受動態の形にする。

5　例 My job is rewarding and meaningful because I can help people solve their problems.

訳　（採点官の質問）あなたの仕事でどんなところが好きですか。

解説　meaningful（形 意義がある）もrewardingと並んで、仕事の話をする文脈でよく使われる表現。ぜひ覚えておこう。

バリエーション

I find my job rewarding and fulfilling because it allows me to help people solve their problems.
My job is both rewarding and impactful, as I can assist people in overcoming their challenges.
I think my job is meaningful and satisfying because I help people resolve their issues.

Speaking

SET 08 穴埋め／書き換えドリル

Part 1 対策

Questions 1–3

次のSpeakingテストの回答例を読み、日本語を参考に、空欄に当てはまる適切な語を入れなさい。

- [ ] **1** 学校の成績とアルバイトの両立はかなり難しいです。
  Balancing **a**_____ **p**_____ and part-time work can be quite **c**_____ .

- [ ] **2** 私がコンピューター・サイエンスを専攻しようと決めたのは、テクノロジーに魅了されたからです。
  I decided to **m**_____ **i**_____ computer science because I'm fascinated by technology.

- [ ] **3** 私は大学卒業後、弁護士の道を選びました。
  I chose to **p**_____ a career in law after graduating from university.

Questions 4 and 5

以下のSpeakingテストの回答文を、〈無生物主語＋help＋人＋動詞〉の構文に書き換えなさい。

- [ ] **4** Teachers provide guidance to students so they can improve their essays.
  → _____

- [ ] **5** Through group discussions, students can share their ideas and learn from others.
  → _____

―解答と解説

1 **academic performance, challenging**
▶ track 31

Balancing **academic performance** and part-time work can be quite **challenging**.

解説 academic performance は「学力」「成績」という意味。形 challenging は difficult の言い換えとして覚えておくと便利。

---

2 **major in**

I decided to **major in** computer science because I'm fascinated by technology.
　　　　　　〜を専攻する

解説 日本人学習者は my major is 〜（私の専攻は〜）と言うことが多いが、実は、major は動詞として使われるほうが多い。be fascinated by 〜は「〜に非常に興味を惹かれる」という意味で、be interested in 〜を連発しそうになったら、置き換えてもいい（be interested in 〜よりも強い意味）。

---

3 **pursue**

I chose to **pursue** a career in law after graduating from university.

解説 pursue（動 〜を追求する）は、career とセットでよく使われる。career in 〜＝（〜分野でのキャリア）

---

4 <u>Guidance from teachers</u> <u>helps</u> <u>students</u> <u>improve</u> their essays.
　　　　無生物主語　　　　　　help　　人　　　動詞

訳 教師からの指導は、生徒がエッセイを上達させるのに役立ちます。

解説 help を使った無生物主語構文を使えない人が多い。無生物主語は、構文のバリエーションをつけられるので、7.0 を目指すならぜひトライしたい。help は無生物主語構文のなかでも使いやすい動詞で、必ずしも「助ける」という意味だけではなく、訳を見て分かる通り「〜するように促す」「〜するのに役立つ」くらいの軽い意味でも使える。

---

5 <u>Group discussions</u> <u>help</u> <u>students</u> <u>share</u> their ideas and <u>learn</u> from others.
　　無生物主語　　　　　help　　人　　動詞　　　　　　　　　動詞

訳 集団討論は、生徒が自分の考えを共有し、他の生徒から学ぶのに役立ちます。

SET 09 穴埋め／英作文ドリル　5 mins

住まい

Part 1 対策

Questions 1–4

次のSpeakingテストの回答例を読み、日本語を参考に、空欄に当てはまる適切な語を入れなさい。

☐ **1** 大家さんはとても理解があり、どんな問題もすぐに直してくれます。
My **l**_____ is very understanding and quick to fix any problems.

☐ **2** 私は、自然に囲まれたのどかな田舎の小さなマンションに住んでいます。
I live in a small **a**_____ in a **r**_____ **a**_____ , which is peaceful and surrounded by nature.

☐ **3** Do you like the area where you live?

Yes, my **n**_____ is very quiet, and it has plenty of **a**_____ like parks and coffee shops.
（はい、私の住んでいる地域はとても静かで、公園や喫茶店などの施設も充実しています）

☐ **4** Would you like to move to a different home in the future?

Yes, I'd love to move to a more **s**_____ house because my current home feels a bit cramped.
（そうですね、今の家は少し窮屈に感じるので、もっと広い家に引っ越したいです）

Question 5

☐ **5** 次のSpeakingテストの回答例を英語に訳しなさい。
この地域は、ここ数年で住宅街として急速に発展してきました。

_____

1 landlord
My **landlord** is very understanding and quick to fix any problems.

解説 「大家さん」は、landlordと言うことが多い。

2 apartment, rural area
I live in a small **apartment** in a **rural area**, which is peaceful and surrounded by nature.

解説 日本でいう「マンション」は、アメリカ英語ではapartment、イギリス英語ではflatと言う（IELTSでは英米英語、どちらを使ってもOK）。mansionと言うと、「豪邸」になるので注意。rural areaは「田舎」。

3 neighbourhood, amenities
Yes, my **neighbourhood** is very quiet, and it has plenty of **amenities** like parks and coffee shops.

訳（採点官の質問）あなたが住んでいる地域のことが好きですか。
解説 neighbourhood（名 地域、近所）は、よく使われる語。amenityは、ここでは「施設」「設備」という意味。米 neighborhood

4 spacious
Yes, I'd love to move to a more **spacious** house because my current home feels a bit cramped.

訳（採点官の質問）将来、他の家に引っ越したいですか。
解説 spacious（形 広々とした）には、単に「大きい」だけではなく「広く感じる」というニュアンスがある。反 cramped（窮屈な）

5 例 This area has rapidly developed as a residential area over the past few years.　〈have＋副詞＋過去分詞形〉の語順

解説 「少し前に発展が始まり、現在にいたるまで続いている」というニュアンスを出すために、現在完了形を使用する。rapidlyのような副詞を使う場合は、haveと動詞の過去分詞形の間に入れるのがベスト。residential area＝「住宅街」
関連語として、resident（名 居住者）、residence（名 住宅）も覚えておこう。

バリエーション

This area has seen rapid development as a residential zone over the past few years.
Over the past few years, this area has transformed into a thriving residential community.
This area has been rapidly growing as a residential neighbourhood in recent years.

SET 10 穴埋め／英作文ドリル　8 mins

余暇

Part 1 対策

Questions 1–3

次の Speaking テストの回答例を読み、日本語を参考に、空欄に当てはまる適切な語を入れなさい。

1. SNS は多くの人にとって、暇な時の娯楽として定着しています。

   S_____ m_____ has become a f_____ of e_____ for many people during their leisure time.

2. ジムに通うことは健康に良いだけでなく、ストレスの多い 1 週間の疲れを癒すのに最適です。

   Going to the gym is not only good for my health but also a great way to **u**_____ after a stressful week.

3. How do you usually spend your free time?

   I enjoy **s**_____ with friends and family over the weekends.
   （週末は友人や家族との交流を楽しんでいます）

Questions 4 and 5

次の Speaking テストの会話例を読み、日本語部分を英語にしなさい。

4. What did you do in your free time as a child?

   昔は兄弟と何時間もビデオゲームで遊んだものです。

5. Can you describe a leisure activity you enjoyed in the past?

   高校生の頃は、毎週末図書館に行って小説を読んでいました。

―解答と解説
1 Social media, form, entertainment
▶ track 33

Social media has become a **form** of **entertainment** for many people during their leisure time.

解説 SNSは、social mediaと言うのが一般的。SNSは日本語の表現なので注意。entertainment（娯楽）は不可算名詞で、種類分けしたい場合にはform ofをつけると数えられるようになる。

2 unwind
Going to the gym is not only good for my health but also a great way to **unwind** after a stressful week.

解説 unwind（動 くつろぐ）は、多くの場合「忙しい場面」との対比で使われる。「忙しさから解放される」「疲れを癒す」といったニュアンス。

3 socialising
訳 （採点官の質問）いつも余暇はどうやって過ごしていますか。
I enjoy **socialising** with friends and family over the weekends.

解説 socialise（動 交流する）は、余暇やコミュニケーションについて話す文脈で便利に使える表現。米 socialize

4 例 I used to spend hours playing video games with my siblings.
訳 （採点官の質問）子供の時、暇な時間に何をしていましたか。
解説 「過去の習慣」を表す表現を使えない人が意外に多い。特にPart 1, 2で機会を捉えて使うようにするとポイントアップにつながる。そのうちの1つがused to ～で、「今はもうやっていない」ニュアンスを含む。used to ～の代わりにwouldを使ってもいいが、wouldにはそのニュアンスはない。

バリエーション

| I used to / would have so much fun playing video games with my siblings for hours on end. |

5 例 When I was in high school, I would go to the library and read novels every weekend.
訳 （採点官の質問）過去にしていた余暇の活動について話してくれませんか。
解説 こちらもwouldをused to ～にしてもOK。

バリエーション

| I used to / would go to the library and read novels every weekend when I was in high school. |
| Every weekend during high school, I used to / would visit the library to read novels. |

SET 11 複文を作るドリル　8 mins

接続詞

Part 1 対策

Questions 1-3

次の2つの文を適切な接続詞を使って、1つの文にしなさい。

1 I usually go jogging in the morning near my house.
I wake up early.

色々な接続詞を使って、5文考えてみよう。

_____
_____
_____
_____
_____

2 I prefer drinking tea over coffee in the afternoon.
It has a milder taste and feels more relaxing.

問2, 3は3パターンの文を考えてみよう。

_____
_____
_____

3 I take the bus to work instead of walking.
It rains heavily, which happens often during the rainy season.

_____
_____
_____

START 100 200 300 400 500 問

Questions 4 and 5

下記の Speaking テストの回答例を英語に訳しなさい。ただし、（　　）
内のルールに従うこと。

☐ **4**　友人は辛いものが大好きでよく食べますが、私は辛いものがまったく
☐　　　ダメなんです。（but を使わずに）

_____

_____

_____

☐ **5**　IELTS の試験に向けてリスニング力を向上させるため、夜は字幕付き
☐　　　の英語映画をよく見ています。（不定詞の to を使わずに）

_____

_____

_____

Speaking

381

| SET 11 | 複文を作るドリル |

―――――――――――――――――――――――――解答と解説

1

▶ track 34

解答パターン

1	I usually go jogging in the morning near my house **because** I wake up early.
2	I usually go jogging in the morning near my house **since** I wake up early.
3	I usually go jogging in the morning near my house **as** I wake up early.
4	I usually go jogging in the morning near my house **when** I wake up early.
5	I usually go jogging in the morning near my house **if** I wake up early.

訳 （解答パターン1, 2, 3）朝、早起きするので、いつも家の近くをジョギングしています。
（解答パターン4, 5）朝、早起きした時は、いつも家の近くをジョギングしています。

解説 「早起きする」と、「朝、ジョギングに行く」という2つの事実を組み合わせる接続詞を
考える。パターン2のsinceはこの場合、理由を表す（becauseとほぼ同じ意味）。
このように、できるだけ接続詞を使って複文（2つ以上の節で構成された文）を作ると、
1節ずつ区切っていくよりもスマートな文となる。この件に関してはWritingもまった
く同じ（接続詞はWriting SET01参照）。

2

解答パターン

1	I prefer drinking tea over coffee in the afternoon **because** it has a milder taste and feels more relaxing.
2	I prefer drinking tea over coffee in the afternoon **since** it has a milder taste and feels more relaxing.
3	I prefer drinking tea over coffee in the afternoon **as** it has a milder taste and feels more relaxing.

訳 紅茶のほうが味がマイルドで、リラックスできるので、私は午後にコーヒーより紅茶を
飲むほうが好きです。

解説 「午後にコーヒーより紅茶を飲むほうが好き」と「紅茶のほうが味がマイルドで、リラッ
クスできる」という2つの事実を組み合わせる接続詞を考える。理由を表すbecause,
since, asが適切。

3

解答パターン

1	I take the bus to work instead of walking **when** it rains heavily, which happens often during the rainy season.
2	I take the bus to work instead of walking **if** it rains heavily, which happens often during the rainy season.
3	I take the bus to work instead of walking **whenever** it rains heavily, which happens often during the rainy season.

訳 （解答パターン1, 2）雨季によくある大雨の時は、歩かずにバスで通勤します。

（解答パターン3）雨季によくある大雨の時はいつも、歩かずにバスで通勤します。
「歩かずにバスで通勤する」と「雨季の大雨」という2つの事実を組み合わせる接続詞を考える。条件を表すwhen, if, wheneverが適切。

4 例 My friend loves spicy food and eats it often, whereas I can't handle it at all.

解説 友達と自分を対比させるため、whereasを使うとよい。「～だが」と言いたい時はbutを使いがちだが、このようにwhereasのような接続詞を使うと表現の幅が広がるので、ぜひトライしてみよう。whereasなどの接続詞の詳細は、Writing SET01およびSpeaking SET22参照。

バリエーション

While my friend loves spicy food and eats it often, I can't eat spicy food at all.
My friend is a big fan of spicy food and eats it regularly, whereas I completely avoid it.
Spicy food is something my friend absolutely loves and eats often, while I can't stand it at all.
My friend is crazy about spicy food and eats it frequently, whereas I stay away from it completely.

5 例 I often watch English movies with subtitles at night so that I can improve my listening skills for the IELTS test.

解説 「～するため」を表す定番表現には不定詞のtoがあるが、〈$S_1 + V_1$ so that $S_2 + V_2$〉＝「$S_2 V_2$できるように$S_1 V_1$する」を使うと表現の幅が広がるのでトライしてみてほしい。so thatなどの接続詞の詳細は、Writing SET01およびSpeaking SET22参照。

バリエーション

I often watch English movies with subtitles at night, which helps me improve my listening skills for the IELTS test.
I often watch English movies with subtitles at night since it helps me develop my listening skills for the IELTS test.

SET 12 複文を作るドリル

 10 mins

関係詞

Part 1 対策

Questions 1-3

適切な関係詞（関係代名詞、関係副詞）を使って、次の2つの文を1つの文にしなさい。

☐ **1** I have a classmate.
Her English pronunciation is excellent.
_____

☐ **2** There is a café near my house.
I usually study there on weekends.
_____

☐ **3** I started listening to podcasts in English.
It has helped me improve my listening skills.
_____

Questions 4 and 5

下記のSpeakingテストの回答例を英語に訳しなさい。ただし、（　）内のルールに従うこと。

☐ **4** 京都は多くの歴史的な寺院がある美しい都市です。（関係副詞を使う）
_____

☐ **5** 英語で日記をつけるようになって、文章を書くスキルがとても向上しました。（関係代名詞の非制限用法を使う）
_____

START 100 200 300 400 500 問

解答と解説

1 I have <u>a classmate</u> <u>whose</u> English pronunciation is excellent.
　　　　　　先行詞　　　　　関係代名詞（所有格）her → whose
　▶ track 35

訳 英語の発音が素晴らしいクラスメートがいます。

解説 所有格の関係代名詞whoseは、意外に使えない人が多い。I have a classmate, and her English pronunciation is excellent. と言ってもよいが、関係代名詞の所有格を使って表現の幅を広げよう。

2 There is <u>a café</u> near my house <u>where</u> I usually study on weekends.
　　　　　　　　先行詞　　　　　　　　　関係副詞

訳 家の近くにカフェがあり、週末はそこで勉強することが多いです。

解説 関係副詞のwhere を使い、2つの文をつなげる。関係副詞のwhere は場所だけではなく、状況などにも使えるため、口語では特に使用頻度が高い。ぜひ自然に使えるようになっておこう（関係副詞は Writing SET06参照）。

3 I <u>started listening to podcasts in English</u>, <u>which</u> has helped me improve
　　　　　前の節　　　　　　　　　　　　　　　〈, + which〉以下で前の節の補足説明
my listening skills.

訳 英語のポッドキャストを聞くようになって、リスニング力が向上しました。

解説 関係代名詞の非制限用法を使い、2つの文をつなげる。この場合、which は直前の節（I started listening to podcasts in English）全体を修飾している。この使い方もSpeakingテストでとても便利に使えるため、マスターしておこう。つなげた時には、2つ目の主語（この場合はit）を省略することを忘れずに（関係代名詞の非制限用法はWriting SET05参照）。

4 例 Kyoto is <u>a beautiful city</u> <u>where</u> many historical temples are located.
　　　　　　　　　　先行詞　　　　　　　関係副詞

解説 問2と同じく、関係副詞のwhere を使い、2つの文をつなげる。

バリエーション

Kyoto is a beautiful city where many historic temples can be found.
Kyoto is a beautiful city where you can see many historic temples.
Kyoto is a beautiful city where history and tradition come alive through its temples.

5 例 I started keeping a diary in English, which has helped me improve my writing skills a lot.

解説 問3と同じく、関係代名詞の非制限用法を使い、2つの文をつなげる。

バリエーション

I have been writing a diary in English, which has significantly enhanced my writing ability.
Writing a journal in English, which I started some time ago, has significantly improved my writing.

Speaking

385

SET 13 ディスコースマーカー攻略ドリル　8 mins

ディスコースマーカー

Part 2 対策

ディスコースマーカー（discourse marker）とは、英語の文やパラグラフをつなぐ言葉やフレーズで、文章の展開を分かりやすくし、論理的に展開していくために必要なものです。Speakingテストでは、特にPart 2で使うと話の展開がしていきやすく、採点官にとって理解しやすくなります（＝ポイントアップにつながります）。

Questions 1–3

次の文の空欄に適切なディスコースマーカーを選択肢から選びなさい。

1　I have two hobbies: playing the guitar and painting. _____ , I spend most of my time on painting.

　　A For instance　　**B** In contrast　　**C** In particular

2　I prefer living in the countryside. _____ , the air is fresher.

　　A That is to say　　**B** For one thing　　**C** Despite that

3　I was very nervous before the speech. _____ , everything went well.

　　A On the whole　　**B** But in the end　　**C** In contrast

Questions 4 and 5

下記の文を英語に訳しなさい。ただし、（　）内のルールに従うこと。

4　彼女は頭が良くて優しい。それに加えて、いつも周りの人を励ましてくれます。（on top of that を使う）

_____

5　週末は映画を観るつもりでしたが、その代わりに友達とカフェに行きました。（instead を使う）

_____

―解答と解説

1　C（**In particular**　特に） ▶ track 36

訳▶ 趣味は2つあって、ギターを弾くことと絵を描くことです。**特に**絵を描くことにほとんどの時間を費やしています。

解説▶ 1文目で「趣味が2つある」と言い、2文目の空欄後が「絵を描くことにほとんどの時間を費やしている」となっているので、**C**でつなぐと一番自然。他は、**A** For instance（例えば）、**B** In contrast（それに対して）なので、ここでは合わない。

2　B（**For one thing**　1つには）

訳▶ 私は田舎暮らしが好きです。**まず**、空気が新鮮ですからね。

解説▶ 1文目で「田舎暮らしが好き」と言い、2文目の空欄後で理由を1つ述べているので**B**が一番自然なつなげ方。これは主張した後で、その理由を挙げていく時に最初に使う表現。他は、**A** That is to say（ということは）、**C** Despite that（それでいて）で、ここでは合わない。

3　B（**But in the end**　最終的に）

訳▶ スピーチの前はとても緊張しました。でも、**最終的には**すべてがうまくいきました。

解説▶ 1文目で「スピーチの前はとても緊張した」と言っており、2文目の空欄後で「すべてがうまくいった」と述べているのでin the end（最終的に）に接続詞butをつけた**B**が一番自然。他は、**A** On the whole（概して）、**C** In contrast（それに対して）で、ここでは合わない。

4　例　She is smart and kind. **On top of that**, she always encourages the people around her.

解説▶ on top of that（それに加えて）は、口語でよく使う表現。in additionやmoreoverよりもカジュアルな表現なのでSpeakingテストで最適。

バリエーション

> She's bright and kind-hearted. On top of that, she's always there to support the people around her.

5　例　I was going to watch a movie on the weekend, **but instead**, I went to a café with my friends.

解説▶ insteadはinstead ofという表現でおなじみだが、文や節の最初に単独で使い「その代わり」という意味で使うことができる。

バリエーション

> I had planned to watch a movie over the weekend, but instead, I went to a café with my friends.

> I intended to watch a movie over the weekend, but instead, I chose to go to a café with my friends.

SET 14 ディスコースマーカー 攻略ドリル　5 mins

ディスコースマーカー

Part 2 対策

> Describe a time when you helped someone.
> You should say:
>
> Who you helped
> How you helped them
> Why you decided to help
> And explain how you felt after helping them.

「誰かを助けた時のことについて、誰を助けたか、どのように助けたか、なぜ助けようと思ったか、助けた後、どのように感じたか」を説明する問題に答えた回答例を読んで問題に答えよう。

Questions 1–5

上記の問題に答えた Part 2 の回答例を読んで、空欄に最もよく当てはまるディスコースマーカーを選択肢から選んで書きなさい。

I'd like to talk about a time when I helped my younger cousin with his studies. He was struggling with maths, so I decided to tutor him for a few weeks. **1** [**A** First of all　**B** In contrast　**C** Instead], I explained basic concepts to him and made sure he understood the fundamentals.

2 [**A** As a result　**B** After that　**C** Now that], I gave him some practice problems to work on so he could apply what he had learned. He found it difficult at first, but he kept trying. **3** [**A** In particular　**B** In the end　**C** On the other hand], he had trouble with fractions, so I spent extra time explaining them.

4 [**A** Nevertheless　**B** Instead　**C** On top of that], I encouraged him to ask questions whenever he felt confused. After a few weeks, he became much more confident. **5** [**A** For example　**B** In particular　**C** In the end], he managed to pass his maths test with a good score, which made both of us very happy.

―――解答と解説

1　A（**First of all**　まず最初に）
解説　空欄前にはまだ勉強の内容については書いていないことと、空欄の後にはbasic concepts（基礎の概念）、fundamentals（基礎）といった語があることから、**A**が適切。**B** In contrast（それに対して）、**C** Instead（その代わりに）は、文脈に合わない。

2　B（**After that**　その後で）
解説　直前に「基礎を教えた」という文があり、空欄の後には「問題を解かせた」という主旨になっているので、段階を踏んでいることが分かる。文脈上、**B**が最適。**A** As a result（結果）、**C** Now that（今や〜なので）は、文脈に合わない。

3　A（**In particular**　特に）
解説　「分数が苦手」「説明に時間をかけた」という記述から、ここでは**A**が最適。**B** In the end（最終的に）、**C** On the other hand（一方で）は文脈に合わない。

4　C（**On top of that**　その上で）
解説　空欄後の「彼が混乱しそうになったらいつでも質問するように促した」という記述から、空欄前の「説明に時間をかけた」と自然な形でつながる**C**が最適。**A** Nevertheless（それにもかかわらず）、**B** Instead（その代わりに）は、文脈に合わない。

5　C（**In the end**　最終的に）
解説　空欄後に「合格することができた」という記述があり、これは学習の結果を表しているためin the end（最終的に）が最適。**A** For example（例えば）、**B** In particular（特に）は文脈に合わない。

訳

年下の従兄弟の勉強を手伝った時の話をします。彼は数学が苦手だったので、数週間家庭教師をすることにしました。まず、基本的な概念を彼に説明し、基礎的なことを理解させました。その後、練習問題をいくつか与え、学んだことを応用できるようにしました。彼は最初は難しいと感じていましたが、挑戦し続けました。特に分数が苦手なようだったので、分数の説明に時間をかけました。
その上で、混乱しそうになったらいつでも質問するように促しました。数週間後、彼はずいぶん自信を持つようになりました。最終的に、彼は数学のテストに良い点数で合格することができ、私たち2人はとても喜びました。

> **POINT　ディスコースマーカーと接続詞、バランスよく！**
>
> 本書のディスコースマーカーに関する問題では、ディスコースマーカーのコンセプト自体を理解してほしいので、回答の一部を取り出して強調しているが、実際にはこれほどの頻度で使う必要はない。Writing SET01 および Speaking SET22 で説明している接続詞も取り入れて、バランスよく配置しながら話せるのが理想。

SET 15 ディスコースマーカー 攻略ドリル

ディスコースマーカー

Part 2 対策

Describe a memorable trip you took.
You should say:

Where you went
Who you went with
What you did there
And explain why it was memorable.

「思い出に残る旅行について、どこに行ったか、誰と行ったか、そこで何をしたか、そしてなぜそれが思い出深いものであったか」を説明する問題に答えた回答例を読んで問題に答えよう。

Questions 1-5

上記の問題に答えた Part 2 の回答例を読んで、空欄に最もよく当てはまるディスコースマーカーを選択肢から選んで書きなさい。

I'd like to talk about a trip I took to Kyoto last spring. It was a special trip because I went there with my best friend, and we had been planning it for months. **1** [**A** In the end **B** In contrast **C** First of all], we visited some famous temples and shrines like Kiyomizu-dera and Fushimi Inari.

2 [**A** After that **B** On top of that **C** Instead], we explored the traditional streets of Gion, where we saw some beautiful old houses and even spotted a few geishas. The atmosphere was amazing, and I felt like I had travelled back in time.

3 [**A** On the other hand **B** As a result **C** In particular], I really enjoyed trying the local food, especially matcha sweets and yuba dishes. **4** [**A** Instead **B** On top of that **C** In contrast], we took a boat ride along the Hozugawa River, which was incredibly peaceful and scenic.

5 [**A** In the end **B** First of all **C** In particular], this trip was unforgettable because I got to experience the beauty of Kyoto with my best friend, and we made so many great memories together.

| START | 100 | 200 | 300 | 400 | 500 問 |

──解答と解説

1　C（First of all　まず最初に）　　　　　　　　▶ track 38

解説　この後に旅行の説明が続くので、**C**が適している。**A** In the end（最終的に）、**B** In contrast（それに対して）は、いずれも文脈に合わない。

2　A（After that　その後で）

解説　引き続き、旅行で行ったところについて時系列で説明していっているため、**A**が最適。**B** On top of that（その上で）、**C** Instead（その代わりに）は、文脈に合わない。

3　C（In particular　特に）

解説　京都の良いところを挙げていくなかで、さらに食事について述べる文のため、**C**が最適。**A** On the other hand（一方で）、**B** As a result（結果）は、文脈に合わない。

4　B（On top of that　その上で）

解説　さらに旅行についての記述が続いていくので、**B**が最適。**A** Instead（その代わりに）、**C** In contrast（それに対して）は、いずれも文脈に合わない。

5　A（In the end　最終的に）

解説　空欄の後の文はまとめの内容になっているので、**A**が最適。**B** First of all（まず最初に）、**C** In particular（特に）は、文脈に合わない。

訳

昨年の春に行った京都旅行についてお話しします。親友と一緒に行き、何か月も前から計画していた特別な旅行だったからです。まず、清水寺や伏見稲荷などの有名なお寺や神社を訪れました。

その後、祇園の伝統的な町並みを散策し、美しい古い家並みを見たり、芸者さんを見つけたりしました。その雰囲気は素晴らしく、タイムスリップしたような気分になりました。

特に、地元の食べ物、特に抹茶スイーツや湯葉料理を試すのがとても楽しく感じられました。

その上、保津川下りのボートに乗りましたが、信じられないほどのどかで景色が良かったです。

最終的に、この旅行は親友と京都の美しさを体験し、たくさんの素晴らしい思い出を作ることができたので、忘れられないものになりました。

Speaking

SET 16 穴埋め／英作文ドリル

断定を避ける表現

Part 3 対策

　Writingと同じく、自分の意見を述べる際には、一般的な語や、柔らかいニュアンスになる助動詞やフレーズを使用して過度の一般化・言い切ることを避けるほうがいいです。(Writing SET33参照)

断定を避ける表現

△ Everyone in the city uses public transport.
（都市の住民は誰でも公共交通機関を使います）

○ **People** in the city **tend to** use public transport.
（都市の住民は公共交通機関を使う傾向があります）

Questions 1-3

下記の回答例の空欄に適切な語を入れて、断定を避ける表現にしなさい。

1 Technology is always improving people's lives.
→ Technology **m**_____ improve people's lives in **s**_____ ways.

2 Everyone believes that working from home is the best option.
→ People **s**_____ **t**_____ believe that working from home **c**_____ be a good option.

3 Students never enjoy doing homework.
→ Students **m**_____ **n**_____ always enjoy doing homework.

Questions 4 and 5

下記の日本語を英語に訳しなさい。ただし、断定を避ける表現を使うこと。

4 高齢者は、一般的に健康に気を配っています。

_____

5 外国語を学ぶことは、時として難しいと言えます。

_____

START 100 200 300 400 500 問

解答と解説

1　may / might, some
▶ track 39

Technology **may / might** improve people's lives in **some** ways.
　　　　　断定を避ける助動詞　　　　　　　　　ある意味（柔らかい表現）

訳 テクノロジーは、ある意味では人々の生活を向上させるかもしれません。

解説 断定を避ける may, might といった助動詞を付け加えるとともに、in some ways（ある意味）を付け加えることで、さらに柔らかいニュアンスになる。

2　seem to, can / could

People **seem to** believe that working from home **can / could** be a good option.
　　　〈seem to ＋動詞の原形〉　　　　　　　　　　　断定を避ける助動詞

訳 人々は在宅勤務が良い選択肢になると思っているようです。

解説 断定を避ける seem to 〜をつけ加え、that 節のなかでも can という助動詞を加え、一般的な表現にしている。can の代わりに could でも OK。また、Everyone（全員）が People（人々）、the best（最上の）が a good（1つの良い）に変わることで、柔らかいニュアンスを加えている。

3　may / might not

Students **may / might not** always enjoy doing homework.
　　　　　〈助動詞 ＋ not always ＋ 動詞の原形〉 いつも〜とは限らない

訳 生徒たちは宿題をするのが楽しいとは限りません。

解説 never は「絶対に〜ない」という強い言い切り表現なので、これを may not もしくは might not に換えることで断定を避けて柔らかな表現となる。

4　例 Elderly people generally pay attention to their health.
　　　　　　　generally（一般的に）pay attention to 〜（〜に気を配る）

解説 「一般的に」は generally で表現する。pay attention to 〜（〜に気を配る）も便利な表現。

バリエーション

Elderly people tend to be conscious of their health.
Older adults are likely to take care of their health.
It is common for older adults to be mindful of their health.

5　例 Learning a foreign language can be difficult at times.
　　　　　　　　　　　断定を避ける助動詞　　　　たまに（柔らかい表現）

解説 can は、この場合可能性を表し、断定を避ける役割を果たす。at times（たまに）も、柔らかいニュアンスを加えている。

バリエーション

Sometimes, learning a foreign language proves to be challenging.
Learning a foreign language may not always be easy.

Speaking

393

SET 16 穴埋め／英作文ドリル

- ●（ほぼ確実・高確率）
  be known to 〜 / be believed to 〜 / be considered to 〜 / be said to 〜
- ●（可能性が高い）
  be likely to 〜 / tend to 〜 / generally
- ○（ある程度の可能性）
  seem to 〜 / appear to 〜 / have a tendency to 〜 / can / in some ways / to some extent
- ●（可能性はあるが限定的）
  might / may / could
- ●（可能性は低いが否定できない）
  there is a chance that / it is possible that / in rare cases

Speaking Part 2 では、問題カードを見ないで話す

Part 2 では、問題カードが渡され、そこには問題文とともに「このようなことを話すと良い」という提案が箇条書きで3〜4個書かれている。例えば「将来行ってみたい外国について述べよ」という問題には、「どんな国か」「いつ行きたいか」「誰と行きたいか」「なぜ行きたいか」などと書いてある。これらに順番に答えていくことで、スピーチを組み立てていくことができるようになっているわけだが、実際に2分間話す時にも問題カードを見ながら答えてしまうと、これらを読んでいる間に口ごもってしまうし、「いかにも順番に答えています」という感じになって流暢性ポイントにつながりにくい。対策としては、これらの箇条書きに対する答えをすべてメモ用紙に書いてしまい、実際に話す時には問題カードは見ずにメモ用紙だけ見て答えていくことだ。これにより問題カードの内容を、話している間に再度読むことが避けられる。

日本独自の言葉には補足説明をする

IELTSのSpeakingテストであなたを担当する採点官が、日本の伝統文化、日本食、日本で流行っているツールに詳しいとは限らない。したがって、日本独特の単語には、以下のように関係代名詞の非制限用法などで簡単な説明を加えると、試験官が理解しやすくなる。

補足説明の例

hakama（袴）
On graduation day, I wore a hakama, which is a traditional Japanese garment consisting of pleated, skirt-like trousers, often worn by martial artists or for formal occasions.
（卒業式の日、私は袴を着ました。袴は伝統的な日本の衣服で、プリーツのあるスカートのようなズボンで、武道やフォーマルな場でよく着用されます）

hanami（花見）
I went to Yoyogi Park to enjoy hanami, which is the Japanese tradition of enjoying cherry blossoms in spring, often with picnics.
（私は代々木公園に行って花見を楽しみました。花見は春に桜を楽しむ日本の伝統で、よくピクニックをしながら行われます）

Setsubun（節分）
Japanese children enjoy Setsubun, which is a Japanese festival in early February where people throw roasted soybeans to drive away evil spirits.
（日本の子どもたちは節分を楽しみます。節分は2月初めの日本の祭りで、悪霊を追い払うために炒った大豆を投げます）

LINE（ライン）
I regularly use LINE to contact my friends and family. LINE is a popular messaging app in Japan, similar to WhatsApp, used for texting, calls, and stickers.
（私は友達や家族と連絡を取るためにLINEをよく使います。LINEは日本で人気のあるメッセージアプリで、WhatsAppと似ていて、テキスト、通話、スタンプを使うことができます）

※「アプリ」は日本語であり、applicationを略す時は英語では「(an) app(s)」が使われる

SET 17 代名詞 攻略ドリル

Part 3 対策

代名詞 they, you

代名詞のtheyは、「彼ら」「あれら」だけではなく、「一般的な人々」「政治家などの権力者」といった抽象的な意味を表すこともできます。

代名詞theyの特殊な用法

① 一般的な人々を表すthey

They say that the weather in the UK changes frequently.
一般的な人々を指す
（イギリスの天気は変わりやすいと言われています）

② 政治家などの権力者を表すthey

They decided to add an extra 3 percent tax on imported goods.
政府を指す
（彼らは輸入品に追加で3％の税を追加することを決定しました）

代名詞のyouは、特定の「あなた」を指すだけではなく、総称的に一般の人を指して「人は（誰でも）」という意味を表すこともできます。

総称的に一般の人を指すyou

When **you** move to a new city, you often struggle to make new
you＝「あなた」ではなく、人の総称
friends at first.
（新しい街に引っ越してくると、最初は新しい友達を作るのに苦労することが多いものです）

どちらも「日本語にはしにくい＝英語独特の表現」のため、日本人学習者には慣れるまでは使いづらいかもしれませんが、シンプルな表現が好まれるIELTSのSpeakingや日常英会話においては、これらの代名詞を使うことで受動態や〈it is ＋形容詞＋名詞＋to do ...〉のような複雑な構文を避けることができ、自然になりますし、流暢性ポイントが上がりやすくなります。ぜひトライしてみてください。

Questions 1-3

下記の Speaking テストの回答例を、（　）内の主語を使って書き換えなさい。

☐ **1**　It's possible to be bothered by noise in a big city. (you)

_____

☐ **2**　In Japan, new tax policies are often introduced to address economic challenges. (they)

_____

☐ **3**　It's not a good idea to eat too much fast food. (you)

_____

Questions 4 and 5

下記の Speaking テストの回答例を英語に訳しなさい。ただし、（　）内のルールに従うこと。

☐ **4**　外国人観光客を増やすために新しい政策が導入されました。（they を使う）

_____

☐ **5**　コーヒーは適量なら健康に良いと言われています。（they を使う）

_____

SET 17 代名詞 攻略ドリル

解答と解説

1 <u>You</u> can be bothered by noise in a big city.
総称的な you

▶ track 40

訳 大都市では騒音に悩まされることもあります。

解説 「大都市に住んでいたら、誰でも」という意味合いで you を使う。話者の目の前に居る「あなた」という意味ではない。IELTS の Speaking では、この you の用法は、自分の意見を述べる時に非常に便利。ただし、フォーマルな文体が求められる Writing では、この用法の you は少しカジュアルなため、適さない。

---

2 In Japan, <u>they</u> often introduce new tax policies to address economic
権力者を表す they
challenges.

訳 日本では、経済的課題に対処するために新しい税制を導入することがよくあります。

解説 政策を決める権力者（政治家など）を指す they であり、この場合は「彼ら」「あれら」という意味ではない。この they を使うことで、受動態を避けることができ、IELTS の Speaking や日常会話では非常に便利。受動態も間違いではないが、構文として少し複雑になるので流暢に話しにくいことがあるため、自然な会話では避けられることが多い。

---

3 <u>You</u> shouldn't eat too much fast food.
総称的な you

訳 ファーストフードは食べ過ぎないほうがいいです。

解説 問1と同じく「誰でも当てはまる」というニュアンスで you を使う。〈it is ＋ 形容詞 ＋ 名詞 ＋ to do ...〉を使っても間違いではないが、構文として少し複雑になるので、Speaking では多用を避けたい。

---

4 例 **They** have introduced new policies to attract more foreign tourists.
権力者を表す they

解説 問2と同じく、受動態を避け、政策を決める権力者という意味合いで they を使う。

バリエーション

They have implemented new policies to encourage more foreign tourists to visit.
They have adopted new measures to draw in more foreign visitors.

5 例 **They say that drinking coffee in moderation is good for your health.**

〈They say that + S + V ...〉 一般的にSVと言われている

解説 〈They say that + S + V ...〉は「一般的にSVと言われている」という意味で、この場合のtheyも「彼ら」「あれら」と特定の何かを指しているわけではない。〈it is said that + S + V ...〉を使っても間違いではないが、構文として少し複雑になるので、Speakingでは多用を避けたい。

in moderation =「適度に」

バリエーション

They say that moderate coffee consumption has health benefits.
They say that drinking coffee in moderation can be beneficial for your health.

POINT 代名詞を使いこなせば、英語があか抜ける

「あなたは代名詞が苦手ですか？」と聞かれたら、「別に苦手ではない」と答える人がほとんどかもしれない。しかし、日本人で代名詞を正しく使いこなせている人は、著者の経験ではゼロに近く、日本人は代名詞が苦手、とさえ言える。これは、日本語では代名詞（「彼」「彼女」「それら」など）を省略することが多いことに対して、英語では120％活用するのが理由である。

	日本語における代名詞の省略の例
日本語	昨日、ジョンに会ったんですよー。 （彼は）美味しい寿司を（彼が）食べたいと言っていました。
英語	I met John yesterday. He said he wanted good sushi.

また、「仮主語」の存在や、天気を表すのに it を使ったり、本項目で説明したように、漠然とした権力者を表すのに they を使ったりなど、日本語話者にはイメージがつきにくい特殊な用法があることが代名詞を難しくしている理由だ。代名詞を軽視せずに、しっかりと使いこなそうという意識をもって取り組んでほしい。代名詞を正しく使いこなせるだけで、あなたの英語はかなりあか抜ける。

SET 18 穴埋め／英作文ドリル

頻度を表す表現

Part 3 対策

always, often, sometimesといった語は使い慣れている人が多いと思いますが、頻度を表す語には、もっとたくさんの種類があります。バリエーションを広げて、語彙力を示しましょう。

Questions 1–3

下記の回答例の空欄に、適切な頻度を表す語を入れなさい。

☐ **1** In modern society, people rely on technology **a**_____ the **t**_____ . Whether it's for work, communication, or entertainment, digital devices have become an inseparable part of our daily lives.

☐ **2** I disagree that art and culture are not as important as science and technology because people still visit museums and exhibitions **o**_____ **i**_____ a **w**_____ to appreciate creativity.

☐ **3** Many people say that face-to-face communication is declining because of social media. However, I believe people still prefer meeting in person **f**_____ **t**_____ to **t**_____ , especially for important conversations.

Questions 4 and 5

下記のSpeakingテストの回答例を英語に訳しなさい。ただし、頻度を表す表現を使うこと。

☐ **4** 最近の人々は、スマートフォンをほぼ常に使っており、生活の一部になっています。

_____

☐ **5** 伝統文化は現代社会ではあまり重要視されないと思われがちですが、それでも人々は時々伝統行事に参加します。

_____

400

―― 解答と解説

1 **all**, **time**
▶ track 41

In modern society, people rely on technology **all the time.** Whether it's for work,
常に（文末に置く）

communication, or entertainment, digital devices have become an inseparable part of our daily lives.

訳 現代社会では、人々は**常に**テクノロジーに依存しています。仕事であれ、コミュニケーションであれ、娯楽であれ、デジタル機器は私たちの日常生活と切り離せないものになっています。

解説 2文目の「日常生活と切り離せない」という記述から、テクノロジーに「常に」依存しているという意味にすると自然につながる。all the time（常に、頻繁に）は、alwaysとほぼ同じ意味で使えるが、通常は一般動詞の前、be動詞の後に配置するalwaysと異なり、基本的に文末に配置する。また、少しカジュアルなニュアンスがある。

2 **once in**, **while**

I disagree that art and culture are not as important as science and technology because people still visit museums and exhibitions **once in a while** to appreciate creativity.
たまに（sometimesより頻度が下がる）

訳 芸術や文化が科学技術ほど重要ではないという意見には同意できません。なぜなら、人々は今でも**たまに**美術館や展覧会に足を運び、独創性を高く評価しているからです。

解説 前半を見ると、「美術館や展覧会に『まったく』行かないわけではない」と言いたいと考えられるので、once in a while（時々、たまに）を入れる。sometimesよりも頻度は少ないニュアンス。また、sometimesは一般動詞の前やbe動詞の後に置くのが一般的だが、once in a whileは文頭、文末などに置くことができる。

3 **from time**, **time**

Many people say that face-to-face communication is declining because of social media. However, I believe people still prefer meeting in person **from time to time**,
時々

especially for important conversations.

訳 多くの人が、ソーシャルメディアのせいで対面でのコミュニケーションが減少していると言います。しかし、特に重要な話をする時には、人々は今でも時々直接会うことを好むと思っています。

4 例 People nowadays use their smartphones **all the time**, and they have
ほぼ常に（alwaysより頻度が下がる）

become a part of daily life.

解説 頻度は「ほぼ常に」ということなので、all the timeが最適。alwaysだと「いつも」という意味になってしまう。

バリエーション

> Nowadays, people are on their smartphones all the time, as they have become deeply integrated into daily routines.

穴埋め／英作文ドリル

> Nowadays, people are glued to their smartphones all the time, as they have become an essential tool in everyday life.

5 例 **Traditional culture is often considered less important in modern society, but people still participate in traditional events <u>from time to time</u>.**

類 sometimes / occasionally / once in a while

解説 頻度は「時々」なので、from time to time の他にも、sometimes, occasionally, once in a while も使える。

バリエーション

> People tend to see traditional culture as less significant in modern society, yet they still take part in traditional events from time to time.

> Although traditional culture is often regarded as less relevant in today's world, people still engage in traditional ceremonies from time to time.

頻度を表す語まとめ

確信度		
高 ↑	**always**	（いつも／100％）
	all the time	（ほぼ常に／いつも）
	often	（よく／しばしば）
	sometimes	（時々）
	occasionally	（時々／たまに）
	from time to time	（時々／たまに）
	once in a while	（たまに／ごくたまに）
↓ 低	**hardly ever**	（めったにない）

口に出す「ひとり言」練習で Speaking 対策

著者が推奨する Speaking 対策の独学ルーティンは、週 1 回、本番形式で Part 1 〜 3 を解く（実際に言ってみる）→同じ問題を、次の 6 日をかけて、ひとり言で練習してより良い返答へと磨いていく→また新しい問題を解く、というもの。ひとり言はお風呂に入っている時や歩いている時など、何か他のことをしながらでもできるので、ぜひ習慣化して毎日口に出して英語を話す、ということを行ってほしい。ここでポイントは、小さな声でも良いので必ず口に出すということ。頭の中だけで言うのと「口に出して、自分の耳でも聞く」ということには大きな違いがある。口に出して英語を言う練習をすることで、少しずつ自分が英語を話すという事実に慣れていき、スムーズに口から出やすくなってくる。

SET 19 短文選択／穴埋め／英作文ドリル 10 mins

テクノロジー

Part 3 対策

Questions 1 and 2

下記の Speaking テストの回答例を読んで、空欄に当てはまる適切な語を選択肢から選びなさい。

1. I believe AI will become even more _____ in the coming years, as it is already transforming industries like healthcare, education, and transportation.

   A obsolete　　**B** prevalent　　**C** unimportant　　**D** restricted

2. Technology in education offers many benefits. It enables _____ learning, where students can access lessons at their own pace and revisit materials as needed.

   A ineffective　　**B** irrelevant　　**C** expensive　　**D** customised

Questions 3–6

次の Speaking テストの会話例を読み、日本語訳を参考にしながら空欄を埋めなさい。

> What are the disadvantages of relying too much on technology?

One major drawback is that people may become too **3** d_____ on their devices, which could lead to a lack of **4** c_____ thinking skills. Also, **5** e_____ use of technology might negatively **6** a_____ mental health and social relationships.
（主な欠点として、人々がデバイスに依存しすぎることで、批判的思考の欠如につながる可能性があります。また、過剰なテクノロジーの使用は、精神衛生や社会的関係に悪影響を及ぼすかもしれません）

START　100　200　300　400　500 問

Questions 7 and 8

仮定法を使い、下記の Speaking テストの回答例を英語に訳しなさい。

7 もしテクノロジーがなかったら、私たちの生活はずっと不便になって
いたでしょう。

---

8 もしもっと早く新しいソフトウェアを導入していたら、プロジェクト
は成功していたでしょう。

Speaking

405

SET 19 短文選択／穴埋め／英作文ドリル

────────────────────────解答と解説

1　B（**prevalent** 形 普及する）　　　　　　　　　▶ track 42

I believe AI will become even more **prevalent** in the coming years, as it is already transforming industries like healthcare, education, and transportation.

訳 AIはすでに医療、教育、交通などの産業を変革しているように、今後数年でさらに**普及する**と私は信じています。

解説 空欄前がeven more（さらに）であり、空欄後のas以下が「すでに医療、教育、交通などの産業を変革しているように」となっているので、意味が一番合うのはprevalent（普及する）。他の選択肢も重要な語なので覚えておこう。**A** obsolete（形 廃れた）、**C** unimportant（形 重要ではない）、**D** restricted（形 制限された）

──

2　D（**customised** 形 カスタマイズされた）

Technology in education offers many benefits. It enables **customised** learning, where students can access lessons at their own pace and revisit materials as needed.

訳 教育におけるテクノロジーには多くの利点があります。生徒が自分のペースでレッスンにアクセスし、必要に応じて教材を見直すことができ、**カスタマイズされた**学習が可能になります。

解説 空欄後のwhere以下がstudents can access lessons at their own pace and revisit materials as needed（生徒が自分のペースでレッスンにアクセスし、必要に応じて教材を見直すことができ）となっているので、一番合うのは**D**。**A** ineffective（形 効果がない）、**B** irrelevant（形 関係がない）、**C** expensive（形 （値段が）高い）。いずれも重要な語なので覚えておこう。

──

3　dependent（形 依存している）
4　critical（形 批判的な）
5　excessive（形 過剰な）
6　affect（形 〜に影響する）

One major drawback is that people may become too **3 dependent** on their devices, which could lead to a lack of **4 critical** thinking skills. Also, **5 excessive** use of technology might negatively **6 affect** mental health and social relationships.

訳（採点官の質問）テクノロジーに頼りすぎることがもたらす欠点は何ですか。

解説 **3** rely（動 依存する）の言い換えとしてdependentを使う。どちらも、後に前置詞onを続ける点は同じ。**4** critical thinkingは、テクノロジーや教育の文脈でよく使われる表現で「批判的思考」という意味。「受け身ではなく、アクティブに考えるスキル」ということで、「スマホ、SNSといった受け身コンテンツに依存するようになると自分で考えるスキルが育たない」とここでは言いたい。
　5 excessive（形 過剰な）は、too muchの言い換えとして使える。**6** affect（動 〜に影響する）は、SpeakingでもWritingでもよく出てくるので、意味はもちろん、正しく使えるようになっておこう。

406

7 例 **If there was no technology, our lives would be much more inconvenient.**

解説 仮定法過去を使った構文。仮定法はSpeakingでもWritingでもうまく使えるとポイントにつながるので、ぜひ型を覚えておこう（仮定法はWriting SET04参照）。

バリエーション

If technology didn't exist, our lives would be far less convenient.
Without technology, our lives would be significantly more difficult.

8 例 **If we had implemented the new software earlier, the project would have been successful.**

解説 仮定法過去完了を使った構文。仮定法はSpeakingでもWritingでもうまく使えるとポイントにつながるので、ぜひ型を覚えておこう（仮定法はWriting SET04参照）。

バリエーション

If we had adopted the new software sooner, the project could have been more successful.

> **POINT　専門用語を覚える必要はない**
>
> どの専門分野にも言えることだが、本項目の場合、テクノロジーだからといって、ITの難しい専門用語まで覚える必要はなく、普段自分が日本語でも使っている程度の用語が英語で言えたらOK。また、特に専門知識も必要ないので、例えば「VRについて専門的に語らなければいけない」ということはないので安心してほしい。

SET 20 短文選択／穴埋め／英作文ドリル

コミュニケーション

Part 3 対策

Questions 1 and 2

1 次の Speaking テストの会話例を読み、空欄に当てはまる適切な語を選択肢から選びなさい。

> How has technology made communication more efficient?

> Technology has introduced tools, including video conferencing and instant messaging, which allow for _____ collaboration, even across different time zones.

A restricted　　**B** frustrating　　**C** seamless　　**D** delayed

2
> What are the benefits of using social media for communication?

> Social media allows for _____ interactions by enabling people to share updates, photos, and messages instantly with friends and family, no matter where they are.

A time-consuming　　**B** indirect　　**C** one-sided　　**D** real-time

Questions 3-5

次の Speaking テストの会話例を読み、日本語訳を参考にしながら空欄を埋めなさい。

> Why is face-to-face communication important in establishing relationships?

3 In-p_____ communication allows people to **4** b_____ trust and understand each other better by observing **5** non-v_____ cues like facial expressions and gestures.
（対面でのコミュニケーションでは、表情やジェスチャー といった非言語的な合図を観察することで信頼関係を築き、互いをより深く理解することができます）

Questions 6-8

日本語訳を参考にしながら空欄を埋めなさい。

> What are the challenges of communicating in a diverse workplace?

A common difficulty is understanding **6** c_____ differences, as certain gestures or expressions may have different **7** m_____ in other cultures. Additionally, language **8** b_____ can make it harder to collaborate effectively.
（よくある問題は、文化の違いを理解することです。なぜなら、ジェスチャーや表現のなかには、他の文化では異なる意味を持つものがあるからです。さらに、言葉の壁によって共同作業を効果的に行うことが難しくなります）

Question 9

下記の Speaking テストの回答例を英語に訳しなさい。

対面のコミュニケーションだと、感情をより正確に表現することができます。ボディランゲージが相手に伝わるからです。

SET 20 短文選択／穴埋め／英作文ドリル

―――――解答と解説

1　C（**seamless** 形 スムーズな）　▶ track 43

Technology has introduced tools, including video conferencing and instant messaging, which allow for **seamless** collaboration, even across different time zones.

訳（採点官の質問）テクノロジーはどのようにコミュニケーションを効率的にしてきましたか。
（受験者の返答）テクノロジーの進歩により、ビデオ会議やインスタント・メッセージなどのツールが導入され、異なる時間帯であっても**スムーズな**コラボレーションが可能になりました。

解説　空欄の後に even across different time zones（異なる時間帯であっても）となっているので、意味が一番合うのは seamless（スムーズな）。ちなみに smooth も使えるが、seamless のほうが英語では使用頻度が高い。
他の選択肢、**A** restricted（形 制限された）、**B** frustrating（形 イライラする）、**D** delayed（形 遅れた）も、重要なので覚えておこう。
また、問1、2に使われている〈allow for 〜〉（〜を可能にする）は、Speaking および Writing で便利に使える。後には名詞を置く。

2　D（**real-time** 形 リアルタイムの）

Social media allows for **real-time** interactions by enabling people to share updates, photos, and messages instantly with friends and family, no matter where they are.

訳（採点官の質問）コミュニケーションに SNS を使う利点は何ですか。
（受験者の返答）SNS は、最新情報、写真、メッセージなどを、どこにいても友人や家族と瞬時に共有できるため、**リアルタイムの**交流が可能になります。

解説　空欄後が by enabling people to share updates, photos, and messages instantly with friends and family, no matter where they are（最新情報、写真、メッセージなどを、どこにいても友人や家族と瞬時に共有できる）となっているので、意味が一番合うのは **D**。
他の選択肢、**A** time-consuming（形 時間がかかる）、**B** indirect（形 間接の）、**C** one-sided（形 片方の）も重要な語なので覚えておこう。

3　person（→**in-person** 形 対面の）
4　build（動 〜を築く）
5　non-verbal（形 非言語的な）

3 In-**person** communication allows people to 4 **build** trust and understand each other better by observing 5 non-**verbal** cues like facial expressions and gestures.

訳（採点官の質問）関係性を築く上で対面でのコミュニケーションはなぜ重要ですか。

解説　3 face-to-face communication（対面でのコミュニケーション）の言い換えとして in-person communication と表現できる。communicate in person / meet in person というように、in person を副詞的に使うことも多い。
4&5 build trust（信頼関係を築く）、non-verbal cues（非言語性の合図）は、必須のコロケーション。

410

6 cultural(形 文化の)
7 meanings(名 意味)
8 barriers(名 壁)

A common difficulty is understanding **6 cultural** differences, as certain gestures or expressions may have different **7 meanings** in other cultures. Additionally, language **8 barriers** can make it harder to collaborate effectively.

訳 (採点官の質問) 多様性のある職場におけるコミュニケーションの課題は何ですか。

解説 cultural difference (文化の違い)、language barrier (言葉の壁) は、コミュニケーションや言語のテーマで便利に使えるコロケーション。この場合、言葉の壁は1つだけではなく複数あると考えられるので、barriers と複数形にする。meaning (意味) は、この場合は可算名詞なので、一般的な意味では無冠詞複数形で使うのが基本。
話し始めで、challenges を difficulty と言い換えていることにも注目。

9 例 **Face-to-face communication allows for more accurate expression of emotions, which are conveyed through body language.**

解説 ここでも allow for ~ を使い、無生物主語にすると文が組み立てやすい。convey は、ここでは「~を伝える」という意味で、コミュニケーションのテーマでは必須の単語。

バリエーション

Through in-person communication, people can express their emotions more accurately, as their body language helps convey their feelings effectively.

When communicating in person, individuals can express their emotions with greater accuracy because non-verbal cues such as body language enhance understanding.

SET 21 短文選択／穴埋め／英作文ドリル 10 mins

教育

Part 3 対策

Questions 1 and 2

下記の Speaking テストの会話例を読み、空欄に入る適切な語を選択肢から選びなさい。

1

Do you think traditional classroom learning is better than online education?

Traditional classrooms are often more _____ because they allow for direct communication between teachers and students, fostering engagement and collaboration.

A interactive   **B** isolated   **C** virtual   **D** superficial

2

How can teachers promote effective learning in the classroom?

Teachers can ensure effective learning by encouraging _____ participation, where students contribute significantly to discussions and activities.

A passive   **B** active   **C** indirect   **D** limited

Question 3

下記の Speaking テストの会話例を読み、日本語訳を参考にしながら空欄を埋めなさい。

Do you think exams are the best way to evaluate students' performance?

Exams are useful, but they might not fully assess a student's **a**_____ , such as creativity, teamwork, and leadership skills.
（試験は有用ですが、創造性、チームワーク、リーダーシップ・スキルなどといった学生の能力を十分に評価できないかもしれません）

Questions 4 and 5

次の Speaking テストの会話例を読み、日本語を英語に訳しなさい。

4

What role does education play in shaping society?

教育は、現代の労働力に必要なスキルを育成することによって、社会の発展に影響を与えるために不可欠です。

5

How does education contribute to personal development?

教育は、批判的思考を高め、生涯学習を奨励するものであり、個人の成長にとって非常に重要なものです。

SET 21　短文選択／穴埋め／英作文ドリル

――解答と解説

1　A（**interactive** 形 双方向的な）
▶ track 44

Traditional classrooms are often more **interactive** because they allow for direct communication between teachers and students, fostering engagement and collaboration.

> **訳** （採点官の質問）従来型の授業はオンライン教育より良いと思いますか。
> （受験者の返答）従来型の授業は、教師と生徒が直接コミュニケーションをとることができるため、より**双方向的**であることが多く、生徒の参加と協力が促されます。

> **解説** 空欄後のbecause ...の部分にあるdirect communication（直接コミュニケーション）から、意味が一番合うのはAだと考えられる。B isolated（形 孤立した）、C virtual（形 虚像の、バーチャルの）、D superficial（形 表面上の）は、ここでは文脈に合わないが、いずれも重要な語なので覚えておこう。

2　B（**active** 形 積極的な）

Teachers can ensure effective learning <u>by encouraging</u> **active** participation, <u>where</u>
（手段）〜することで　　　　　　　　関係副詞（非制限用法）
students contribute significantly to discussions and activities.

> **訳** （採点官の質問）教師は教室でどのように効果的な学習を促せますか。
> （受験者の返答）教師は、生徒が議論や活動に大きく貢献するよう、積極的な参加を促すことで、効果的な学習を実現することができます。

> **解説** 空欄後のwhere以下にあるstudents contribute significantly to discussions and activities（生徒がディスカッションや活動に大きく貢献する）から、意味が一番合うのはB。他の選択肢は、A passive（形 受け身の）、C indirect（形 間接の）、D limited（形 制限がある）で、文脈に合わないが、いずれも重要な語なので覚えておこう。
> この質問の場合のhowは、「どのように」と方法を聞いているので、〈by ＋ -ing〉を使って手段を説明できるとよい。

3　abilities（名 ability（能力）の複数形）

Exams are useful, but they might not fully assess a student's
abilities, such as creativity, teamwork, and leadership skills.
〈カテゴリーを表す語，＋ such as ＋ 例1 ＋ 例2 ＋, and ＋ 例3〉

> **訳** （採点官の質問）学生の成績を評価する最善の方法は試験だと思いますか。

> **解説** 空欄の後に並べられているcreativity, teamwork, and leadership skillsのまとめになるような語（スキル、能力）を入れる。such asやincludingといった例を挙げる語の前には基本的にカテゴリーを表す語を複数形で置く（Writing SET28参照）。

414

4 例 Education is <u>essential</u> in influencing <u>the development of society</u> by fostering the skills needed for a modern workforce.

形 重要である　　　　　　　　　　　　　= shaping society

訳 (採点官の質問) 社会を形成する上で教育はどのような役割を果たしていますか。

解説 〈play (a) role(s) in ～〉(～において重要な役割を果たす) は、非常に使用頻度が高い。「どのような役割を果たすか」と聞かれているので、解答例では「重要である」と答えている。また、shaping society を the development of society と言い換えている。「重要だ」という表現はよく使うので、important を連発しないように、下の表を参照して言い換えてみよう。

バリエーション

Education is vital in building society, which it does by developing the skills needed in the modern workforce.
Education is fundamental to the development of society, which is accomplished by nurturing the skills needed for today's workforce.

5 例 Education is <u>crucial</u> for personal development <u>as</u> it enhances critical thinking and encourages lifelong learning.

形 重要である　　　　　　　　　as 以下 = 根拠を述べている

訳 (採点官の質問) 教育はどのように個人の成長に貢献していますか。

解説 「教育はどのように貢献するか」という問いなので、「重要である」と答えた上で、その理由を述べる形。how で聞かれると戸惑う学習者が多いが、このように「重要度」などのレベルを答えた上で、その根拠を追加するようにするとよい。今回は important の言い換えとして crucial を使っている。

バリエーション

Education is essential for personal development, as it fosters critical thinking and promotes lifelong learning.
Education plays a vital role in personal growth, as it enhances critical thinking and nurtures a habit of lifelong learning.

Part 3 で使える important の言い換え

essential / crucial / vital / significant / fundamental / key

SET 22 複文 攻略ドリル 〜but からの脱出〜

but 以外の接続詞

Part 3 対策

Questions 1–3

適切な接続詞を使って、次の2つの文を1つの文にしなさい。ただし、but 以外の接続詞を使うこと。

☐ **1** Some people believe that university education should focus on practical skills.
Others argue that theoretical knowledge is equally important.

_____
_____

☐ **2** The use of artificial intelligence has significantly improved productivity. It has also raised concerns about job security.

_____
_____

☐ **3** Many countries are investing in renewable energy sources.
They can reduce their dependence on fossil fuels.

_____
_____

Questions 4 and 5

下記の Speaking テストの回答例を読んで、英語に訳しなさい。ただし、（　）内のルールに従うこと。

☐ **4** 多くの人が、より多くのお金を稼ぐために長時間働き、結局は自分の時間を犠牲にしています。（関係代名詞の非制限用法を使う）

_____
_____

☐ **5** SNS は簡単に連絡を取り合えるようにすると同時に、それがプレッシャーになっています。（yet を使う）

_____
_____

―解答と解説

1 Some people believe that university education should focus on practical skills, **whereas / while** others argue that theoretical knowledge is equally important.　▶ track 45

訳 大学教育は実践的なスキルに重点を置くべきだと考える人もいれば、理論的な知識も同様に重要だと主張する人もいます。

解説 Writingで多用されるalthoughやthoughでも意味は通じるが、ここでは2つの意見を対比させたいので、やや不自然になる。対比させるならwhereas / whileを使うのがスマート。4つの接続詞の用法を表で確認しよう（接続詞はWriting SET01参照）。

whereas, while, although, thoughのまとめ

機能（表すこと）	whereas	while	although	though
対比（対立する2つの意見や事柄を並列）	○	○	×	×
譲歩（AはBだけれどもという意味合い）	×	○	○	○

2 The use of artificial intelligence has significantly improved productivity, **although / though / while** it has also raised concerns about job security.

訳 AIの活用は生産性を大幅に向上させたものの、雇用の安定に対する懸念も生じています。

解説 「AIの活用は生産性を大幅に向上させた」という事実がありつつ、「雇用の安定に対する懸念も生じている」という事実が譲歩となっているため、but以外にはthough, although, whileといった接続詞を使ってつなぐことができる（問1解説の表を参照）。

3 Many countries are investing in renewable energy sources **so that** they can reduce their dependence on fossil fuels.

訳 化石燃料への依存度を下げるため、多くの国が再生可能エネルギーに投資しています。

解説 「多くの国が再生可能エネルギーに投資している」目的は、「化石燃料への依存度を下げる」ため。「～するために」を表す表現といえば、不定詞のtoだが、〈S_1＋V_1 so that S_2＋V_2〉＝「S_2＋V_2できるようにS_1＋V_1する」を使うと表現の幅が広がる。

4 例 A lot of people work long hours to make more money, **which ends up costing them their personal time**.

解説 work for long hoursではなくwork long hours（長時間働く）が正しい。end up -ing（結局、～となる）と〈cost＋人＋お金や時間〉（（人）に（お金や時間）をかけさせる）もSpeakingで便利に使える。

バリエーション

Many people work long hours to make more money, which eventually leads to the loss of their personal time.

5 例 Social media makes it easy for people to stay in touch, **yet** at the same time, it puts pressure on them.

解説 英語では、「SNS」とは言わないので注意。yetは接続詞としてbutと同じように使うことができる。

バリエーション

Social media allows people to stay connected easily, yet it also creates pressure.

SET 23 書き換え／英作文ドリル

代名詞
代動詞

Part 3 対策

Questions 1-3

代名詞や代動詞を使える箇所は使って、次の文を書き換えなさい。

☐ **1** Many people believe that university education is essential for success. Many people think that university education provides students with critical thinking skills.

_____

_____

☐ **2** Some people prefer working from home because working from home gives people more flexibility. Working from home allows people to create a comfortable work environment.

_____

_____

☐ **3** Social media might negatively affect young people's mental health. Some experts argue that social media negatively affects young people's mental health, especially when young people spend too much time online.

_____

_____

Questions 4 and 5

下記の Speaking テストの回答例を読んで、英語に訳しなさい。ただし、問 4 は（　）内のルールに従うこと。

☐ **4** 自分の仕事に満足している人は生産性が高いですが、満足していない人は、やる気を失うことがあります。（those who を使う）

_____

_____

☐ **5** 仕事とプライベートのバランスを取ることは大切ですが、みんながバランスをうまく取れるわけではありません。

_____

_____

———解答と解説

1 **Many people** believe that <u>university education</u> is essential for success. <u>They</u> think that <u>it</u> provides students with critical
　　　　　　　　　　　　　　　They=many people　　it = university education
thinking skills.　　　　　▶ track 46

訳 成功するためには大学教育が不可欠だと考える人は多いです。大学教育は、学生に批判的思考力を身につけさせると考えているのです。

解説 2文目の many people と、university education は前の文に出てきているため、代名詞に置き換える。日本語では代名詞を使わずに名詞を繰り返すパターンが多いが、英語では何を指しているか明らかな場合は名詞を繰り返すのは不自然。代名詞を積極的に使おう。

2 <u>Some people</u> prefer <u>working from home</u> because <u>it</u> gives <u>them</u> more
　　　　　　　　　　　　　　it = working from home　　　　them = Some people
flexibility. <u>It</u> allows <u>them</u> to create a comfortable work environment.
　　It = working from home　them = people

訳 在宅勤務を好む人もいますが、それは在宅勤務のほうが柔軟性があるからです。居心地の良い職場環境を作ることができます。

解説 2回目以降に出てくる working from home は it、people は them に置き換えることができる。

3 <u>Social media</u> might negatively affect <u>young people's</u> mental health. Some experts argue that <u>it</u> <u>does</u>, especially when <u>they</u> spend too much time online.　it = Social media　negatively ... mental health = does　they = young people

訳 SNSは若者の心の健康に悪影響を与えるかもしれません。専門家の中には、特にオンラインで長時間を過ごすと、悪影響だと主張する人もいます。

解説 2回目以降の social media は it、negatively ～ mental health 部分は does、young people は they で置き換えることができる。

4 <u>People who</u> are satisfied with their jobs tend to be more productive, while <u>those who</u> are not may lose motivation.
those who = People who　　satisfied が省略されている

解説 those who は people who の言い換えで、「～の人」という意味。who are not の後に satisfied が省略されている。

バリエーション

Those who feel satisfied with their jobs are usually more productive, while those who do not may become unmotivated.
Those who are content with their work tend to perform better, whereas those who are not may struggle with motivation.

SET 23 書き換え／英作文ドリル

5 例 <u>Balancing work and personal life</u> is important, but not everyone can <u>do</u> <u>it</u> well.

do = balancing
it = work and personal life

解説 2回目のbalance はdoという代動詞、work and personal lifeはitという代名詞で置き換えることができる。

バリエーション

It is important to maintain a balance between work and personal life, but not everyone manages to do so effectively.

POINT　単語の言い換えよりも、代名詞と代動詞！

IELTSのアウトプット技能（Speaking, Writing）のテストでは、「言い換え」をすることが大事と伝えると、いかに単語を言い換えるか頭を悩ませる人が多い。もちろん単語やフレーズを言い換えるのも大事だが、その前に、「代名詞や代動詞を使える箇所で積極的に使っていくこと」を心がけよう。
日本語で考えていると、なかなかこれらを使えていないケースが多いので意識していこう。特に問3のような代動詞は使いこなすまでに練習が必要だが、使えるとすっきりとした自然な表現となる。

作り話の作り方

IELTS の Speaking では「作り話で良い」とはよく言われることだ。IELTS のスピーキング試験は、あくまでも英語力を試す試験であり、あなたが話すネタが、本当のことなのか、正しいのか、確認することもなければ、たとえ事実として間違っていることであっても全く問題ない。とはいえ、イチから作り話をするのは誰でも難しいので、ここでコツを伝授しよう。

①対象をちょっとずらす

問題例 → あなたの地域のお祭りについて教えてください。

対策 → 自分の地域でなくても OK。例えば青森のねぷた祭りや大阪のだんじり祭りなど、自分がぱっと思いつくものについて、いかにも地元のお祭りのように話そう。複数のお祭りのことを組み合わせて、いかにも 1 つのお祭りのように話せばネタも思いつきやすいかも。

問題例 → 日本で一番人気のあるスポーツ、エクササイズは何ですか？

対策 → 自分の好きなスポーツ、自分のやっているエクササイズについて、日本で一番人気があるかのように話す。

②他人の体験談を話す

質問例 → 最近行ったパーティについて教えてください。

対策 → ドラマで見たパーティの様子について、自分が行ったパーティかのように答える。

③1 つのものをオールマイティに対応させる

問題例 → 家族の友だちについて話してください。

対策 → 自分の同僚について、家族の友だちであるかのように答える。

もちろん、頭の中でずらしているだけで、質問としてはきちんとそれに答える必要があるので、多少のアレンジは必要だが、イチから真面目に考えるよりもかなり思いつきやすいのではないだろうか。

SET 24 並べ替え／英作文ドリル　10 mins

原級比較

Part 3 対策

Questions 1–3

日本語を参照し、[ ] 内の単語を並べ替えて、文を完成させなさい。

☐ **1** オンライン教育は伝統的な教育ほど効果的ではありません。
[as / traditional / education / not / is / as / online / effective / education].

_____

☐ **2** デジタルコンテンツの台頭により、公共図書館が以前ほど普及していない国もあります。
In some countries, [as / libraries / before / as / are / popular / not / public] because of the rise of digital content.

_____

☐ **3** 都会での生活費は、田舎の2倍です。
[is / twice / city / the / cost / as / in / in / high / countryside / the / living / of / as / the].

_____

Questions 4 and 5

下記の Speaking テストの回答例を英語に訳しなさい。

☐ **4** 最近のスマートフォンは、5年前のものの半分の重さしかありません。

_____

☐ **5** 電気自動車は、一部の国ではガソリン車の3倍の価格です。

_____

422

解答と解説

1 Online education is <u>not as effective as</u> traditional education. ▶ track 47
〈not as + 形容詞 + as ...〉「…ほど〜ではない」

解説 「…ほど〜ではない」と言いたい時は、〈not as 〜 as ...〉を使う（Writing SET07参照）。Speakingテストで原級を使いこなすには、こういった文を独り言で何度も言うなどして練習する必要がある。

2 In some countries, **public libraries <u>are not as popular as before</u>** because of the rise of digital content.
〈not as + 形容詞 + as ...〉「…ほど〜ではない」

解説 「…ほど〜ではない」と言いたい時は、〈not as 〜 as ...〉を使う。

3 The cost of living in the city is <u>twice as high as</u> in the countryside.
〈twice as + 形容詞 + as ...〉＝「…の2倍〜」

解説 「…の2倍〜」は〈twice as 〜 as ...〉と表現する。

4 例 Recent smartphones are only half <u>as heavy as those</u> from five years ago.
〈half as + 形容詞 + as ...〉＝「…の半分の〜」 those = smartphones

解説 「…の半分の〜」は〈half as 〜 as ...〉、もしくは〈half of 〜〉と表現する。onlyなどの副詞を使う時は、〈half as 〜 as ...〉の前に置く。

バリエーション

| Modern smartphones weigh only half as much as those from five years ago. |
| Smartphones today weigh just half of what they did five years ago. |

5 例 **Electric cars are <u>three times as expensive as</u> regular petrol cars in some countries.**
〈three times + as + 形容詞 + as ...〉＝「…の3倍〜」

解説 「〜倍」と言いたい時は、〈... times as 〜 as ...〉を使う。petrol（ガソリン）はイギリス英語だが、アメリカ英語のgasolineを使ってもIELTSのSpeakingでは問題ない。

バリエーション

| In some countries, electric cars cost three times as much as regular petrol cars. |
| Electric vehicles are three times as expensive as conventional gasoline cars in certain countries. |
| Electric cars in some nations are three times as expensive as standard gasoline-powered cars. |

索引単語

Reading

A

A as well as B		Bだけでなく Aも	97
accelerating	形	加速しつつある	85
accompany	動	～を伴う	34
account for ～		～を占める	88
accurate	形	正確な	30
acoustic	形	音響の	65
additionally	副	さらに、その上	61
adjacent	形	隣接した	30
advocate	動	～を提唱する	101
aesthetic	形	美的な	28
afterwards	副	その後で	34
agricultural	形	農業の	88
align	動	～に合わせる、一直線にする、整列する	30, 36
alignment	名	一列に整列すること	36
altitude	名	高度	22
ambient	形	周囲の	65
amphibians	名	両生類	32
annually	副	毎年	101
Antarctic	形	南極の	85
antibiotic	名	抗生物質	24
antiseptic	名	消毒剤	24
approximately	副	おおよそ	88
aquatic	形	水生の	22
arable crops		耕作作物	88
artificial intelligence		人工知能＝ AI	77
associate	動	～と関連する	34
Atlantic	形	大西洋の	85
attend	動	～に付き添う	34
attribute	動	起因する	26
axis	名	軸	20

B

backward	副	後ろ向きに	97
be associated with ～		～と関連している	69
be at risk of ～		～の危険にさらされている	101
be attributed to		～に起因する	88
be due to ～		～が原因である	93
be engaged in ～		～に従事する、～に取り組む	73
be in contrast to ～		～とは対照的である	61
be in sync with		～と同期する、調和する	81
be in violation of ～		～に違反している	101
be likely to ～		～する可能性が高い	48
be prevalent over ～		～に広がっている	85
beneficial	形	有益な	97
biodiversity	名	生物多様性	64, 65, 88, 101
biology	名	生物学	93

blurry	形	ぼやけた	81
bolster	動	～を強化する	20
botanist	名	植物学者	101
bushfire	名	森林火災	65

C

carbon	名	炭素	88
carbon dioxide		二酸化炭素	85
carbon emission		炭素排出	88
cellular	形	細胞の	22
cereal	名	穀物	88
chart	動	図に示す	28
climate-appropriate	形	気候に適した	52
climb to ～		～まで上昇する	93
cognitive	形	認知の	73
coherent	形	一貫した	26
comparatively	副	比較的	93
compared to ～		～と比較して	65, 85, 93
compared with ～		～と比較して	88
complement	名	補完	65
compost bin		コンポスト容器	52
comprehensive	形	包括的な	30
compromise	動	～に漏洩する	77
compulsory	形	義務の	20
condense	動	凝縮する	85
consolidation	名	固定	57
contextual cue		文脈手がかり	69
convict	動	有罪判決を下す	30
coral reef		サンゴ礁	65
cortex	名	大脳皮質	56
cortical cells		大脳皮質細胞	56
cosmopolitan	形	世界的な、国際的な	30
counteract	動	～を中和する、弱める	24
countryside	名	田舎	48
criminal	名	犯罪者	77
cultivate	動	育む	26
cutoff	名	切断、締切	93

D

debris	名	瓦礫	28
deepfake	名	ディープフェイク（AIによる偽造メディア）	81
deficient	形	不足している	28
degenerate	動	悪化する	24
delegate	動	～に委任する	30
dementia	名	認知症	57, 69
depict	動	描く	26
deplete	動	（資源など）を使い果たす	22
descriptive	形	描写の	26
designate	動	～に指定する	30
despite of	前	～にもかかわらず	32
deteriorate	動	劣化する	24
detrimental	形	有害な	20
detrimentally	副	有害な方法で	32

英語	意味	ページ
devoid	動 ～を欠く	34
diametric	形 直径の	22
discern	動 識別する	24
discriminate	動 ～を差別する	30
disperse	動 分散させる	24
disrupt	動 ～を妨害する	57
distinguish A from B	A と B を区別する	81
divine	形 神聖な	26
document	動 ～を記録する	101
dozens of ～	数十の～	101
drain	名 排水口	28
drastic	形 抜本的な	93
droplets	名 水滴	85
drought	名 干ばつ	20
dweller	名 住人	28

E

英語	意味	ページ
eclipse	名 日食、月食	20
eject	動 ～を放出する	20
electricity generation	発電	48
embellish	動 装飾する	26
embrace	動 ～を受け入れる	73
emigrate	動 他国に移住する	28
encode	動 ～をコード化する	20
encourage ～ to ...	（人）が…するのを促す	101
end up	結局～になる	97
endemic	形 特定の地域や集団に特有の	24
enforce	動 施行する	30
enhance	動 ～を向上させる	73
epidemic	名 流行、伝染病	93
erroneous	形 間違っている	30
especially	副 特に	32
established	形 既存の	52
evaporate	動 蒸発する	85
evaporation	名 蒸発	20
exaggerate	動 ～を誇張する	73
exceed	動 ～を超える	93
except with ～	～を除いて	73
existing	形 既存の	69
extinct	形 絶滅した	22
extinction	名 絶滅	101

F

英語	意味	ページ
flourish	動 栄える	28
fluid	名 液体	22
forecast	動 ～を予測する	93
forest	名 森林	48
fragment	名 破片	28
fuel	名 燃料	101
fungus	名 菌類の総称	22

G

英語	意味	ページ
gauge	動 ～を測定する	65
gaze	名 凝視	73
general practitioner	家庭医	61
geometric	形 幾何学的な	22

英語	意味	ページ
glacier	名 氷河	85
go extinct	絶滅する	101
go viral	拡散する、バズる	81
greenhouse emission	温室効果ガス排出	88

H

英語	意味	ページ
hail	名 雹	20
half	名 半数	48
harbour	動（生息地として）～を保有する	101
hemisphere	名 半球	97
herbivorous	形 草食性の	24
high-frequency	形 高頻度の	57
high-frequency	名 高周波数	64
high-frequency sound	高周波音	65
hippocampus	名 海馬	56
homogeneous	形 均質な、同質の	24
horizontal	形 水平の	22
hurricane	名 ハリケーン	64

I

英語	意味	ページ
ice shelves	棚氷	85
in an effort to ～	～する努力のなかで	101
in order to ～	～するために	88
in spite of	～にもかかわらず	32
in theory	理論上は	85
in turn	順番に	85
including	前 ～を含めて	32
inconsistent	形 一貫性のない	81
indigenous	形 先住の	24
individual	名 個人	61
inefficiently	副 非効率的に	101
infant	名 乳児	97
informative	形 有益な	30
inherent	形 固有の、本質的な	26
in-person appointment	対面の面会	60, 61
insects	名 昆虫	32
instead of	～の代わりに	32
insufficient	形 不十分な	61
insulate	動 ～を絶縁する	20
intact	形 完全なままの	65
intentionally	副 意図的に	32
interference	名 干渉、妨害	57
intolerant	形 不寛容な	26
intriguing	形 興味をそそる	73
intrusive	形 押し付けがましい	30
invasive	形 侵襲的な	57
involuntarily	副 無自覚に	32
irreversible	形 不可逆的な	22, 85
it is notable that S + V	SV は注目すべきことである	73
it is possible that S + V	SV という可能性がある	93
it is thought that S + V	SV と考えられている	101

L

英語	意味	ページ
landowner	名 土地所有者	65
latitude	名 緯度	22

425

left-handed	形左利きの	97
lexical	形語彙の	26
life expectancy	平均寿命	93
lighten	動〜を軽くする、和らげる	73
linguistic	形言語の	26
literal	形文字通りの	26
livestock	名家畜	88
lizards	名トカゲ	32
longitude	名経度	22

M

make a payment	支払いをする	77
manipulation	名改ざん	81
manure	名肥料、堆肥	88
meaningful	形意味のある	69
medical	形医療の	24
memory consolidation	記憶の固定	56
merely	副単に	73
metaphorical	形比喩の	26
meteorite	名隕石	20
migrate	動移住する	24
migration	名移民	48
mould	動〜を形に入れて形を作る	20
moreover	副さらに、その上	57
moreover	副さらに、その上	77
municipal	形市の、地方自治体の	48
mythical	形神話の	26

N

narrative	形物語の	26
native	形特定の土地で生まれ育った	20
needs	名ニーズ	60
neural	名神経の	57
nonetheless	副にもかかわらず	73

O

obscure	形曖昧な	26
obvious	形明らかな	81
offset	動〜を相殺する	88
olfactory system	嗅覚システム	69
on average	平均して	88

P

Pacific	形太平洋の	85
painstaking	形骨の折れる、丹念な	28
parallel	名平行	22
pasture	名牧草地	65
permafrost	形永久凍土の	85
pharmaceutical	名薬剤	24, 101
pinpoint	動〜を特定する	101
place	動〜を置く	36
plaster	名石膏	22
poll	動〜を調査する	61
pollinate	動受粉を媒介する	24
pollutant	名汚染物質	22
possibly	副ひょっとすると	93

poverty	名貧困	48
preceding	形先行する	34
precipitation	名降水量	20
pre-industrial	形産業革命以前の	85
preservative	名保存料	22
prevent	動〜を阻止する	57
prevent A from B	AがBするのを阻止する	85
previous	形以前の	34
primeval	形原始的な	24
principled	形原則的な	26
pristine forest	原生林	65
prone	形〜しがちな	26
propagate	動繁殖させる	24
proximity	名近接	28
public transport	公共交通機関	48

R

ranch	名牧場	65
redundant	形冗長な	30
reflective	形反射性の	20
regime	名体制、統治形態	28
rekindle	動〜をよみがえらせる	69
remains	名残り物、遺物	28
repeal	動廃止する	30
replacement	名交換、代替	65
replicate	動〜を複製する	77
represent	動〜を表す	36
representative	名代表者	61
respondent	名回答者	77
restoration	名復旧	28
reverse	名反対	48
revert	動〜を戻す	20
revitalise	動〜を再活性化する	88
roster	名名簿	28
ruin	動滅びる	28
ruins	名遺跡	28

S

sanitation	名衛生	48
satellite	名衛星	20
scam	名詐欺	77
sediment	名堆積物	22
sequence	動〜を配列する	65
serial	形連続した	26
setback	名挫折	28
smuggle	動密輸する	30
social welfare	社会福祉	93
soil	名土壌	52
soil degradation	土壌劣化	88
solitary	形単独の	24
somewhat	副多少	101
spontaneous	形自発的な	73
sprout	動発芽する	24
stiff	形硬直した、不自然な	81
strengthen	動〜を強化する	57
stroke	名脳卒中	97

stunning	形 見事な	28
subsequent	形 続いて起こる	34
subsidy	名 助成金	88
suburban	形 郊外の	30
supplant	動 ～に取って代わる	20

T

terrestrial	形 陸生の	22
thawing	名 融解	85
the Netherlands	名 オランダ	73
the pope	名 ローマ教皇	81
tissue	名 組織	57
transmit	動 ～を伝達する	20
trash decomposition	ゴミの分解	48
triumph	名 勝利	28
two-fifths	名 2/5	60

U

ubiquitous	形 偏在する	30
underwater	名 水中	64
United Nations	国際連合	48
unless	接 ～でない限り	34
urban	形 都市の	30
urban area	都市部	48
urbanisation	名 都市化	48
urgently	副 緊急に	77

V

vapour	名 蒸気	85
verbal	形 言語の	26
vertical	形 垂直の	22
via	前 ～経由で	57
voluntary	形 自発的な	30

W

waste landfill	廃棄物埋立地	48
whenever	接 ～するときはいつでも	57
whereas	接 ～である一方で	61
whereby	接 それによって	57
while	接 ～である一方	34
with exposure to ～	～にさらされて	97
worldwide	副 世界中で	101

Listening

A

additionally	副 加えて	153
allow ～ to ...	（人）が…するのを 可能にする	178
alumnus	名 卒業生（単数形は alumni）	154
Anthropology	名 人類学	156
as long as S + V	SV しさえすれば	149
assessment	名 査定	156
Astronomy	名 天文学	156

B

banquet	名 宴会	143
become priorities	優先事項になる	183
beforehand	副 事前に	149

blue light	ブルーライト	163
bookshop	名 書店（英）	144
bookstore	名 書店（米）	144

C

century	名 世紀	143
certification	名 資格	154
citation	名 引用	154
cognition	名 認知	176
computer lab	PC ラボ	146
conditional offer	条件付き合格	156
connection	名 つながり	176, 180

D

defence	名 答弁	156
degree	名 学位	154
detect	動 ～を感知する、検出する	176
dissertation	名 論文	156

E

encyclopaedia	名 百科事典	148
energy-efficient	形 エネルギー効率の高い	180
era	名 時代	180
expansion	名 拡大、拡張	180
extension	名 延長、拡張	177
external	形 外部の	177

F

| following that | 続いて | 151 |

G

gas station	ガソリンスタンド（米）	144
Geography	名 地理学	156
Geology	名 地質学	156
grab a coffee	コーヒーをさっと飲む	149
graduate student	大学院生	154

H

| have a profound impact on ～ | ～に深い影響を与える | 183 |
| hypothesis | 名 仮説 | 154 |

I

implication	名 含意、暗示	176
incredible	形 信じられない、驚くべき	151
influence	動 ～に影響を与える	164, 172
intelligence	名 知能、知性	176
interval	名 間隔	156
island	名 島	181

L

| librarian | 名 司書 | 147 |
| luxurious | 形 豪華な、贅沢な | 180 |

M

make-up test	追試	154
mandatory	形 義務の	156
Meteorology	名 気象学	156
methodology	名 方法論	156

mid-term test	中間テスト	154
mock exam	模試	154
modest	形控えめな、適度な	180
moving into	～に移ると	181
multiple	形複数の	181

N

| natural habitat | 自然生息地 | 152 |

O

observe	動～を観察する	152
opposite	前～の反対に、向かい側に	145, 147
overview	名概要	147

P

path	名道	143
petrol station	ガソリンスタンド（英）	144
Physics	名物理学	156
placement	名クラス分け	154
plagiarism	名盗作	154
Political Science	名政治学	156
possibilities	名可能性	177
prey	名獲物	176
probation	名執行猶予	156

Q

| quarter | 名15分、4学期制における 1学期 | 129, 141 |
| quartered | 形四分された | 154 |

R

reference	名参考文献、引用、参照、推薦状	154, 156
relatively	副比較的	181
remind ～ to ...	（人）に…するように思い出させる	152
remote work	在宅勤務	180
reputation	名評判	154
require	動～を必要とする	156

S

semester	2学期制における半期、1学期	154
sensitive	形敏感な、繊細な	152
sensory	形感覚の	176
separate	動～を分ける	180
socialise	動交流する	181
souvenir	名土産	141
spend（時間）-ing	（時間）を～して過ごす	151
suburban	名郊外	181
suburban	形郊外の	183
supplement	名補足	156
supplementary	形補助の	156

T

to the north of ～	～の北に	147
to the southwest of ～	～の南西に	148
transcript	名成績証明書	154
transmit	動～を伝える	176
trimester	名3学期制	154

U

undergraduate student	名学部生	154
unless	接～でない限り	149
vibration	名振動	176

W

| work-from-home | 形在宅勤務の | 180 |

Writing

A

account for ～	～を占める	241
appropriate	形適している	294
aspect	名側面	290
assignment	名課題、宿題	224

B

| beneficial | 形利点がある | 294 |
| bottle | 動詰める | 248 |

C

construct	動建設する	244
convenient	形便利な	294
convert	動変わる	244
counterpart	名相当（対応）するもの	240
cultivation	名栽培	243

D

decline	名減少	256
decrease	名減少	224, 239
desirable	形望ましい	294
develop	動発展する	296
device	名機器	290
discard	動捨てる	246
distracting	形気をそらせる	198
drive	動促進する、推進する	336
drop	動減少する	224

E

effective	形効果的である	294
empower	動力を与える、力づける	194
enrol	動登録する、入学する	204
equipment	名装置	233, 290
event	名出来事	290
expand	動拡張する	244

F

factor	名要因	290
fall	動減少する	237
filter	動ろ過する	246
fluctuate	動変動する	252
funding	名資金	198

G

| genre | 名（本や音楽などの）ジャンル | 256 |

H

harmful	形有害な	296
harvest	動収穫する	246
higher	形より高い	257

428

I

illustrate	動変化を示す	244
implementation	名導入、実施	306
in contrast	対照的に	286
inappropriate	形不適な	294
inconvenient	形不便な	294
individual	名個人	318
ineffective	形効果がない	294
issue	名問題	297
item	名品物	290

J

| jump | 動急上昇する、跳ね上がる | 236 |

L

| literacy rate | 名識字率 | 208 |

M

make up	〜を占める	241
material	名資料	290
matter	名問題	290
misleading	形誤解を生むような	294

O

| object | 名物体 | 290 |

P

| plummet | 動急落する | 239 |
| pollute | 動〜を汚染する | 198 |

Q

| quarter | 名4分の1 | 241 |

R

relocate	動移動する	245
remain the same	同じ状態のままである	244
remain unchanged	変わらない	244
remove	動撤去する	244
renovate	動改装する	244
respectively	副それぞれ	256
rise	動増加する	263

S

scholarship program	奨学金制度	208
separate	動分ける	248
show	動示す	248
significant	形大幅な	259
skyrocket	動急増する	237
slump	動急落する、暴落する、がた落ちする	239, 250
soar	動急増する	237
steadily	副順調に	237
strain	動圧迫する、損なう	194
suitable	形適している	294

T

| tool | 名道具 | 290 |
| transport | 動移動する | 213 |

U

| undergo | 動経る | 248 |
| undesirable | 形望ましくない | 294 |

V

| visible | 形目に見える | 244 |

W

whereas	接対して	195
while	接対して	194
widen	動広くなる	244

Speaking

A

| active | 形積極的な | 412 |

C

| customised | 形カスタマイズされた | 404 |

D

| delayed | 形遅れた | 408 |

E

| expensive | 形（値段が）高い | 423 |

F

| frustrating | 形イライラする | 408 |

I

indirect	形間接の	408, 412
ineffective	形効果が無い	404
interactive	形双方向的な	412
irrelevant	形関係がない	404
isolated	形孤立した	412

L

| limited | 形制限がある | 412 |

O

| obsolete | 形廃れた | 404 |
| one-sided | 形片方の | 408 |

P

| passive | 形受け身の | 414 |
| prevalent | 形普及している | 404 |

R

| real-time | 形リアルタイムの | 408 |
| restricted | 形制限された | 406, 408 |

S

| seamless | 形スムーズな | 408 |
| superficial | 形表面上の | 412 |

T

| time-consuming | 形時間がかかる | 408 |

U

| unimportant | 形重要ではない | 404 |

V

| virtual | 形虚像の、バーチャルの | 412 |

【著者】中林くみこ

カナダで語学学校を設立し、10年経営。これまでに5,000人以上の生徒を指導し、IELTSやTOEIC、英文法、ビジネス英語、翻訳、通訳、英会話など幅広いコースで自ら指導するとともに、ネイティブ講師の育成・トレーニングや教材開発にも携わる。

語学学校の経営を通じて、生徒が多読と多聴による独学で飛躍的に英語力を伸ばしている事実を目の当たりにする。日本帰国後、学校を売却し、独学や多読・多聴の重要性を発信する活動を始めるとともに、独自のIELTS対策講座と英文法講座を開始。常時満席となる人気講座となっている。

また、最新AIを活用した新しい英語学習法についても発信し、企業や教育機関でのセミナーに登壇。GoogleのGemini公式noteにて、Geminiを使った英語学習法について全4回シリーズで連載。

「英語の9割はインプット」といった持論を展開、「○○だけですぐに英語が話せるようになる」といった安易な学習法とは一線を画し、真剣に学習者に寄り添うアプローチで、学習者からの厚い支持を集めている。

著書に『分野別×言い換え力　スピーキング攻略　IELTS英単語』(明日香出版社)『スマホで倍速！英語独学ハック』(Gakken) がある。

Kumiko公式サイト

https://nakabayashikumiko.com/

【PRODUCTION STAFF】

企画・編集協力	余田志保
英文執筆・校正協力	Brooke Lathram-Abe
装丁デザイン	Pesco Paint（清水裕久）
本文デザイン、DTP	デジカル
音声編集	A to Z English
校正	鷗来堂

© Kumiko Nakabayashi 2025 Printed in Japan

本書の無断転載、複製、複写（コピー）、翻訳を禁じます。
本書を代行業者等の第三者に依頼してスキャンやデジタル化することは、たとえ個人や家庭内の利用であっても、著作権法上、認められておりません。